高岚君 1971年12月生，辽宁瓦房店人。1994年毕业于辽宁大学法律系，获法学学士学位。1994年9月至1997年7月，在辽宁大学研究生部学习并获得法学硕士学位，主要学习和研究国际政治与国际关系。1997年7月，任教于辽宁大学法学院，从事国际法的教学和研究工作。2000年9月至2003年12月在武汉大学法学院学习并获得法学博士学位。现为辽宁大学法学院副教授、国际法专业硕士生导师、国际法教研室主任。曾在《法学评论》、《国际贸易问题》、《国际经济法论丛》、《当代法学》等国家级和省级刊物上发表学术论文二十余篇，代表性论文有《中国国际法价值观析论》、《义务先定论与国际法》、《BOT方式中的政府保证研究》、《国家自卫权的实施与打击恐怖主义》、《国际组织法21世纪发展的几点思考》、《TOT投资方式之评介》等。

武汉大学国际法博士文库

Series of Doctoral Thesis on International Law of Wuhan University

国际法的价值论

Studies on Values of International Law

高岚君 / 著

WUHAN UNIVERSITY PRESS
武汉大学出版社

图书在版编目(CIP)数据

国际法的价值论/高岚君著．—武汉：武汉大学出版社，2006.8
(武汉大学国际法博士文库)
ISBN 7-307-05140-0

Ⅰ．国…　Ⅱ．高…　Ⅲ．国际法—价值论　Ⅳ．D99

中国版本图书馆 CIP 数据核字(2006)第 074226 号

责任编辑：张　琼　　责任校对：王　建　　版式设计：支　笛

出版发行：**武汉大学出版社**　(430072　武昌　珞珈山)
(电子邮件：wdp4@whu.edu.cn 网址：www.wdp.com.cn)
印刷：武汉凯威印务有限公司
开本：880×1230　1/32　印张：8.375　字数：228 千字　插页：1
版次：2006 年 8 月第 1 版　　2006 年 8 月第 1 次印刷
ISBN 7-307-05140-0/D · 685　　定价：14.00 元

序　言

20 世纪无疑是人类历史上迄今最美好也是最血腥的一个世纪。奇迹般地改变世界的辉煌的物质文明、推人类于苦难深渊的两次世界大战、使世界随时面临毁灭危险之可能性的冷战交相充斥其间。今天仍不容乐观的事实，迫使人类重新思考和抉择：21 世纪的人类需要什么样的国际秩序？国际法在其中应该和能够发挥怎样的作用？

近代以来，国际社会的规范体制是一种“国家间体制”，即“主权国家相互独立，并存于同一个国际社会，作为法律共同体的初级阶段”（柳炳华语）。该体制的基本特征在于：各国对外主张绝对主权，未经国家同意，不承担任何义务，其权力行使（包括诉诸战争）也不受任何限制。由国际社会这一结构特点所决定，国际法主要是一种国家之间的法律，其制定、适用和执行都带有高度分权的特点：国际社会没有一个处于各国之上的立法机关来制定各国都应遵守的国际法；国际社会内也没有一个处于各国之上的、具有强制管辖权的司法机关或仲裁机关来适用和解释国际法，并对被告国的行为是否违法进行裁判；第一次世界大战以前，国际社会没有处于各国之上的法律执行机关，以执行对违法国的制裁，对违法国的制裁由受害国以自助方式实行。国际法这些带有原始性的特点，使它长期被视为“软法”（soft law）、弱法（weak law）。

国际法的这些“内在”特征，一旦“外在”地体现于国际关系之中，其有效性还受制于其他诸种因素，尤其重要的是国际政治和各主权国家对其民族利益追求的制约。虽然近半个世纪以来，国际法律秩序中出现了若干符合正义原则的新动向，但其本质特征并未改变。因此，根除以霸权主义和强权政治为特征的国际秩序，建立公正、合理的国际新秩序，已经成为时代的要求。

20 世纪后半叶以来，随着现代科学技术发展和经济全球化而出现的问题，如环境和资源、人口爆炸、粮食短缺、国际恐怖主义、毒品、艾滋病等，在规模上超出一国范围，具有普遍性和全球性，从而成为全球性问题。在当今的国际社会，由于全球性问题日益增多和各国相互依存关系的加深，各国之间的利益也越来越紧密地相互关联起来了。“倾巢之下，安有完卵”。全球问题的解决，需要我们反思人类已有的各种行为规范、价值准则、理论政策和思维模式，特别是需要各国加强合作加以解决。具体而言，它需要各国超越社会制度、意识形态和民族利益的分歧，加强对话，通力合作，促进全球问题的最终解决。在这方面，国际法可以发挥独特的作用。20 世纪以来，各种国际组织大量涌现，国际社会组织化程度大大提高，凝聚力显著增强，这为加强国际法的有效性创造了有利条件。

为了在 21 世纪建立公正、合理的国际政治、经济新秩序，需要确立国际法在国际政治中的首要地位。但是，关于国际法的研究相比之下尚不完善，尤其是国际法学基础理论的研究在我国仍是非常缺乏的。因此，《国际法的价值论》一书的出版具有重要的理论和实践意义。

《国际法的价值论》是作者在其博士学位论文《国际法的价值研究》基础上修改完成的。这一选题理论性较强，牵涉国际法、法理学、国际政治、国际关系、国际经济等诸多领域。关于国际法价值的研究不仅在国内尚属空白，国外的系统研究也少见。可以说，本书是我国第一部关于国际法的价值问题的著作。

作者以“国际法的价值”为全书的轴线，首先考察国际法价值的相关基本理论，然后重点建构国际法的价值体系，接着提出实现国际法价值的理论基础和现实途径，最后阐明中国的国际法价值观。全书结构完整，内容充实，论述严谨，观点鲜明，表达通达，文字精练。作者运用科学的立场、观点和方法，援引丰富的资料，经过理论思考和哲理分析，从法理学、国际法学和国际关系史的不同视角探讨和研究国际法的价值，界定了国际法价值的涵义，提出国际法的价值由和平秩序、人本秩序和全人类共同利益三个部分构成，认为国际法价值的实现需要持续不断的奋斗和具备一定的主客观条件。通过对中国的历史和现实的分析，作者总结了中国的国际法价值观。这些都是很有见地的。

一位学者的论述是有道理的：国际法总是被用作实现利益的手段，这符合法的本质，并非必然会导致有害的后果；关键的问题是，国际社会成员之间“是否存在着某些共同的、伦理的、道义的和法的基本观念，以及法的义务是否在原则上被视为有约束力的”。本书正是对这一关键问题的一个回答。当然，本书所表达的一些观点未必是我国或者国外学者能够一致赞同的，但是这种探索的精神是值得肯定的。我相信，这部国际法基础理论著作的问世一定会引起国际法学界的关注和重视。

我曾经是作者攻读博士学位期间的指导教师，一直鼓励她大胆地潜心于国际法基础理论研究，并为她取得的研究成果感到由衷欣慰。受作者之邀，在本著作付梓之际，略志数语，以为序。

曾令良

2006年初春于武汉大学法学院

中文摘要

在20世纪90年代之后，国际形势发生的变化日新月异，全球化、民族主义、极端主义、恐怖主义成为国际社会中新的常用词语。伴随着这些词语的流行而来的种种现实状况，迫使国际社会必须比以往更加关注国际法的发展问题。正如英国学者阿库斯特（Akehurst）所说，法律规定的不明确是引起国际争端的因素之一。由于国际法规则具有概括性和原则性，尤其是当一些突发性事件发生时，国家主权行使者的行为很难以现行国际法规定为依据作出合法与否的判断。行为国甚至可能以国际法的发展为由对本国的行为进行辩解。良好的法律价值驱使法成为良法——正义之法。国际法的未来发展如果不遵循一定价值的要求和指引，则难以形成真正的良法。

本书的主旨在于：首先，创设国际法价值的有关基本理论；其次，具体建构国际法的价值体系；第三，提出实现国际法价值的理论基础和现实途径，切实促进国际法的进一步发展和形成良好的国际法律秩序；最后，对中国的国际法价值观予以总结、分析并提出展望。作者非常希望能够为丰富国际法的基础理论研究作出贡献。

在结构上，本书共分为以下六章：

第一章“国际法价值的基本理论”，是本书的导论部分，主要阐述了国际法的价值的含义、渊源、性质以及国际法的价值的重要意义。作者将国际法的价值的含义界定为：国际法的价值是指国际法的追求目标，是国际法的合理性与道德性的体现，也是国际社会制定和评价国际法所依据的标准。鉴于《联合国宪章》在国际社会中所具有的重要地位，以它为国际法价值的最主要渊源具有充分的合理性。因此，本书主要是在《联合国宪章》的框架下构建国际法价值的具体内容。与国内法的价值相比较，国际法的价值既具有一般性，也具有特殊性。虽然整个国际社会对国际法价值的普遍认同似乎还不是非常明显，但是国际法价值的普遍性既是人类社会发展的必然趋势，也是人类社会发展的客观要求。毋庸置疑，国际法的价值具有历史传承性，但是它既不是自古以来就存在的客观事实，也不是一成不变的思维意识，它是随着时代的发展而不断地发生变化的。国际法的价值本身具有重要意义。对于国际立法而言，国际法的价值是校正恶法的准则，也是国际法进一步发展的动因。对于国家行为而言，国际法的价值则是国家从事国际交往中最高的行为准则。这里应注意将国际法功能和国际法效力这两个概念与国际法的价值相区别，它们三者在国际法理论中各有其特定的含义。

第二章至第四章，运用理论与实践相结合的方法，具体建构国际法的价值体系。国际法的价值体系由和平秩序、人本秩序和全人类共同利益三部分构成。在这一国际法价值体系的指导下，国际法从单一的国家本位向国家—个人—人类社会三位一体的融合过渡。书中对每一种价值的形成、发展、理论构成和目前的制度建设均作了具体的论述。

和平秩序包括“和平”与“安全”两个方面的内容，它是国际法的最基本价值，亦即最低限度的价值，也是最具有可执行性的价值。关于和平秩序的国际法律制度相对来说已经较为完善，国际法律体制的日趋成熟本身即构成实现和平秩序的重要基础。国际争端的和平解决、禁止使用武力或以武力相威胁原则以及对战争罪行的界定和惩罚、国际集体安全制度等，则直接体现出国际社会对和平秩序的积极追求。

人本秩序是指以人为本、服务于人的社会秩序，是国际法价值体系中的新内容。人本秩序建立在和平秩序的基础之上，体现着更高级别的正义。相对于国际法的目的性价值来说，它是一种工具性价值，为国际法目的性价值的实现提供重要的基础。传统国际法中体现出的人道性，是人本秩序在国际法发展早期的一个萌芽。国际人权领域中各种原则与规则的迅速发展，则是人本秩序作为国际法的价值追求的重要标志。当前，个人国际法律地位的提升、国际人权法的蓬勃发展、国际人道主义法日益得到关注和重视以及发展问题被纳入到国际法律范畴中等，都昭示着国际社会对人本秩序的肯定性态度。由于人本秩序关注的是国家主权范围内的“人”，因此它可能与国际法中的国家主权原则发生冲突。这个矛盾不能否定人本秩序作为价值取向的存在，但我们必须清醒地正视它。目前在人本秩序的理论和实践方面仍然存在的重要问题是：理论上，对人权概念尚缺乏充分的共识；实践中，人本秩序容易被异化，必须强调平等人权观。

全人类共同利益既不是某个单一国家的利益，也不是国际社会中各国利益的简单相加。它特指人类整体的生存与发展——而不是单个的个人、民族、种族或国家的生存与发展——所必需的利益。人类各种能力的提高以及全人类共同面临的重大危机，如战争与和平问题，南北贫富差距问题，人口、资源与环境问题等，是提出全人类共同利益的现实背景因素。全人类共同利益以系统论为方法论上的依据，体现着新的国际法本位观，即国际共同体（international community）本位观。与国际法的其他价值相比较而言，全人类共同利益是国际法的目的性价值，亦即国际法的最高价值追求。它是在国际法领域里对正义的一种新的诠释。无论和平秩序和人本秩序多么的重要，21世纪的国际法如果没有全人类共同利益的价值追求，其正义性和时代进步性无疑是残缺的。直接体现全人类共同利益的国际强行法规则、“对一切”义务、可持续发展理论等，代表着国际法的发展趋向或应有的新战略选择。

第五章“国际法价值的实现”。虽然国际法价值的完全实现在某种程度上可以说是一个永远不可能真正达到的目的，但国际法价值的实现意味着全人类福祉得到渐进式的体现，因此值得我们为之努力奋斗。实现国际法价值的主观条件主要包括：对国家间体制的承认；人类总体、特殊人群和特殊个人国际法律意识的提升。国家间体制的持续存在、国际社会组织化程度的加深和全人类共同危机的加剧，则共同构成了实现国际法价值的客观条件。实现国际法价值的最主要途径是国际合作，它在国际实践方面具有重要意义。在21世纪的国际合作中，必须遵循这样两个原则：平等和扩大受益方。对这两个原则的遵守是通过国际合作实现国际法价值的重要前提。国际上不乏关于国际社会发展的未来展望方面的理论，如世界法、万民法等，见仁见智。从国际实践出发，作者认为应将义务先定论引入到国际社会中来。国际背景下的义务先定论，要求国际社会中的行为主体遵守有关的行为规则，把按照既定的行为规则去行事视为它们在现实国际社会中的义务，这种义务具有先在性。相对这个义务而言，行为主体所享有的自由和权利则具有逻辑上的后生性。义务先定论重申在国际实践中国家的自我克制或国家履行义务的重要性。

第六章“中国的国际法价值观”。与一般法的价值观相比较，一个国家所具有的国际法价值观对国家具有更重要的意义。通过对中国有关历史和现实的分析，我们可以看到自17世纪中叶以来，中国的国际法价值观在不断地发展和变化。当前中国的国际法价值观主要表现为：第一，中国承认国际法的效力，并愿意遵守国际法各项原则和规则。第二，中国坚持运用国际法原则和规则来处理国际关系中的问题，注重通过谈判和协商方式解决争端，但是对利用国际仲裁和国际司法程序解决争端仍持谨慎态度。第三，中国尤其重视国家主权原则，以维护国家主权的完整和统一。第四，中国希望改善现行国际法，建立国际政治经济新秩序。中国国际法价值观的形成深受中国传统文化的影响，同时与中国在国际社会中的身份和地位（如1842年以前的中心大国和亚洲大国的身份，1842年到1947年之间体现为半殖民地半封建社会特征的不平等地位，其后直至当前意识形态上的社会主义国家地位和经济上的发展中国家地位）也有密切的联系。面对崭新的世纪，展望中国的国际法价值观，以下三个方面显然具有重要的意义：确认中国在国际法律框架内建设国际关系；积极参与国际法的制定和修改；通过遵守国际法促进国内法律制度建设。

关键词：国际法的价值；国际法；价值

ABSTRACT

The international situation has changed hugely since 1990s. Globalization, nationalism, terrorism and so on, became popular words in international society, so peoples have to pay more attention to the development of international law. Just as Akehurst had pointed out, inexplicit legislation is an important element leading to international disputes. Particularly when incidents happen suddenly, it is difficult to judge whether the actions of a state are lawful or not since rules of international law are usually in broad outline and principle. States even defend themselves by developing of international law. Good values of law promote to become law of justice. International law would not be a truly good law if there are not values which provide guidance for its future developing.

The present dissertation aims to: first, establishing basic theory of values of international law; second, building a system of values of international law in detail; third, pointing out the theory and way to realize values of international law so as to promote the development of international law and good international legal order; at last, concluding and analyzing values of international law in China, then looking into the future. The writer hopes the dissertation contribute to enrichment of the studies on the basic theory of international law very much.

The dissertation is divided into six chapters.

The first chapter introduces the meaning, sources, characters and importance of values of international law. The writer gives a definition of values of international law: they are the targets pursued by international law, embodying its reasonability and morality. They are also the standards that peoples draft and evaluate international law in international society. The Charter of the United Nations is the most principal source because it is so important for international society. The characters of values of international law include generalization, particularity compared with values of internal law. The universality of values of international law is an inevitable tendency and is also an objective need for the development of mankind. Values of international law, developing in pace with time changing, have great significance in international legislation and state behaviors. Moreover, they are very different from functions and validity of international law.

Chapter two to four build a system of values of international law through combining theory and practice. The system of values, which concerns nation-person-whole mankind together, is composed of peace order, humanism order and common interests of whole mankind. This part expounds each value in detail about its forming, developing, theory and system building.

Peace order, which is composed of peace and safety, is the most fundamental value of international law. In addition, peace order, whose system is perfect relatively, is easy to execute compared with the other values,

Humanism order, which is new in the system of values of international law, is a social order providing service for persons. It is built on the basis of peace order and embodies better justice. Humanism order is an implement value that is a basis of end value of international law. The humanitarian in classical international law was the shoot of humanism order. Humanism order became a value of international law when international human rights law has been developed rapidly since Second World War was over. Now, humanism order is recognized in international society, but it perhaps conflicts with state sovereignty because it pays attention to persons who are subordinate to state sovereignty. We have to face all the problems: there is lack of consensus on what human rights mean; humanism order is easy to be dissimilated in practice. So it is necessary that human rights are equal in all states.

Common interest of whole mankind is neither the interest of one state nor a simple total of interest of all states. It is the interests that are necessary for the living and development of whole mankind, not of single person, nation, race or state. Common interest of whole mankind is supported by systems theory. It reflects a new thought that regards international community as a whole. Compared with the other values, common interest of whole mankind, a new express of justice in international law, is the end value of international law and is the highest. International law in 21st century would be incomplete without common interest of whole mankind.

Chapter five is to Realize the Values of International Law. Realizing values of international law will enhance the welfare of whole mankind gradually although perfect realizing them is a target we would never touch in some degree. The subject conditions of this realizing are to recognize the system among states and strengthen legal consciousness of whole mankind, particular peoples and particular person. Its objective conditions contain continuous exist of the system among states, being more deeply organized in international society and more serious common crisis faced by whole mankind. International cooperation, which is significant for international practice, is the main way to realize values of international law. Two principles, equality and expanding benefited parties, should be obeyed in international cooperation. Doctrine of "obligations first", which stresses importance of self-controlling and performing obligations for each state, should be thought highly.

Chapter six sums up the developing of values of international law in China and its origin, and then looks into the future. Values of international law in China have changed since middle seventeen century. Now values of international law in China include: first, China recognizes the effect of international law and would like to observe its principles and rules; second, China persists to develop international relations according to international law and particularly pays more attention to negotiations and consulting. But China is very careful for settling international disputes by international arbitration and judicial procedure; third, China stresses principle of sovereignty to keep the sovereignty integrated; forth, China hope to improve current international law and build new international political and economic orders. Chinese traditional culture and the international status contribute to the forming of present values of international law in China deeply. Looking into Chinese values of international law in 21st century, the following three points should be emphasized: confirming the construction of international relations on the basis of international law; participating in legislation and modification of international law actively; promoting the building of internal law system through enforcing international law.

Key Words: Values of International Law; International Law; Value

目录

法律的理念是每个法律社会的基础。一个强制的秩序，如果不是以这个理念作为指导，就不是法律秩序，而是专制政治。

——［奥］阿·菲德罗斯（Alfred Verdross）

引言：国际法的价值呼唤

曾经有一位国际法学者说过，国际战场是国际法的第一个摇篮，国际市场是国际法的第一个温床。在21世纪来临的时候，包括国际战场和国际市场在内的国际社会正在发生着巨大的变化。虽然从20世纪的20年代起，国际社会已经缔结了《国际联盟盟约》、《巴黎非战公约》、《联合国宪章》以及其他诸多有关禁止战争的国际条约，但是不但战争屡禁不止，而且出现了很多新问题，例如核武器的开发试验与使用、生物武器与化学武器的禁止与非法传播等。在经济与社会发展方面，人们日益感受到全球化的力量，在欧美发达国家和跨国公司主导下，各国经济已经紧密地联系在一起。各国相互依赖、彼此渗透，共同面临着诸如人口爆炸、环境污染、金融危机等问题。尤其是在20世纪90年代以来，国际形势发生的变化更是日新月异，民族主义、极端主义、恐怖主义成为国际社会中新的常用词语。伴随着这些词语的流行而产生的种种现实状况，迫使国际社会必须比以往更加关注国际法的发展问题。

由于国际社会中不存在凌驾于各主权国家之上的国际立法机关，国际法规则的产生主要依赖于国家之间缔结的国际条约和国家交往实践中形成的国际习惯。国际立法机关的阙如，使国际法无法像国内法一样系统和完善。加之国家受各自国家利益的影响，对国际法规则的制定和形成常常会有不同的意见和建议。英国学者阿库斯特（Akehurst）曾经指出，法律规定的不明确是引起国际争端的因素之一。① 尤其是当一些突发性事件发生时，国家主权的行使者常常会作出某些行为，由于国际法本身所具有的概括性和原则性特征，这些行为很难以现存国际法规定为依据作出合法与否的判断。行为国甚至可能以国际法的发展为由对本国的行为进行辩解。

2003 年 3 月 20 日，美英联军发动对伊拉克的军事进攻，美英两国政府的法律顾问和一些国际法学者相继提出了对伊动武合法的依据，包括“集体自卫继续说”、“提早自卫论”或“预防自卫论”、“先发自卫论”等。② 其实，关于国家自卫权的问题在此之前已经成为国际法学界关注的焦点问题。2001 年 9 月 11 日，美国纽约和华盛顿遭受严重恐怖袭击后，全世界均为之震惊。虽然人们对于恐怖主义行为的定义尚有争议，但是，却没有哪个国家能够否认“9·11”事件的恐怖主义本质。美国将本·拉登（Bin Laden）确定为头号嫌疑犯。基于其藏匿于阿富汗境内，美国多次命令阿富汗塔利班当局交出本·拉登，否则将对该国进行全面的军事打击。2001 年 10 月 7 日，美国开始对阿富汗塔利班政权实施军事打击，直到 12 月 16 日，军事打击才告一段落。此后，美国政府又指责苏丹、也门、伊朗、伊拉克等国家支持恐怖主义活动，并多次声称将对这些国家实施打击。美国对阿富汗实施武装行为的理由之一是行使国家自卫权。此后，以色列针对巴勒斯坦人的自杀性爆炸行为也以实施国家自卫权为由对巴控区展开军事行动。一时间，国家自卫权的实施问题引起国际社会的高度关注。

从国际法角度看，关于国家自卫权的法律规定，主要体现在《联合国宪章》中。宪章第 2 条第 4 项规定：“各会员国在其国际关系上不得使用威胁或武力，或以与联合国宗旨不符之任何其他方

---

① 参见［英］M·阿库斯特著，汪瑄、朱奇武等译：《现代国际法概论》，中国社会科学出版社 1981 年版，第 3 页。

② 参见曾令良主编：《21 世纪初的国际法与中国》，武汉大学出版社 2005 年版，第 54～61 页。

法，侵害任何会员国或国家之领土完整或政治独立。”第 51 条规定：“联合国任何会员国受武力攻击时，在安全理事会采取必要办法，以维持国际和平与安全以前，本宪章不得认为禁止行使单独或集体自卫之自然权利。会员国因行使此项自卫权而采取之办法，应立即向安全理事会报告，此项办法于任何方面不得影响该会员国按照本宪章随时采取其所认为必要行动之权责，以维持或恢复国际和平及安全。”《联合国宪章》第 51 条关于联合国对自卫权的不禁止性规定，是目前国家自卫权的主要法律依据。从宪章第 51 条我们可以得出这样几个明确的结论：第一，国家自卫权是国家的一项自然权利。换言之，国家自卫权与国家主权一样，是国家的一项固有权利，一旦形成，不需经任何其他国际法主体的授权。第二，国家自卫权是国家遭受武力攻击时可以行使的一项权利。国家遭受武力攻击是行使自卫权的前提条件。第三，国家自卫权的行使受到联合国安理会的制约。自卫权的行使是在受到武力攻击之后和安理会采取必要办法之前的必要措施，如果安理会已经采取或正在采取必要行动，自卫权的行使不得影响安理会的权责；会员国应将其采取自卫的办法立即向安理会报告。分析表明，《联合国宪章》对自卫权只作了概括性的规定。

除了宪章的这些规定外，在国际社会实践中还形成了一些关于实施国家自卫权的限制性规定的共识，如除了宪章明确允许的因行使自卫权而作为例外使用武力外，应禁止国家的一切武力措施；实施国家自卫权的主体可以是单独的国家，也可以是类似于联合国或北约的国家集团；国家在实施国家自卫权时，必须掌握恰当的尺度，符合自卫的必要性和相称性要求是确定自卫权的行使是否得当的标准；必须已经发生了武力攻击，才能使用武力以自卫，并不存在为防止紧迫的攻击危险而进行事前自卫的权利。

美国、英国、以色列的行动给国际法中的国家自卫权理论带来极大的冲击，以致动摇了该理论的基础。这种冲击具体表现为，反恐行动在实践中已经突破了行使国家自卫权应以国家为武力攻击主体的限制，针对的是一些不具有代表国家资格的实施恐怖主义活动的民间机构或组织；武力攻击主体与自卫对象已经不再一致；反恐行动明确地支持了延展实施自卫权地域范围的观点，实施所谓“自卫权”的地点与武力攻击地点显然分离；国家自卫权的实施主体变得更加复杂；实施“国家自卫权”的时间已经不限于武力攻击的当时或较短暂的准备期之后。

我们必须承认，国际法是国际社会中的法，国际社会的不断发展决定了国际法不是一成不变的。但是由于国际社会的相对松散式结构、国家间的独立主权意识、以国家间协议和国际习惯为主的国际立法方式以及国际法的执行主要依靠国家自身的行动，使很多人产生了“国际法非法”、“国际法是弱法”或者“国际法是原始的法”等贬低国际法的观点。人类社会科学技术已经高度发达，人类的能力比以前也有了突飞猛进，在一个人口越来越多、人群越来越拥挤、国家间交往越来越密切的社会里，如何去维持一种和平的秩序，如何建立起一种人本的秩序，让人类中的最大多数人得到最基本的保障，这是一个摆在所有关心人类命运的人们面前的紧迫问题。对于这个问题，世界上没有任何先例可以抄袭。

自第二次世界大战结束以来，虽然国际社会没有发生全面的武装冲突，基本上保持了和平状态，但是必须看到，21 世纪之初的国际形势可谓风起云涌，恐怖主义、单边主义、全球环境污染问题、世界毒品泛滥问题、难民问题、高度信息化和因特网带来的问题、生物遗传基因工程以及克隆技术带来的问题等，都是对现代国际法的巨大挑战。“国际社会的高度发展与国际法制的远远落后，是建立 21 世纪国际新秩序所面临的一个十分突出的问题。”①

那么，关于国际法的发展，人类应该做些什么呢？笔者认为，至少我们不能守株待兔式地等待事情的发生，等待每个不得不制止的情势发生，然后再行讨论和补救。法律决不应当是滞后的。也许超前而又正确的法律不容易制定，但法律必须是在一定程度上超前

① 梁西：《国际法律秩序的呼唤——“9·11”事件后的理性反思》，载《法学评论》2002 年第 1 期，第 10 页。

的，超前的法律加以科学的价值取向，是产生良法的保障。人类学家告诉我们，人与动物的主要区别在于人具有选择的能力。“法律发展的道路不是笔直的。法律的进化作为社会进化的一个方面，既不是直系遗传，更不是作为有机界的生物形态进化……现在的法律是它对以前的传统和权力的斗争结果，将来的法律也是与现在的法律和传统权力的斗争结果。”① 但是，人类可以选择法律并不意味着人们总是制定了最好的法律。国际法的未来发展如果不遵循一定价值的要求和指引，则难以形成真正的良法。

从国际社会的发展历程我们可以看到，国际社会在诸多因素的影响下，经历了急剧的组织化过程，但是仍未能形成同质的国际社会结构，而是与相反的结构掺杂着逐渐发展成有组织的社会。国际法必须反映国际社会的这种双重结构，伴随着国家间体制和超越国家的国际共同体的因素，逐渐向有组织的社会的法律发展。随着组织化的发展，为了迅速适应国际关系的需要，实现法律的稳定性和明确性，将法律制度成文化、法典化是必然趋势，从而明确地调整复杂的国际关系。在缺乏最高统一立法机构的国际社会里，国际法规范的形成与发展缓慢且困难。国际法委员会在过去的半个多世纪中，曾经起草了30多项重要的法律草案，其中一部分已经经过国际会议缔结为正式公约。但是面对国际社会中的新现象，国际法委员会的工作明显缺乏时代精神，不能满足国际社会发展的需要。人们呼唤着发挥国际法编纂工作的创造性功能。

“纵观西方法律思想史，我们可以发现一个有趣的现象：当社会革命行将到来，需要思想启蒙的时候，自然法学派勃然兴起，对法的价值等超乎实在法之上的问题的思考成为法学研究的热点。当社会革命已经过去，需要法律统治的时候，自然法学派悄然隐退，实在法学派得以复兴，对法的规范等法的技术问题的考察成为法学

---

① ［美］E. 霍贝尔著，严存生等译：《原始人的法》，贵州人民出版社1992年版，第256～257页。

研究的中心。"① 如果国际社会希望通过大规模的国际法编纂活动改变现状，那么国际法价值的研究必须先行一步。劳特派特(Lauterpacht) 在修订《奥本海国际法》第7版时，表面上为编者，实际上为作者的他写道："现在一般都同意，在以各国家的实例为基础的法律规则有不足时，国际法可以借助于正义的规则或法律的一般原则而得到适当的补充和帮助。"② 至于这些规则的名称是不关重要的，"如果自然法在其现代涵义上的权威的恢复有动摇19世纪严格的实在法主义的倾向，那么这种发展由于第二次世界大战以前的经验，很可能更加有力。对人权及公认的法律观念横加蹂躏的德国及其他集权独裁的兴起，已再一度使人注意法律标准的重要性及其活力，这些标准虽不能在国内法院中强制执行，但却具有超越任何一个主权国家的实在法之上的持久效力。" ③

国际法的价值的研究是国际法学理论的重要课题。国际法的价值是国际法发展的动力，又是国家行为的指引。国际法的价值本身所具有的重要性，是国际法价值研究具有重要意义的基础。更重要的是，国际法的价值的研究有利于国际法学科体系的成熟。国际法是与国内法相并列的法律体系，但是国际法的发达程度与国内法相比却是无法相提并论的。国际法学需要有自己的理论体系，来强化国际法学的理性。

法理学家佩雷尔曼（Perelman）把自己的法哲学观点概括为"法律基本上是关于各种价值的讨论，所有其他都是技术问题"④，从而将其法哲学的内容设定为两个部分，即对法律价值分配问题的

① 陈兴良著：《刑法的价值构造》，中国人民大学出版社1998年版，第36页。

② 转引自谢韬著：《国际法诸元混合论》，华中理工大学出版社1998年版，第50页。

③ 转引自谢韬著：《国际法诸元混合论》，华中理工大学出版社1998年版，第50页。

④ 吕世伦著：《西方法律思潮源流论》，中国人民公安大学出版社1993年版，第232页。

讨论和对于法律技术问题的讨论。前一部分是基本的方面，后一部分是从属的方面。然而，关于国际法价值的研究无论在国际上还是在中国都在某种程度上被忽视了。

目前的国际法学研究中有一种倾向性，应该引起学者们的注意，即国际政治学者把目光投射于国家利益对国际法学产生了一定的影响。国际政治学、国际法学和国际组织学共同构成了国际关系学，“在现实的国际关系领域，很少有一件事或问题中，法律与政治是不交织在一起的”。① 正如波义耳直截了当地提醒我们的那样，在当今主流国际关系学者当中，很少有人在国际法方面受过最基本的训练，因此，这种异常现象无疑将会更为严重。② 现实主义者和以沃尔兹（Waltz）为代表的新现实主义者在国际政治学领域里拥有重要地位，他们都强调国际社会中的“无政府状态”，强调对国家利益的关注，以外交和实力的名义把法律排除在国际关系之外。马基雅弗利（Machiavelli）在他的著作《君主论》中早已指出，政治学具有且应当具有自己的准则，并且不应接受任何种类或任何来源的旨在不去战胜他人的准则。③ 换言之，政治是行动，行动的目的在于成功。国际法学者与国际政治学者两种身份在某种程度上的集于一身，使国际法学受到国际政治学的负面影响，尤其是国际政治中对于国家利益的极端重要地位的承认和鼓吹，对国际法学研究造成了影响。国际法学具有它自己的不同于国际政治的理论基础。

国际社会的进步和发展迫切要求重视国际法的基础理论研究（包括对国际法的价值的研究）。虽然我们必须承认，“研究国际法律秩序，千万不能忘掉国际经济秩序是基础，国际政治秩序是杠

---

① 美国国际法学者亨金语——笔者注。

② ［美］熊玠著，余逊达、张铁军译：《无政府状态与世界秩序》，浙江人民出版社2001年版，第3页。

③ ［意］马基雅弗利著，高煜译：《君主论》，广西师范大学出版社2002年版，引言第8页。

杆”①，但是作为法学研究者，也不必因为国际经济、国际政治的风云变幻而失去法律秩序研究的信心和努力。国际社会中理论科学的日益繁荣，要求对国际法的目标、意义、评价标准等方面作出阐释，对以国家为基本生活范围的整个人类构成的国际社会中的法律制度作出解释。既然“法律秩序下之主体，其对价值制度之信心，对于该法律秩序能否产生效果，极关重要”，② 国际法的价值的研究必将对国际法的理性发展发挥重要作用。

① 潘抱存著：《中国国际法理论新探索》，法律出版社 1999 年版，第 25 页。

② ［美］孔慈著，王学理译：《变动中之国际法》，台湾“商务印书馆”1971 年版，第 35 页。

第一章　国际法价值的基本理论

第一节　价值·法的价值

“价值”一词不是从来就有的，“法的价值”与“价值”也不是同时产生的。虽然从逻辑上讲，法的价值只是价值的一个子概念，其外延要比价值的外延小得多，但是它们之间的关系却并非如此的简单。价值的含义赋予法的价值以基本的意义，法的价值却以其悠久的历史从更深刻的角度诠释价值。

一、价值

翻开《现代汉语词典》，关于“价值”有两个词义：其一是“体现在商品里的社会必要劳动”，其二是“积极作用”。前者把价值的适用范围限定在“商品”这个惟一的客体上，后者则把价值等同于功能或作用。显然这里的价值概念被简单化了，价值不仅仅是商品的特性，不仅仅表明事物的作用，也不总是积极的。价值实际上是一个具有广泛意义的概念，人们往往从不同的角度加以使用。价值有着更为深刻的含义。

汉语中的价值一词相当于英语中的 value，法语中的 valeue，德语中的 wert。马克思曾经指出，从词源学上说，以上语言中的价值一词源于古代梵文中的 wal 和古拉丁文中的 vallo、vale，含义是“掩盖、保护、加固”。这些词源上的意义后来又派生出“尊敬、敬仰、喜爱”等意思，最终形成了价值一词的“起掩护和保护作用的，可珍贵的，可尊重的，可重视的”基本含义。① 正如事物和世界都在发生着变化一样，价值的概念也在发展和变化之中。词源学的考证对我们研究价值问题虽有裨益，但却无法取代进行更深入探讨的必要性。

价值的含义非常复杂。各种具体学科中都已经或正在或即将建立自己的价值观念。“价值”及其同源词、复合词，以一种被混淆和令人混淆然而广为流行的方式，应用于我们的当代文化中——不仅应用于经济和哲学中，也应用于其他社会科学和人文科学中。②从价值形成的最初模式来看，目前有两种主要的观点，即经济学的和伦理学的。

(一) 经济学研究路径

有学者指出，“价值”首先是经济学上的概念，从古典经济学的产生和发展开始，价值作为一个确切的概念在人们的观念和社会生活中发挥作用。③

在亚当·斯密（Adam Smith）和大卫·李嘉图（David Ricardo）所创立的劳动价值论中对价值作了系统的论述。亚当·斯密将劳动作为价值的惟一来源，认为商品的价值由获取时所必需的劳动量来决定。大卫·李嘉图在这个概念的基础上增加了效用和稀缺性因素，他认为：“一种商品如果显然没有用处，那就无论怎样稀少，也无论获得时需要费多少劳动，总不会具有交换价值”，“具有效用的商品，其交换价值是从两个泉源得来的，一个是它们的稀少性，另一个是获取时所必需的劳动量。”但是，总的来说，劳动价值论把劳动视为一切价值的基础，商品的价值是物化了的人类劳动，不以人的主观好恶程度为转移，具有显然的客观性。把不包含

---

① 参见《马克思恩格斯全集》第6卷III，人民出版社1974年版，第327页。

② 卓泽渊著：《法的价值总论》，人民出版社2001年版，第16页。

③ 关于经济学上的价值含义，参见李龙主编：《法理学》，武汉大学出版社1996年版，第83～85页。

人类劳动的物品（亦即非劳动产品）排除在外，是古典经济学价值概念的明显缺陷。

19世纪中叶开始产生的边际效用学派力图强调劳动价值论中所忽略的方面，提出一种能同时涵盖劳动产品和非劳动产品的价值理论。边际效用学派首先将价值区分为主观价值和客观价值。主观价值是产品与人的福利关系，客观价值是产品与它的机械性或技术成果的关系。这一学派认为，客观价值才属于经济学的研究范围，而且交换能力本身建立在主观价值的基础之上，主观价值的来源及决定的标准是价值论的根本问题。于是，价值问题已经完全主观化了。边际效用学派认为"效用"是价值的来源。效用就是产品能满足人的欲望的能力，它是从产品与人的关系中产生的，而不是产品固有的。产品是否有价值，取决于人对产品是否具有满足某种欲望之能力的评价，产品有用与否以及用途大小完全取决于人的主观判断，而判断的地点就是市场。但是，有效用并不等于有价值，一切物品要具有价值，除有用之外，还必须是稀缺的，即并非无限量存在的。

劳动价值论注重从生产环节考察价值，认为价值是客观的，而效用价值论则从交换环节中考察价值，认为价值是主观的。

马克思主义经济学价值理论则将劳动价值论和效用价值论结合起来，创造了一种主客观相结合的价值论，既强调商品的价值由生产该商品的社会必要劳动所决定，又强调价值概念从人们对待满足他们需要的外界的物和关系中产生。马克思主义经济学主客观相结合的价值理论克服了劳动价值论和效用价值论中均存在的片面性缺点，使价值理论更为科学和完善。马克思主义的价值理论不仅在经济学领域具有重要意义，而且为人们认识一般意义上的价值概念提供了合理框架。

（二）从伦理学到哲学的研究路径

也有学者在探讨价值的一般概念时侧重于对伦理学的考察，认为伦理学是价值哲学的发源地。价值哲学的产生是人类价值观念长期积累并从理论上加以概括与提炼的结果。① 这是探询价值含义的又一种途径。

从某种意义上说，古希腊苏格拉底（Socrates）的伦理哲学就是探讨善和至善的伦理哲学。承继其思想的柏拉图（Plato）提出关于善的理念，即在一切善之上所存在的一个最高的、绝对的善，它是每个具体事物的本质。亚里士多德（Aristotle）把柏拉图的善理念世俗化，认为现实生活中的一切具体的行动和职业活动都是在追求某种目的，是在实现某种具体的善。善是一切事物所追求的目的，但不能说只有一个善，所有的事物和行动只追求一个善。普遍的善和个别的、特殊的善是联系在一起的，离开个别的、特殊的善，就无所谓普遍的、绝对的善或至善。②

相对于古希腊的理性主义伦理学，英国哲学家休谟（Hume）提出了经验主义伦理学，对事实和价值作出区别。休谟注意到在道德学的推论中，人们所用的命题联系词不是“是”或“不是”，而是“应该”或“不应该”。由此，他指出这种“应该”和“不应该”所表示的是道德关系，这种关系不能从“是”与“不是”的关系中推出，也就是说，从事实的真假推不出道德价值。休谟的结论是，辨认事实的是与非、真与假是理性的对象；发现善与恶、德与不德则是道德感的作用，只能到判断的情感中去寻找。事物的规律与道德的规律是两个本质有别的领域。前者是“实然律”，后者是“应然律”。休谟把价值视为知觉的、反理性的。德国哲学家康德（Kant）从休谟的理论中认识了价值的意义。但与休谟不同的是，康德把价值视为理性的、超越经验的。他认为，事实性的经验，表现为“是”什么的形态，因而它们必须是能够显现于感官的，从而是一些有限的、能用陈述句形式加以规定的现象；价值性

① 关于伦理学与价值哲学关系的论述，参见陈兴良著：《刑法的价值构造》，中国人民大学出版社 1998 年版，第 3～15 页。

② 柏拉图和亚里士多德都把善归结为一种理性的判断，因而可以称之为理性主义伦理学。

的道德，则表现为“应当”如何的形态，因而它必须产生于某一摆脱了有限条件系列的、从而是绝对无条件的道德法则，并且在语言上表现为规约性的、命令式的。“应当”表达的是一种有意识的道德行为，它的根据在于“纯然概念”，亦即道德理念之中。

休谟（Hume）和康德（Kant）都将价值归结为伦理学领域，他们对于善恶价值规范进行研究。英国伦理学家摩尔（Moore）则以元伦理学的开创将研究延伸到关于一般价值理论的价值分析系统。摩尔认为，研究“什么是善”是伦理学的本质问题。“善”是一个最单纯的概念，它是不能明确定义的，或者说，“善”这一概念的简单性决定了我们不可能用任何其他的自然的或非自然的东西去规定它。善本身是自明的，无需借助其他事物或性质来证明，更不能从别的东西中推导出来。摩尔使伦理学成为一种普遍的价值学说，为建立价值哲学提供了理论准备。

德国哲学家文德尔班（Windelband）在19世纪末创立了价值哲学。文德尔班认为，哲学在经验科学的冲击下，要求得生存和发展，就必须放弃一切不切实际的形而上学要求，从价值入手，重新估价一切价值。哲学的对象是价值，哲学只有作为具有普遍有效的价值的科学才能继续存在。哲学研究的价值问题是一切文化职能和一切特殊生活价值的组织原则，但是哲学描述和阐述这些价值只是为了说明它们的有效性。哲学并不把这些价值当作事实而是当作规范来看待。文德尔班的价值哲学强调价值问题是正确的。遗憾的是，从本体论上来说，他把价值定位为“意味着”显示出其唯心主义倾向。随着哲学的发展，关于价值问题的研究也不断深入。

（三）一般价值观念

可以说，价值的本质根源于主体与客体的关系中。从动态的观点看，在主体与客体之间存在一种对立统一的关系。主客体的统一中存在两种情况，即主体客体化和客体主体化。所谓主体客体化，指主体统一于客体的本性和规律。在主客体相互作用中，主体受到来自客体作用的影响而发生变化，日益带有客体所赋予的特征的过程和结果。所谓客体主体化，指客体统一于主体的本性和规律。在主客体相互作用中，客体被改造而趋向于或服务于主体，带有主体所赋予的性质和特征的过程和结果。主体客体化确立的是真理尺度，客体主体化确立的是价值尺度。①

根据马克思主义的价值理论，价值首先是个关系范畴，反映作为主体的人与作为客体的外界物（包括自然物和社会物）的关系。人类一切实践活动的目的都是为了对客观世界进行改造，改造世界的最终目的则是为了满足人的自身需要。人与物之间的这种需要与满足的对应关系，就是价值关系，价值就是价值关系的内容和要素，反映着主体的态度和评价，但是价值的载体、对象是客体，而不是主体。同时，价值在反映着主体的主观情感和意象的同时，也反映着客体呈现给主体的客观属性。价值是客体本身就有的，而不是主体或人所赋予的。但是，价值并不是客观事物属性本身。客观事物属性本身只是价值的根源。② 这样一个关于价值的定义是可以接受的：价值是指客体的存在、属性及其变化同主体的结构、需要和能力是否相符合、相一致或相接近的性质。如果这种性质是肯定的，就是说客体对主体有价值或有正价值；如果是否定的，则意味着客体对主体无价值或有负价值。③

尽管人们的价值观念和主张具有鲜明的差异，但生活在同一时代、同一社会的人们也会有某种共同的价值追求，甚至生活在不同时代、不同社会的人们也会有某种共同的价值追求。但是，事物的价值会随着社会历史条件的变化而变化。不同时代和不同社会都会有自己的价值观念和价值规范体系。某一事物的价值不是固定不变的，而是随着时代、社会、阶级、民族乃至于群体的不同而呈现出

① 参见陈兴良著：《刑法的价值构造》，中国人民大学出版社 1998 年版，第 14 页。

② 参见张文显主编：《法理学》，法律出版社 1997 年版，第 279 页；赵震江、付子堂著：《现代法理学》，北京大学出版社 1999 年版，第 99 页。

③ 参见陈兴良著：《刑法的价值构造》，中国人民大学出版社 1998 年版，第 15 页。

差异性和多样性。①

二、法的价值

国际上，由于人文科学，特别是价值问题研究的深入和社会发展的理性需要，价值问题逐渐引起了哲学之外的其他人文社会学科的重视，价值研究开始向其他人文社会学科渗透。“培里和泰勒就列出了如下八大价值领域：道德、艺术、科学、宗教、经济、政治、法律和习俗或礼仪。”② 法的价值这个概念是价值的一般概念在法学研究中的具体应用。法本身就是一个价值系统，反映一定的价值关系。法的价值作为一种具体价值，是社会价值系统中的子系统。对于法律价值的理解与研究要建立在一般价值的科学观念的基础之上。但是，在历史上，尤其是在西方历史上，关于法的价值的研究由来已久。

西方古代思想家经常论及法的自然基础、法的评价标准、法的正义性等问题，对“法的价值”这一概念的使用具有偶然性，而且，在使用“法的价值”概念时，包含的意思也很不同。例如，古希腊的柏拉图（Plato）在《法律篇》中写道：“立法工作是很重要的事情，可是，如果在一个秩序良好的国家安置一个不称职的官吏去执行那些制定得好的法，那些法的价值就会被掠夺了，并使得荒谬的事情大大增多，而且最严重的政治破坏和恶行也会从中滋长。”这里的“法的价值”具有“法应起的良好作用”之意。中世纪基督教哲学家圣·托马斯·阿奎那（St. Thomas Aquinas）认为，“人类的意志可以根据共同的同意使本身并不违反自然正义的任何事情而具有法律价值。这就是实在法的范围。所以亚里士多德（Aristotle）把那在法律上合乎正义的事情明确地解释为‘其本身并不呈现任何价值的区别而是在被规定时才获得价值的事情。’但

① 参见赵震江、付子堂著：《现代法理学》，北京大学出版社 1999 年版，第 100 页。

② 转引自卓泽渊：《法的价值总论》，人民出版社 2001 年版，第 22 页。

是，如果一件事情本身违反自然的正义，人类的意志就无法使它成为正义的。”在这里，“法律价值”一词即指法的正义性。①

到了近现代，法的价值这一概念才被大量地使用。但是，我们必须看到各法学流派对法的价值的理解是不同的。在此，仅介绍几个较有代表性的法学流派关于法的价值的观点。

自然法学派是一个以价值追求为己任的法学流派，无论是古典自然法学还是新自然法学，都遵循着专门研究法律价值问题这一传统。正因如此，自然法学有时也被称为价值法学。在自然法学的理论体系中，法律价值既指实在法得以产生和存在的根源或基础，又指法律的目的和意义，还指法律应追求的理想境界及对法律的评价标准，而这些不同方面的统一，就是自然法。在自然法学家眼里，法律价值是绝对的，法律价值包含的内容虽然甚多，但法律的最高价值是正义。德国法学家拉德布鲁赫（Radbruch）就曾指出，法律理念，即法律的价值，首先是指正义。就像罗马法学所指出的那样：“法律来自正义就像来自它的母亲，所以正义先于法律。”②

新康德主义法学派也是现代西方各种法学流派中专门研究法的价值的学派之一。新康德主义法学派也把法的价值看成是法的理想境界，但认为法的价值是相对的，属于应然领域，并只能由个人的信仰去把握。由于个人的信仰不同，个人所追求的最高目标即法律也并不相同，这就需要在执行法律时以便利原则为补充。可见，新康德主义者认为法律价值是相对的。

奥斯汀（Austin）的实证主义法学派坚持价值无涉的态度，与坚持价值分析的自然法意义上的法哲学相区别。直接继承奥斯汀的实证分析法学的凯尔森（Kelsen）以新康德主义为哲学基础，认为法学是对实在法的一种纯客观的研究，惟有如此，才能使法学成为

① 参见赵震江、付子堂著：《现代法理学》，北京大学出版社 1999 年版，第 101～102 页。

② 转引自沈宗灵著：《现代西方法理学》，北京大学出版社 1992 年版，第 43 页。

一门科学。而政治与正义，具有意识形态倾向，是一种主观价值判断，引入法学必然有所偏颇。例如，凯尔森认为正义是一种取决于情感因素的价值判断（judgement of value），因而在性质上是主观的，它只对判断人有效，从而只是相对的。①

综合法学是第二次世界大战结束后产生的新的法学流派。该学派认为，当代西方法学的三大流派中，自然法学研究了法律的价值问题，社会法学研究的是事实问题，分析法学则注重研究法的形式问题，各有其特点，也各有其片面性。法律是由价值、形式和事实组成的统一体。而法的价值就是指法律的合理性和道德性，是法律中的理想因素和法律所追求的目标。这个因素和目标是多方面的，如平等、自由、幸福、社会和谐与团结、安全等，不能只强调一个方面。

我国学者关于法的价值研究虽然起步较晚，但也有诸多的著作和论文发表，提出了自己的看法。如"所谓法的价值，是指作为客体的法对一定主体需要的满足状况，以及由此所产生的法对主体的从属关系。"②"所谓法律价值，是指在法与人的关系中，作为客体的法按照主体的需要对主体产生效应的属性，它具体表现为人们为法律确定的法律所追求的目标、法律在追求这些目标时的实际效果以及人们对这些效果的评价等。"③"法的价值是以法与人的关系作为基础的，法对于人所具有的意义，是法对于人的需要的满足，是人关于法的绝对超越指向。"④

关于这林林总总的学说，博登海默（Edgar Bodenheimer）的见解是值得赞同的。博登海默曾经指出：法律仿佛是一座带有许多

---

① 参见陈兴良著：《刑法的价值构造》，中国人民大学出版社 1998 年版，第 32～33 页。

② 赵震江、付子堂著：《现代法理学》，北京大学出版社 1999 年版，第 103 页。

③ 李龙主编：《法理学》，武汉大学出版社 1996 年版，第 92 页。

④ 卓泽渊著：《法的价值总论》，人民出版社 2001 年版，第 26 页。

厅、室、角落的大厦，在同一时间里想用一盏探照灯照亮每一个厅、室、角落是极为困难的，尤其是由于技术组织和经验的局限，照明系统不适当或至少不完备时，情形就更是如此了。我们不能说历史上的大多数法律哲学都是胡说，相反，似乎可以更为恰当地说，这些学说最为重要的是它们组成了整个法理学大厦的可贵的建筑之石，尽管这些理论中的每一种理论只具有部分和有限的真理。①

第二节 国际法价值的含义和渊源

国际法的价值是在法的价值基础之上结合国际法的特征所得到的独特建构。

一、国际法价值的含义

价值问题虽然是一个困难的问题，但它是法律科学所不能回避的。即使是最粗糙的、最草率的或最反复无常的关系调整或行为安排，在其背后总有对各种互相冲突和互相重叠的利益进行评价的某种准则。② 偶然地，有法理学研究者在研究法的价值时提到了国际法的价值，他们是这样表述的：从不同形式的法来划分，法的价值可以分为国际法价值、国内法价值和其他法价值。其中的国际法价值是指全人类价值需求的法律化，直接明确地反映全人类的价值追求。而且，他们认为，由于国内法往往具有比国际法更完整有效的保障和人们意识的支持系统，所以国内法价值的现实更深刻、具体、实在。对于国际法价值与国内法价值的关系，他们又指出，在科技和经济把世界经纬得无法支解的历史情势下，国内法价值必须

---

① 参见沈宗灵著：《现代西方法理学》，北京大学出版社 1992 年版，第 458 页。

② 美国学者庞德语，转引自陈兴良著：《刑法的价值构造》，中国人民大学出版社 1998 年版，第 15 页。

与国际法价值相一致或相适应。①

很多国际法学者对法律的理念作了探讨和揭示。奥地利国际法学家阿·菲德罗斯（Alfred Verdross）指出："实定法不仅有着社会学上的立脚地，而且也有着规范的基础，这种规范的基础是同人类的关于追求目的和社会的天性具有紧密关系的。人类的这个天性指示我们在和平的秩序中生活，因为只有这样，人类的本质才能得到完全的发展。我们的社会天性把我们引导着的这个目的，人们称为法律的理念。"② 这里所指出的法律理念可以说是关于国际法价值的另一种解释。

借用综合法学和社会法学的观点，笔者从理论上将国际法的价值界定为国际法的追求目标，是国际法的合理性与道德性的体现，也是国际社会制定和评价国际法所依据的标准。③

人们曾经从二元论的角度看国际法与国内法的关系。在二元论者看来，国际法律理论着眼于国家的权利与义务，从不考虑这种权利系来源于国家内居住的个人的权利和利益这个因素。国际合法性和主权只关注国家及其政府是否在政治上控制了这些人口，而不是是否代表了它的人民。因此，他们认为国内法律体系追求的是正义，而国际法律体系却不能追求正义，只能寻求秩序与和谐。然而，世界已经发生改变并且还正在发生着变化，这一观点已经不能满足今天的国际关系发展的要求。虽然法学家们很难抛弃传统国际法律理论中的国家主权论，但是必须看到，新的时代呼唤一个崭新

---

① 赵震江、付子堂著：《现代法理学》，北京大学出版社 1999 年版，第 106 页。

② ［奥］阿·菲德罗斯等著，李浩培译：《国际法》（上册），商务印书馆 1981 年版，第 19 页。

③ 在审阅笔者的博士学位论文《国际法的价值研究》后，梁西先生建议将国际法的价值定义为"国家追求和平共处、人类追求合理生存的一种道德性的体现"。

概念和伦理观点。一个更自由的世界需要更自由的国际法理论。①从总体上看，国际法的价值和国内法一样表现为正义。

也许有人会说这是一个理想性因素，对此，笔者不拟作过多的反驳。但是必须申明的是，本书的研究不是要完全从理想主义出发建立一座国际法理论的“空中楼阁”，而是希望通过从应然性角度对国际法的价值进行考察，在对国际法条文总数量的盲目乐观和对国际实践尤其是政治实践的极度悲观之间探寻一条理性的思索路径。

二、国际法价值的渊源②

在研究国际法价值的具体内容之前，必须明确国际法价值的渊源在何处。所谓国际法价值的渊源，是人们确定国际法价值内容的主要依据，也是国际法价值的重要来源。无疑，对于国际法价值的渊源问题，可谓“仁者见仁，智者见智”，迄今并无一个被广泛接受的统一的标准答案。每个人可以从自己对于国际法、国际关系、国际政治的不同理解以及从自己的价值观念出发对国际法的应然和实然价值内容进行概括和分析；国内法学者也可以从国内法价值出发去理解国际法的价值，甚至直接将国际法价值与国内法价值画等号，或者强调国际法的“弱法”特质而忽略国际法的价值。今天的社会科学早已摆脱了“罢黜百家，独尊儒术”的束缚，不只倡导一家之言，但是追求科学、崇尚科学却仍是不可摆脱的必要限制。梁西先生曾经指出，在研究与写作中，必须要有严谨的治学态度，论说要有根据，不能随声附和，更不能主观臆断，不可失于夸张，也不可感情用事。③ 因此，笔者以在国际社会中具有重要地位

① See Fernando R. Teson, A Philosophy of International Law, Westview-Press, 1998, p. 1.

② 这里的“渊源”一词系从一般意义上加以使用的，与法理学上所讲的“法的渊源”不是同一范畴的概念。

③ 参见梁西：《法学学位论文的设计与写作》，载邵沙平、余敏友主编：《国际法问题专论》，武汉大学出版社 2002 年版，第 461 ~466 页。

的《联合国宪章》为主要依据，结合相关的各种法律和哲学、社会学等学科的理论，在《联合国宪章》的框架下构建国际法价值的具体内容，换言之，笔者认为国际法价值的最主要渊源是《联合国宪章》。当然，其他的重要国际条约，如国际人权公约、《海洋法公约》等，也具有重要的意义。

《联合国宪章》的制定和随之成立的联合国是国际关系史上的一件大事，也是国际法发展史上具有重要意义的一页。建立联合国是战时盟国集体智慧的产物，这座国际和平大厦是建筑在世界各国人民要求和平、反对世界大战的思想沃土之上的，是整个反法西斯阵线的共同要求，具有广泛的基础。面对第二次世界大战中的巨大牺牲和深重苦难，当时盟国中有远见和有责任感的政治家们都不能无动于衷，都不能无视各国人民要在战后共同保卫和平的迫切愿望。正是各国人民的这种迫切的和平意愿，推动各大国领导人顺应历史潮流，在筹建联合国的过程中反映了人民的和平意愿。罗斯福(Roosevelt)在雅尔塔会议上说，他强烈地感到，世界上所有国家都希望至少在今后50年内能消除战争。斯大林（Stalin）在二战结束前夕也强调过，赢得战争的胜利，还不能说保证了各国人民将来的持久和平和可靠的安全。任务不仅是要在战争中赢得胜利，而且是要使新的侵略和新的战争不可能发生，如果不是永久不发生，至少也要在一个长时期内不发生。为建立战后和平体制，社会制度并不相同的各盟国，特别是美苏两大国之间，将种种分歧矛盾暂置一旁，通过反复协商、相互妥协，最后就《联合国宪章》达成了一致。斯大林曾经惊讶于“分歧如此之少”。① 参加旧金山制宪会议的众多中小国家，尽管对否决权问题持尖锐批评态度，但总的来讲它们对大国起草的宪章还是满意的，并对联合国寄予厚望。

从法律的角度看，《联合国宪章》在国际社会中具有至关重要的意义。在国际文件中《联合国宪章》第一次系统地规定了国际

---

① 参见王绳祖主编：《国际关系史》第6卷，世界知识出版社1995年版，第520~523页。

关系的基本准则。同时，宪章也是迄今拥有缔约国最多的一个国际条约，由几乎世界上所有国家都参加的国际组织章程所确立的规则无疑最具有权威性，最能充分表明其公认和接受的普遍性。虽然宪章之后的各种国际文件内容不尽相同，但基本上是在宪章的基础上引申和发展而来的，尤其是宪章中的“序言”和“宗旨及原则”这两部分。各国为证明其签署和参加的国际条约的合法性和正当性，通常会在条约前言中申明该条约系依《联合国宪章》“序言”或“宗旨及原则”中的某条款而订立的。联合国大会曾偶然地在其决议中明确指出将宪章宗旨作为其决议的宪法性依据。① 由于联合国成员国的广泛代表性和宪章本身的造法性，使得宪章具有最为普遍的法律意义。

虽然有很多学者认为《联合国宪章》存在缺陷，但是这些缺陷通常都是关于一些实体内容方面的。英国国际法学家阿库斯特（Akehurst）认为，宪章“主要是政治家们在没有得到法律家多少帮助的情况下草拟的；它往往是模棱两可的，或者对某些问题根本不作规定；它经常建立一些在实践中不能正常发挥作用的机构，以致需要其他的机构来临时弥补其缺陷”。② 据此，他得出的结论是应进一步探讨宪章的解释问题。最近西方国家的一些学者提出抛弃过时、无用的《联合国宪章》，以新的全球性国际组织取代联合国，其原因则是联合国体制无法迎接目前国际社会中的各种新挑战，如缺乏金钱、信用等各方面的支持，使联合国不可能实现宪章序言中的目的等。但是，总的来看，这些学者要求改变的只是实现宪章所规定目的的工具性条款，并不否定宪章中的“序言”和

① 如联大第377号、第1301号、第1815号、第2734号决议等。See Bruno Simma, The Charter of the United Nations: A Commentary, Oxford University Press, 1995, p. 54.

② ［英］M. 阿库斯特著，汪瑄、朱奇武等译：《现代国际法概论》，中国社会科学出版社1981年版，第225页。

"宗旨与原则"这两部分。① 所谓"宗旨",意即主要的目的和意图。② 法理学上认为,法的目的分为直接目的和长远目的,但长远目的和直接目的的划分是相对的。人们可以把法的目的归结为法的价值的内容,因为法的价值要回答关于法的目的,尤其是长远目的的问题。③《联合国宪章》对其宗旨的表述宏观且概括④,虽名义上为"宗旨",但把它视为联合国各成员国在国际交往中的价值取向方面的共识并不牵强。

第三节 国际法价值的性质

一、国际法价值的一般性

研究国际法的价值之前必须回答的一个首要而且重要的问题是:国际法是法律吗?这似乎已经是老生常谈的问题,却依然不容

① See Maurice Bertrand and Daniel Warner, A New Charter for a Worldwide Organisition, Kluwar Law International, 1997, pp. 3-7.

② 中国社会科学院语言研究所词典编辑室编:《现代汉语词典》,商务印书馆 1978 年版,第 1672 页。

③ 但法的目的远不是法的价值的全部。关于法的目的和法的价值之间的关系,参见卓泽渊著:《法的价值论》,法律出版社 1999 年版,第 064 ~065 页。

④ 《联合国宪章》第 1 条规定:"联合国之宗旨为:一、维持国际和平及安全;并为此目的:采取有效集体办法,以防止且消除对于和平之威胁,制止侵略行为或其他和平之破坏;并以和平方法且依正义及国际法之原则,调整或解决足以破坏和平之国际争端或情势。二、发展国际间以尊重人民平等权利及自决原则为根据之友好关系,并采取其他适当办法,以增强普遍和平。三、促成国际合作,以解决国际间属于经济、社会、文化及人类福利性质之国际问题,且不分种族、性别、语言、宗教,增进并激励对于全体人类之人权及基本自由之尊重。四、构成一协调各国行动之中心,以达成上述共同目的。"见王铁崖、田如萱编:《国际法资料选编》,法律出版社 1986 年版,第 863 页。

忽视。① 如果对国际法的法律性质依然存有疑虑，甚至完全否定国际法的法律性质并将其列入道德范畴或政治范畴，那么所有法律共同具有和应当具有的价值则不必为国际法的具体规则所体现，人们也不能以法律价值来评价国际法的现有规则，更不能要求国际法的未来发展遵循法的价值的指引。因此，界定国际法的法律性质是进一步研究国际法价值的前提。

英国学者阿库斯特（Akehurst）以“国际法真的是法律吗”作为他的国际法教科书《现代国际法概论》第一章的标题，并对这个问题作了回答。他指出，实际上各国是承认国际法是法律的，而且它们通常还遵守它。法律遭受破坏而不受惩罚是任何法律体系都存在的情况，之所以人们总是认为国际法不断受到破坏，主要是两个原因造成的，即只有违法事件才见诸报端和人们的“一项国际争端的存在证明至少有一个国家已经破坏了国际法”的错误倾向。②

更多的人们是因国际法强制执行机关的阙如而否定国际法的法律性质。英国法学家哈特（Hart）就认为，“既然国际法由于它的背景明显不同，这种有组织的制裁不能强行施加义务，国际法没有‘约束力’，因而不值得称其为‘法律’”。但事实上他承认，国际法和国内法虽然在“形式上”不是类似的，但在“内容上”却有类似之处，因而国际法是接近于法律的。③ 从发展的眼光来看，国际法的这一缺陷正在得到弥补。特别是过去半个世纪的发展表明在

---

① 我国法学界目前对于国际法仍然不够重视，甚至在中国法学研究中将国际法遗漏。笔者曾看到一本题为《与时俱进的中国法学》（罗豪才、孙琬钟主编，中国法制出版社2001年版）的书，其中对中国各法学科，如中国民法学、中国知识产权法学、中国犯罪学等的研究作了回顾和展望，其中却不包括中国国际法学这个重要部分。

② ［英］M·阿库斯特著，汪瑄、朱奇武等译：《现代国际法概论》，中国社会科学出版社1981年版，第2页。

③ ［英］哈特著，张文显、郑成良等译：《法律的概念》，中国大百科全书出版社1996年版，第215页。

改进这种不足方面有相当的进展，一种正在出现的强制执行国际法的制裁体系是可以看得出来的。①

一个相当普遍的观点是，“有社会，就有法律”（Ubi societas, ibi jus）。从这一观点来论证国际法是法律的法学家有奥本海（Oppenheim）、布赖尔利（Brierly）、韦斯特莱克（Westlake）、劳特派特（Lauterpacht）等。奥本海认为，法律存在的主要条件有三：第一，必须有一个社会；第二，在这个社会必须有一套人类行为的规则；第三，必须有这个社会的共同同意，认为这些规则应由外力来强制执行。国际社会的现实与这些条件可以说是相符的。一个包括一切国家的普遍性的国际社会是已经得到了肯定解决的问题，在这个国际社会内实际上存在着越来越多的各国之间的行为规则，而这些行为规则于必要时是由外力强制执行的。于是，奥本海得出一个结论，即“一个弱的法律仍然是法律”。② 布赖尔利指出：“法律只能存于社会之中，而没有任何社会没有法律体系来调整其成员彼此之间的关系。那么，如果我们说到‘国际法’，我们是假定一个国际‘社会’的存在的……”韦斯特莱克说：“国际法，或称万国法，是各国或各民族的社会的法律。”劳特派特追随其后，认为国际法可以被界说为“国际社会的法律”。③ 联合国大会1946年通过的《国家权利义务宣言草案》序言确认“世界各国组成社会，共受国际法之约束”。④

在前人研究的基础上，梁西先生提出了更为精辟的观点，道出了其中的真谛。梁西先生认为，关于国际法的法律性质问题，应该

① ［英］詹宁斯、瓦茨修订，王铁崖、陈公绰等译：《奥本海国际法》（第1卷第1分册），中国大百科全书出版社1995年版，第7页。

② ［英］劳特派特修订，王铁崖、陈体强译：《奥本海国际法》（上卷第1分册），商务印书馆1971年版，第7~10页。

③ 布赖尔利和韦斯特莱克的观点转引自王铁崖著：《国际法引论》，北京大学出版社1998年版，第9~10页。

④ 王铁崖、田如萱编：《国际法资料选编》，法律出版社1986年版，第45页。

探究国际法这一概念的两个方面，一方面它是法，另一方面，与国内法相比它是一种特殊的法。国际法是“法”并非答案的全部，答案的真谛在于国际法是“国际”的法。国际法是适用于国际社会的法律，是平等者之间的法律。①

“非正义的法律不是法律”（Lex injusta non est lex），国际法毋庸置疑的法律性质决定了它具有或应当具有国内法律所具有的价值内容。德国哲学家康德（Kant）亦曾提出相似的观点，即国际法与国内正义从根本上是相关联的。②

二、国际法价值的特殊性

关于法律价值的内容，我们可以列举出正义、自由、平等、公平、效益等方面。但是，正如在刑法的价值构造中强调刑法的公正、谦抑、人道等特殊价值③一样，国际法也具有与国内法不同的价值方面的特殊性。国际法是一个特殊的法律部门，它特殊的社会基础决定了它的特殊性，这是国际法具有与国内法不同的独特法律价值的最主要原因。

一般来说，法律价值有实质性法律价值和非实质性法律价值之分。有的法律价值体现了人们对法律的实质性追求，能够独立说明人们对法律的追求，称为实质性法律价值。有的法律价值尽管也是人们对法律的要求，但本身不能独立，必须与其他法律价值相结合才能成立，称为非实质性法律价值。非实质性法律价值专指秩序的价值，除秩序以外的法律价值都是实质性的法律价值。秩序作为一种法律价值追求是不能单独成立的，它必须与实质性价值相结合，如自由的秩序、平等的秩序、安全的秩序等。实质性法律价值以非

---

① 梁西主编：《国际法》，武汉大学出版社 1993 年版，第 12 页。

② Fernando R. Teson, A Philosophy of International Law, WestviewPress 1998, p. 1.

③ 参见陈兴良著：《刑法的价值构造》，中国人民大学出版社 1998 年版。

实质性法律价值作为它的表现形式。二者的关系恰如内容与形式的关系。正义是法律追求的最高的实质性价值，因此，我们可以说法律所追求的就是正义的秩序。

与今天的国内法相比，正义在国际法层面上扮演的角色远不及秩序重要。虽然，“自古以来，什么是正义这一问题是永远存在的。为了正义的问题，不知有多少人留下了宝贵的鲜血与痛苦的眼泪，不知有多少杰出思想家，从柏拉图（Plato）到康德（Kant），绞尽了脑汁，可是现在和过去一样，问题依然未获解决”，① 对于正义的内涵有种种不同理解，我们还是可以看到，由于国际法发展的不完善、它的弱法和软法的特征等原因，在国际法价值中占重要地位的不是秩序的正义性，而是秩序本身。② 如果我们回顾一下奴隶社会和封建社会时期的国内法，应该不难理解国际法的价值取向上对秩序的偏重。与现代社会中的国内法相比较，奴隶社会和封建社会时期的法律理论和制度具有非常明显的不系统性和落后性，对秩序的追求非常明显，正义性则相对缺乏。古希腊的智者斯拉雪麦格（Thrasymachus）等人鼓吹“强权即公理”，认为法律乃是握权在手的人们和群体为了增进他们自身的利益而制定的，亦即“正义不外乎是对强者有利的东西”。③ 这是对当时国内法律本质的一个真实写照。现代国际法的发展虽然有了很大进步，而且在某些领域具有较之于国内法更为先进之处，但是与目前国内法的理论和制度的完善仍无法相提并论。

众多主权国家同时并存，并且彼此进行交往与协作，从而形成各种国际关系和整个国际社会。“国际法的理论和实践，无不与国

---

① 凯尔森语，转引自李龙主编：《法理学》，武汉大学出版社 1996 年版，第 101 ~ 102 页。

② 笔者提示，这句话不应当被推至极致而走入极端。国际法的价值中并不排除正义，只是国际法的价值更偏重于秩序。

③ ［美］E·博登海默著，邓正来译：《法理学、法律哲学与法律方法》，中国政法大学出版社 1999 年版，第 6 页。

际社会的存在密切联系在一起”。国际社会是一个高度分权的社会，它的主要成员是拥有主权的国家。国际社会的基本结构显示，它是一种横向的“平行式”社会，在其成员之上不可能有一个超国家的世界政府存在。反观国内社会，我们可以看到，国内社会是在一定领土上，以服从国家管辖的自然人和法人为成员而构成的一种纵向的“宝塔式”社会，其权力集中于一个政府，国家有中央的立法机关、司法机关和行政机关。因此，国际社会是平等成员间的社会，各主权国家在相互协议的基础上逐渐形成国际法。国家间的平等决定了国际法的实施很大程度上还是依靠国家自身的行动。国家既是自己应遵守的国际法规范的制定者，在一定程度上又是这些约束它们自己的规范的解释者和执行者。国际法所建立的不是一种以统治权为基础的秩序，基本上是一种以主权者“平等协作”为条件的法律体系，是一种国家之间的法律体系。这与国内法具有超于当事者的最高权威显然不同。国际法的这一“弱法”表现，恰恰是国际法最本质的属性和特征。① 国际法价值的特殊性就是由其自身所具有的特殊性决定的。

国际法以主权国家为主要主体，无论是在从前还是在现在直至可预见的未来，处于国际社会中的主权国家和处于国内社会中的自然人、法人始终都无法处于相同的法律地位，国内法中所追求的正义、自由、平等、公平等价值常难以同样地纳入到国际法律体系中。我们知道，利益对法的产生和发展起着决定性作用，而各国利益方面的差异与各国在实现自己的国家利益方面的决心和能力令各国对国际法产生不同的期望并以国家主权为依据积极地加以实现，由此导致国际法很大程度上是在经历合作与斗争的过程后最终成为各种利益和力量妥协、平衡的结果。因此，国际法很难完全体现某个国家或某些国家甚至是绝大多数国家所希求的“正义”。即使是最基本的正义也常常是在秩序的背影里委曲求全地发挥一定作用，

---

① 参见梁西主编：《国际法》，武汉大学出版社 1993 年版，第 5 ~ 13 页。

这曾经是国际法价值的真实写照。例如，第一次世界大战以前，国际法允许为求秩序而使用战争作为推行国家政策的工具，在国家间关系上大国、强国凭借其绝对优势而有权对他国予以占领，通过时效、兼并、征服等方式取得领土，可以对外扩张建立殖民地，甚至使原本独立的主权国家沦为殖民地。在这种残酷的、缺乏正义的秩序里，人道主义规则只是对正义和良知的一种补救。

应该说，现代国际法对正义的价值追求已经取得了一些进展，如体现正义的“全人类共同利益”这一重要价值日益得到越来越多的关注和认可。但是，现代国际法与国内法的价值追求还不能够做到比翼齐飞，国际法对秩序的追求仍然占据重要地位，而且从实践角度来看也最具可行性，因为秩序能表明各国在它们的相互关系中最起码的稳定性和可预见性。与秩序相比，“正义”在现实可行性和操作性方面则要差很多。

三、国际法价值的普遍性

法理学认为，法律价值具有普遍性。“尽管人们的法律价值观念和主张作为一个整体有鲜明的差异或对立，但生活在同一时代、同一社会的人们也会有某种共同的价值标准。即使不承认在同一时代、一个社会有共同的法律价值，也必须承认在同一群体、阶段内部存在着共同的法律价值观念和主张”。① 对于国内法来说，这是一个毋庸置疑的理论，但是当涉及国际法时，人们会发现这是一个大大的难题。

由于国家、民族、群体的不同，它们的利益也体现出差别性和多样性。第二次世界大战结束以后，国际社会中形成了社会主义阵营和资本主义阵营的东西方对立。随着20世纪60年代以来亚非拉民族独立解放运动高潮的出现，国际社会中又产生了最不发达国家和发展中国家与发达国家间的南北矛盾。鉴于不同类型国家之间存在的意识形态、社会制度、经济发展程度等方面的重大差异，国际

① 李龙主编：《法理学》，武汉大学出版社1996年版，第94页。

社会中似乎难以形成共同的国际法价值。前苏联国际法学家童金(Tunkin)"以一切法律都受阶级的束缚而不可能有中立的法律理念作为论证,来否认法律的理念",① 当然也反对国际法价值的普遍性。我国也有学者认为"作为国际社会的成员的国家有各种不同社会经济制度,不可能有一种'一般法律意识'或'共同法律意识'"。② 还有学者指出,目前,世界各国还很难找到不同阶级、不同国家利益的共同支点,已形成的全球性法律规范不过是国家利益取舍、国家间又合作又斗争的结果。③ 从这些学者的观点看,现在把普遍性视为国际法价值的既有性质似乎并不准确。但是我们不能忽略的是,国际法价值的普遍性既是人类社会发展的必然趋势,也是人类社会发展的客观要求。

冷战结束以来,至少从表面上看,基于意识形态、社会制度和经济发展程度的不同而产生的不同国家间的严重对立有弱化的趋势。世界各国纷纷将注意力集中于经济发展和建设方面,经济全球化的趋势日益加强,经济已成为国际关系中的最重要、最活跃的因素,与此同时,国际社会组织化程度也在增强。从联合国、世界贸易组织等全球性国际组织到欧洲联盟等区域性国际组织,接纳的成员国数量越来越多,成员国的性质也呈现出多样化趋势。国际组织成员国数量和性质的变化从一个侧面反映了世界各国间日益紧密的联系,也为世界各国在法律意识的沟通、交流和融合方面提供了良好的氛围。对于经济全球化引发的对法律的影响,米海伊尔·戴尔玛斯—马蒂(Mireille Delmas-Marty)教授有一个非常乐观的回答:"在世界上最强大的经济的影响下,用不着几十年的功夫,法律就

---

① [奥]阿·菲德罗斯等著,李浩培译:《国际法》(上册),商务印书馆1981年版,第20页。

② 王铁崖主编:《国际法》,法律出版社1995年版,第16页。

③ 刘锦:《二十一世纪法律研究的一个新课题:法律全球化》,载《中国法学》1999年第6期,第139页。

有可能世界化。"① 即使退一步说她的态度过于乐观，从最基本的意义上讲，世界各国对于和平秩序这一最低限度的国际法价值的公认，早已是毋庸置疑的。由此，我们可以得出国际法价值具有普遍性这一必然结论。

目前人类社会面临的共同危机和需要共同承担的义务也是国际法价值具有普遍性的重要现实依据。二战结束以来，人类的科技史上经历了前所未有的大发展时期。然而，今天的人类社会却面临着种种问题，例如国际恐怖主义、核武器和大规模杀伤性武器的扩散、人口爆炸、资源耗竭、环境污染、毒品以及跨国犯罪等问题。茹根·哈贝马斯（Jurgen Habermas）曾经说过，"长期以来，各种危险的全球化，客观上将世界连接起来，使之变成了一个建立在所有人都面临之危险基础上的非本意所愿的共同体。"② 在这个共同体中，各国对于国家之间的合作充满疑虑，于是建立各种各样的国际法律制度以增加行为的可预期性和稳定性。虽然各国在达成国际条约或形成国际惯例的过程中，常常需要双方或多方的相互妥协，但是只要不是在强迫、欺骗等条件下接受的条约或惯例，国家始终是在其价值观念许可范围内做出妥协，主权是它维护自己价值观的坚强后盾。国际社会中已经达成的众多的国际条约和形成的大量的国际惯例非常清晰地表明，各国价值观念中有着用以制定和评价国际法律规范的共同标准。

如果说国际法价值的普遍性似乎仍然令人怀疑，那么我想借用米海伊尔·戴尔玛斯—马蒂教授的一句话来完善上述观点，即"当务之急，是不等到那种形而上学的争论看来毫无把握地终结之后才来考虑构建一种多元的共同法之途径"。她曾以此使一位要求

---

① ［法］米海伊尔·戴尔玛斯—马蒂著，罗结珍、郑爱青、赵海峰译：《世界法的三个挑战》，法律出版社2000年版，第5页。

② 转引自［法］米海伊尔·戴尔玛斯—马蒂著，罗结珍、郑爱青、赵海峰译：《世界法的三个挑战》，法律出版社2000年版，第3页。

各种文化具有同一“幸福”概念的伊朗毛拉“默不做声”。①

四、国际法价值的时代性

所谓国际法价值的时代性，是指国际法的价值随时代的发展而不断地发生变化这一特质。国际法的价值既不是自古以来就存在的客观事实，也不是一成不变的思维意识。庞德（Pound）曾经指出，法律的评判准则只能通过经验的方法取得，它是“通过经验来发现并通过理性来发展调整关系和安排行为的各种方式，使其在最小的阻碍和浪费的情况下给予整个利益方案以最大的效果”。②由于很多的时光已经无法重现或重新亲临体验，我们只能根据经验来对国际法价值的曾经存在及其具体内容进行分析。

“上古世界出现过一些国际法原则、规则和制度，或者说有国际法的遗迹，可是很难说有国际法这门学问，或者说有涉及国际法的著作。如果中世纪有国际法，中世纪却没有国际法学，最多只能说有神学著作或哲学著作涉及一点国际法，或者对后来的国际法学的形成有些影响。一般公认，国际法学的建立应该说从格劳秀斯的著作开始。”③ 从格劳秀斯（Grotius）的著作开始产生的国际法学，曾经经历了自然法学、实证法学、综合法学等几个发展阶段。④ 这个发展过程与哲学的发展历史有着非常密切的联系。下面仅从哲学发展的角度分析国际法价值的时代性。

雅斯贝尔斯（Jaspers）曾指出，哲学有三种主要根源，即惊异、怀疑和震撼。相应地哲学有三个基本领域：本体论、认识论和

---

① 参见［法］米海伊尔·戴尔玛斯—马蒂著，罗结珍、郑爱青、赵海峰译：《世界法的三个挑战》，法律出版社2000年版，第4～5页。

② ［美］庞德著，沈宗灵、董世忠译：《通过法律的社会控制：法律的任务》，商务印书馆1984年版，第71页。

③ 王铁崖著：《国际法引论》，北京大学出版社1998年版，第305页。

④ 国际法价值只是国际法学庞杂的内容之一。我国国际法教科书中常常只关注自然法学和实证法学以及将两者结合的折中法学在国际法学中的重要地位。

存在哲学。每一分支有自己特殊的立场和对世界独特的见解，它们各自开辟了一个时代。本体论是一种立于惊异和存在信赖之上的哲学，它缘于存在者外在于我们的思维而存在。本体论关注的是存在而不是意识，一般而言，存在是不可把握的，只是当人尊重蕴含于存在中的规律时，它才听命于人。自然法之花只是盛开在基本的存在信赖之沃土上。皈依自然法的人必须是信赖自己、信赖世界的人。当人们从怀疑入手去探究感觉到的和自以为识得的一切，人们的目光对准的不是存在的物，而是思维着的主体。作为本原的不是存在，而是认识。于是，法之独立的存在属性被否定了，法只是一个名义上的概念，一个由立法者绝对权力创立的（实证主义）法律的总称而已，人们根本不再去理会自然法理念。当人被置于此在的“边缘状态”之前时，存在性震撼侵袭着他。这是人既不能逾越也不能改变和依傍的情势。人在这时感悟着自身时刻牵挂着的世界的非定局性，意识到这种边缘状态，发觉自身软弱无力。存在哲学探求的，是呼吁人们去抗拒那种溺入只是苦苦挣扎这种非本真中的冲动，在这种抗拒中自己决定自己的前途命运，并实现自我。在法学中，也存在着对我们世俗法不可避免的抗拒之经历，以及用绝对价值衡量所带来的法的可疑性这种边缘状态意识。所有以上思潮中没有哪一个是纯而又纯的，不同时代强调的重点是不同的。①

自近代以来直至1928年的《巴黎非战公约》签署之前，国际社会以国家为惟一的国际法主体，国际法赋予国家在国际社会中的绝对权力，国家可以为推行国家的政策而采取包括战争在内的手段。基于此等纵容，西方学者指出，国内法律体系追求的是正义，而国际法律体系却不能追求正义，只能寻求秩序与妥协。然而，随着社会的发展，世界正在发生变化，这一观点已经不能满足今天世界发展的要求。“新的时代呼唤一个崭新的概念和伦理的观点”，

---

① 参见［德］阿图尔·考夫曼、温弗里德·哈斯默尔主编，郑永流译：《当代法哲学和法律理论导论》，法律出版社2002年版，第14～19页。

"一个更自由的世界需要更自由的国际法理论"。① 随着国际人权法、国际人道主义法、国际环境法的产生及发展，国际法从单一的国家本位向国家、个人、人类社会三位一体的融合过渡，国际法价值的时代性可见一斑。

在阐述国际法价值时代性的时候，我们还必须注意到国际法价值的历史传承性。毕竟，法是人类社会的产物，是人类生活的调节器，人类在不同时代当然会具有一定的共同的价值追求。对和平秩序的追求就是一个典型的例子。人们从来不曾把战争当作目的来追求，即使是在战争具有合法性的时代，人们也只是把战争当作寻求和平的手段。国际法的价值体现出的时代进步迄今并未否定而且可以相信永远不会否定和平秩序价值，只是在实现和平秩序的手段和方式方面发生了重大变化，如以和平方式解决国际争端、禁止使用武力或以武力相威胁。国际法价值的传承性与其时代性之间并不矛盾。事物总是在不断地发展，然而发展永远不会是"空中楼阁"式的存在。

五、小结

由于现代国际社会的存在以国家拥有独立主权为基础，与具有最高国家权威的国内社会明显不同，因此人们对于国际法价值的存在与否疑虑重重。但是，国际法的法律性质既然无法否认，它就与国内法一样具有法律价值。那么，接下来的一个问题被提出来了：国际法是否也以正义作为价值取向呢？仅仅回答"是"或"不是"，无疑是犯了将问题简单化的错误。

我们知道，正义与法律有着密切的关系。古罗马的法谚对法与正义的关系有大量辨析，例如，"法学是关于神道和人事的知识，是关于正义和非正义的学问（Jurisprudentia est divinarum atque hu-

① See Fernando R. Teson, A Philosophy of International Law, Westview-Press, 1998, p. 1.

manarum rerum notitia, justi atque injusti scientia)”，“非正义的法律不是法律（Lex injusta non est lex）”，“在分配正义时，法律必须有所作为（Lex deficere non potest in Justin exhibenda）”，“法律总能显示正义的力量（Lex non deficit in justitia exibenda）”等。然而，正义究竟是什么？西方法的价值理论给我们提供了客观正义论、主观正义论、理性正义论、神学正义论、相对正义论、社会正义论、形式正义论、程序正义论等诸多回答。① 正义这一观念是从人类有道德上的是非观念以来就已经存在的，而且普遍存在于道德和法律等社会的各个领域，所以罗尔斯（John Rawls）说：“正义是社会制度的首要价值，正像真理是思想体系的首要价值一样。一种理论，无论多么精致和简洁，只要它不真实，就必须加以拒绝或修正；同样，某些法律和制度，不管它们如何有效率和有条理，只要它们不正义，就必须加以改造或废除。”② 正义的应然和实然的广泛存在领域昭示着它是人类活动的首要价值，那么，作为法律一部分之国际法也当然要遵循这一价值导向。也许国际法与国内法相比较所具有的特征，尤其是其所反映出的弱势之处，令人们对此有所怀疑，但是这种怀疑可以通过对国际法法律性质的确信同样地获得解释。而且，国际法律实践也已经给予或者正在给予我们更多的例证，证明正义作为国际法价值取向所发挥的重要作用。

总之，国际法的价值是存在的，而且法的价值也是国际法价值的内容。但是，国际法的价值与国内法的价值相比较，有其独特性。各国国家利益虽然不同，却并不妨碍共同价值取向的产生。随着人类社会的发展，国际法的价值也在不断地发展变化。

---

① 参见卓泽渊著：《法的价值论》，法律出版社 1999 年版，第 495 ~ 506 页。

② 约翰·罗尔斯著，何怀宏、何包钢、廖申白译：《正义论》，中国社会科学出版社 1988 年版，第 3 页。

第四节 国际法价值的意义

美国著名法理学家博登海默（Edgar Bodenheimer）曾经指出："任何值得被称之为法律制度的制度，必须关注某些超越特定社会结构和经济结构相对性的基本价值。在这些价值中，较为重要的有自由、安全和平等。有关这些价值的重要性序列可能会因时因地而不同……一种完全无视或根本忽视上述基本价值中任何一个价值或多个价值的社会秩序，不能被认为是一种真正的法律秩序。"① 今天的国际社会正行进在全球化的浪潮之中，面对这样一种客观存在的、整体的趋势，国际法必须发挥其更大的作用。国际法的价值对国际立法活动、国家行为并进而对国际法院或法庭的司法、仲裁等方面都具有重要意义。

一、国际法价值对国际立法的意义

任何实定的法律秩序都不是尽善尽美的，著名的奥地利作家格里尔帕泽（Grillprazer）在他的著作《哈布斯堡家中的兄弟争论》中，以鲁道尔夫皇帝之口对此作了最好的论证，他说，一切人类的立法都"必然带有一定程度的愚蠢性"，因为任何立法都着眼于将来的、决不能完全预见的事实，因而也决不能完全适合于"实际的范畴"。② 国际法的发展历程证明这是一个正确的结论，战争法内容的变化是一个极好的实例。

在1928年《巴黎非战公约》签署之前，战争一直被认为是国家推行和实现其国家政策的合法手段，国际法对战争的限制则体现在为战争这一特殊游戏制定游戏规则，即战争法。战争法中规定了

---

① ［美］E·博登海默著，邓正来译：《法理学、法律哲学与法律方法》，中国政法大学出版社1999年版，"作者致中文版前言"。

② 转引自［奥］阿·菲德罗斯等著，李浩培译：《国际法》（上册），商务印书馆1981年版，第24页。

在战争这一特殊时期中，交战国家、中立国、战斗员、战争受难者、和平居民等各方的法律地位，以及作战手段和作战方法方面应受的限制等。所有这一切，都是以“战争是国家的合法行为”为前提条件的。但是，《巴黎非战公约》的签署改变了战争的法律地位。《联合国宪章》更进一步规定，除宪章规定的三种合法战争①以外，战争已经不再是合法的了。相形之下，对于人类社会而言，无疑否定战争合法性的法律制度是正确的。那么，这样的一些判断是如何做出的呢？回答是：依据国际法的价值。国际法的价值对国际立法的意义主要体现在以下两个方面。

(一) 国际法的价值是校正恶法的准则

“恶法是与良法相对应的。良法是人们的期望，但恶法总是不时地危害人类的发展。良法一直是人之所求，而恶法总是屡禁不止。恶法本身就是对法的价值的反对。恶法一旦产生，人们就面临着如何认定和对待恶法，如何校正恶法的问题。……人类究竟依靠什么来校正恶法，使法回归其发展的正道？回答是，必须依赖法的价值来评判，依赖法的价值来校正。”②换言之，良好的法的价值驱使法成为良法——正义之法。

在国际法发展的初期，形成了以欧洲所谓“文明国家”为主体的国际体制。国际交往中只有这些国家才享有完全的国家主权，亚洲、非洲、美洲等地区出现大量的殖民地和半殖民地，附属国、附庸国、被保护国比比皆是。随着不平等的国家间关系的产生和发展，白人的优越地位被认为是不言而喻的。黄色、黑色等有色人种成为次等公民甚至成为奴隶。这样的国际体制曾经被认为是合法有效的，并被当时的许多国家认可为国际法的一部分。但是，人类的理性体现——对国际法价值的追求使人们逐渐改变了原来的观点，从理论到实践都否定了这些反映国家间不平等和种族间不平等的

① 指自卫战争、反抗殖民统治的争取民族独立的战争、联合国集体安全体制下的战争。

② 卓泽渊：《论法的价值》，载《中国法学》2000年第6期，第14页。

制度。

第二次世界大战结束后，对法西斯战犯、间谍、告密者的惩办是国际法律实践的一次创新。虽然在第一次世界大战结束后，就已经在《凡尔赛和约》中做出对德国皇帝威廉二世及违反战争法规和惯例的主要将领进行审判和处刑以惩罚战犯的决定，但是最后以德皇的流亡而不了了之。纽伦堡审判、东京审判才真正地否定了国家元首和国家高级官员可以以其行为符合国内法的规定以及其享有豁免权为理由逃避国际法律责任，从而确立了个人承担国际法律责任的先例。纽伦堡审判、东京审判都充分运用了国际法的价值来对恶法加以批判和校正。1945 年 8 月 8 日对法的价值的关注、尊重和追求，令人们勇于承认"恶法非法"。如果没有对体现正义的国际法价值的追求，就不会有今天仍为人们所认同的纽伦堡审判和东京审判。① 英国学者阿库斯特（Akehurst）说："谁要是以为正义竟然要求在纽伦堡被定罪的人应该无罪释放，那么，这个人的正义观念实在太古怪了。"②

然而，对法西斯战犯的惩罚，并不意味着所有恶法随着纽伦堡

① 1945 年 8 月 8 日关于惩罚战犯的伦敦条约把一些违反人道的行为归责于行为人，把他们认定为罪犯，即使这些行为是他们的国内法所许可或者甚至命令他们实行的。在纽伦堡国际法庭的审判中，律师的主要辩护意见之一就是，被告们从事或参加侵略战争的时候，纵使当时的国际法已认为其为犯罪行为，但是被告们自己并不知晓当时的国际法，所以他们主观上缺乏"犯罪的意思"，因而不能构成犯罪。法庭对于这种诡辩的答复是，第一，人人有知晓和遵守一切现行法（包括国际法）的义务；对于现行法的愚昧无知，决不能作为免除罪责的辩护理由。第二，被告们在从事侵略的时候，纵使不能精确地了解侵略在国际法上是何等严重的罪行，但是以他们的知识和地位来说，他们在破坏条约或协定去攻占邻国的时候，决不会不明白或者不感觉到他们的行为是错的，是有罪的。纽伦堡判决书上说，对于这种人"加以惩罚，非但不是不公平；反之，如果让他们逍遥法外，那倒是不公平的了"。参见梅汝璈著：《远东国际军事法庭》，法律出版社 1988 年版，第 23 页。

② ［英］M. 阿库斯特著，汪瑄、朱奇武等译：《现代国际法概论》，中国社会科学出版社 1981 年版，第 317 页。

审判和东京审判的结束而从此消失。对于既存的法律，我们只有以国际法的价值为标准予以衡量和评判，才能校正恶法和矫正以恶法为根据的恶行。在国际社会中，将有越来越多的国际法规则存在。恶法可能是一个整体性的法典，但更可能是一个恶行的法律条款。这样的法典或法条无论是源自于立法的失误，还是源自于认识的错误或是真实的故意，都会带给国际社会乃至于整个人类或大或小的灾难。法律良性发展需要以界定恶法、否定恶法、制裁以恶法为据的恶行为手段。当我们以国际法的价值为标准，去评价和衡量既存的国际法规则时，那么我们就是国际法这条长河的清污者。

（二）国际法的价值是国际法进一步发展的动因

国际法的价值具有调整作用。国际法的价值是评价和衡量现有法律规则的标准，同时，国际決的价值又对国际法的未来发展指明了方向。这是法的价值共有的作用。法的价值是人关于法的绝对超越指向。所谓“指向”，是指法的价值具有目标、导向等含义。所谓“绝对”，是指法的价值具有永远的、不断递进的，而又不可彻底到达其极致的性质，包括时空上的绝对和性质上的绝对。所谓“超越”则指法的价值作为人关于法的永远追求，总是超越于人的客观能力，人总是无限接近，并在这种无限接近中得到发展。客观世界作用于人而产生的对于法的需求，仅是法的价值的一个前提，满足这种要求是法的价值的重要方面和主要内容，但它并不是法的价值的全部。法的价值应当而且确实具有人们的期望、追求与信仰的意义。人们对法的期望、追求、信仰，总是法发展的重要动因。①

信息的瞬间传递和变幻莫测、以“自由贸易”与“资本自由移转”为特征的全球化浪潮、具有大规模杀伤性的武器、人工诱导无性繁殖的克隆动物等告诉我们，“人类已经进入一个高度文明

① 参见卓泽渊著：《法的价值论》，法律出版社1999年版，第013～014页。

与发展的时代”。① 今天的国际社会由于科学技术的进步而联系得更加紧密，国际社会中的主要主体——国家的数量也大大增加（联合国成员国的数量已经达到191个）。行为体的增加，使地球上的空间变得拥挤和狭窄，国家交往和个体交往的增加进一步加剧了这种拥挤和狭窄。在古代，分散居住在广阔地区中的人可以没有系统的成文立法，仅以习惯作为约束已经足以满足维持生存秩序的需要，而在拥挤的城市中则形成了早期的成文立法。可以说，成文的系统的立法在拥挤的城市中有着更大的需求。国际法也不例外。

英国法学家哈耶克（Hayek）曾经说过：“法律先于立法。”② 在国际法的产生和发展历程中，尤其是在产生和发展的初期，国际法律规则多是在被动状态下产生的。国际法的渊源主要是国际习惯和国际条约。国际习惯是国际法最古老和原始的渊源，在条约尚未发达的时代里，它是用以调整国家间权利义务关系的一种非常重要的手段。国际习惯可能首先是某个国家的偶然行为或者多个国家的偶然行为，这个偶然行为要得到其他国家的反复一致的重复，往往需要一定的时间，是一个比较缓慢的过程。要使国家对这个反复一致的实践产生必要的法律确念，则又是一个较长的时间过程。在国际习惯存在的证明上，国际社会中通常是以时间和法律确念为标准的③。换言之，只要国家在国际关系中的某一行为客观上得到反复一致的实践，主观上得到各国的法律确念，那么它就是一个国际法规则。这里，我们看不到对法律应有的正义性的关注。

随着国际交往的增加，各国共同关切的事项越来越多，国际上需要新的国际成文立法对国际习惯法未能涉及的广泛事项加以规

---

① 梁西：《国际法律秩序的呼唤——“9·11”事件后的理性反思》，载《法学评论》2002年第1期，第3页。

② ［英］弗里德利希·冯·哈耶克著，邓正来、张守东等译：《法律、立法与自由》（第1卷），中国大百科全书出版社2000年版，第113页。这里的所谓立法，用哈耶克的话来说，就是“以审慎刻意的方式制定法律”。

③ ［英］詹宁斯、瓦茨修订，王铁崖、陈公绰等译：《奥本海国际法》（第1卷第1分册），中国大百科全书出版社1995年版，第16页。

定，国际条约逐渐成为国际法的主要渊源。所谓国际条约，《维也纳条约法公约》将其定义为："国家间所缔结而以国际法为准之国际书面协定，不论其载于一项或两项以上相互有关之文书内，亦不论其特定名称为何。"显然，和国内法与合同的关系不同，国际法与国际条约的关系相对复杂。国际法以国际条约为渊源，国际条约又以国际法为依据。正因为如此，很多国际法学者认为国际法效力的根据是各国统治阶级的意志，即体现在国际习惯和条约中的"各国的协调意志"。对国家间协议的注重使人们容易忽略国际法作为一种法律应该具有的价值追求。

对于法律价值信仰和追求的相对缺乏，使国际法的发展非常被动。国际条约在发挥其国际立法作用时，常常滞后于国际社会现实情况的发展，要想具有超前性则是难上加难。回顾国际法发展历程，我们可以发现，国际成文立法除了对已经经过了长期发展历程的、较成熟的国际习惯予以法典化之外，主要是针对一些特殊领域发生的特殊事件进行的，例如《反对劫持人质国际公约》、《关于在航空器内的犯罪和其他某些行为的公约》、《关于制止非法劫持航空器的公约》等。通过分析现有的国际条约我们还可以发现，在并非所有国家都有能力从事研究、开发、利用的领域和空间范围内，成文的国际立法似乎也比较容易形成。但是，当科学技术进一步发展和普及之后，这些国际立法的可被接受性就要画一个大大的问号了。拥有强大实力的国家更有可能利用国际立法的不完善或强行突破国际条约的束缚。①

---

① 据英国《星期日电讯报》2003年6月8日报道，美国正在研制在太空巡逻的军用航天器，旨在打击和摧毁未来敌人及对手的卫星。今后，没有美国的同意，别的国家将不能使用太空。去年3月，美国空军副部长、国家侦察局局长说："我相信武器会进入太空。这只是时间问题。因此，我们需要处在最前列。"《2001年国防部评论》还指出："美国的一个重要目的，不仅是确保美国具有为军事目的开发太空的能力，而且还要让对手没有开发太空的能力。"显然，美国希望控制太空。参见《美欲对近地太空实施军事占领》，载《参考消息》2003年6月12日第五版。

国际法的被动立法模式将逐渐发生改变，积极主动的国际立法模式是客观世界发展的要求。“以前的国际法在出色地维持现状的作用上具有政治的特点，而现代国际法则应确保国家之间经常的圆满关系，内容也适合相互依赖的情况，向着发挥其有效作用逐渐转变……现代各国对国际法的期待，是在计划管理国民经济中从技术的合理性要求出发要求国际法，就是为各个事项对国家提供明确的行动指南，借以提高预测其他国家行动的准确程度。”① 在今天各国大力推行法治、积极追求建立法治国家的时候，我们法学工作者不必讳言在国际社会中建立国际法律秩序的必要性。

法理学研究表明，“任何法在创制、实施时，乃至在创制、实施前都已经存在了价值问题，确定了相应的价值目标，并要接受一定的价值准则的指引”。② 国际法这个特殊的法律体系是否在这个问题上也要显示其特殊性呢？当然，国际法的特殊性使它无法以与国内法同样的方式追求同样的价值。如前所述，国际法的价值有其特殊性，但是，国际法的价值仍是国际立法的指引，是国际立法的特殊的理性追求。“一个法律制度之所以成功，乃是因为它成功地在专断权力之一端与受限权力之另一端间达到了平衡并维续了这种平衡。这种平衡不可能永远维续下去。文明的进步会不断地使法律制度失去平衡；而通过把理性适用于经验之上，这种平衡又会得到恢复……”③

二、国际法价值对国家行为的意义

由于价值缺失、道德上不受约束，导致政府拥有以国内法上不

---

① ［日］寺泽一、山本草二主编，朱奇武、刘丁等译：《国际法基础》，中国人民大学出版社 1983 年版，第 16～17 页。

② 卓泽渊著：《法的价值论》，法律出版社 1999 年版，第 065 页。

③ 庞德语，转引自［美］E·博登海默著，邓正来译：《法理学、法律哲学与法律方法》，中国政法大学出版社 1999 年版，第 149 页。

容许的方式行事的权力，并从事各种残酷的行为。① 既然国际法的价值是国际法的追求目标，是国际法的合理性与道德性的体现，国际法的价值就应该成为国家从事国际交往的最高行为准则。

通过法律实现对社会的控制，通常是法律通过发挥其行为规范或者审判规范这两方面的作用来达到维持和恢复社会秩序这一最终目的。一方面，法律作为行为规范给社会成员提供行为的准则，是社会成员决定行动的指南，从而使社会成员相互之间能够更加准确地对对方的行为做出预测，由此发挥法律防止社会成员间发生不必要争端于未然的作用。另一方面，当社会成员间已经发生争端时，法律则转而具有解决争端和恢复社会秩序的作用。作为审判规范，法律是强制纠正脱离法律规范的行为并做出制裁的标准。从理论上讲，国际法也应该具有这两方面的作用。

但是，与具有完备的组织体系和控制体系的“宝塔式”的国内社会不同，国际社会是一个由具有平等主权的独立国家构成的平行分权结构。在这样的社会中，国家可以以其自身的行为对某个国际行为规则予以认可或否认使之逐渐发展成为具有法律确信的国际习惯或一个截然相反的结果，对国际法的发展起着重要作用。同时，国家以其自身的行为表示对国际法的尊重和执行，又是国际法得以执行的主要途径。因而，国家行为是国际法制定和实施过程中的一个非常重要的因素。

国家行为本应以国际法规则为根据，但是必须承认，国际法至今为止仍然没有得到充分发展，距离一个成熟系统的法律体制要求还很遥远。现实的国际社会中还经常会出现一些国际法律规则根本未加以规范或未能加以详细规范的情势。这时的国家行为成为国际法制的方外之物。梁西先生在考察了国际实践之后指出，国际社会中的各国对国家利益的谋求，使国际社会出现一种颇为复杂、敏感的微妙形势，从而使国际法必须“像一艘潜入海洋的潜艇”，“蛇

① See B. Simma, From Bilateralism to Community Interest in International Law, in Hague Academy of International Law, vol6 (1994), p. 233.

形地绕过种种暗礁，才有可能达到目的地”。① 由于国际法需要绕过由国家利益形成的种种暗礁，国际社会中尴尬的局面是常常可以见到的。我们不妨以对恐怖主义行为的定义为例来进行探讨。

“9·11”事件之后，美国总统布什（Bush）宣布“向世界范围的恐怖主义开战”，扬言不惜一切代价铲除恐怖主义，要将支持、资助、窝藏恐怖主义的国家政权推翻。然而，自2002年3月29日巴勒斯坦好战分子制造“逾越节惨案”以来，自杀性爆炸事件已多次发生。以平民作为攻击目标，是不是恐怖主义？美国政府的表态却显得左右为难。当天，美国总统布什措辞严厉地谴责了巴勒斯坦人的行径，并支持以色列人，声称以色列“有权自卫”。可到了4月1日，布什的态度发生重大改变，只将自杀性炸弹爆炸事件称为“小型恐怖行为”；同时，他还拒绝给巴勒斯坦最高领导人阿拉法特（Arafat）贴上“恐怖主义”标签。对于以色列，布什不是重点强调它的所谓“自卫权”，而是呼吁以总理沙龙（Sharon）“保持畅通的和平之路”。据媒体分析，这种改变的原因是，随着伊拉克成为美国反恐战争的下一个目标，巴以局势平静化成为美政府追求的重要政策目标，布什不把阿拉法特定性为“恐怖主义分子”，只是一种权宜之计。美国外交关系委员会国家安全研究中心主任凯恩·波拉克（Ken Pollak）认为，布什此举是“精明的”，为将来灵活对待不同“恐怖个案”创了“先例”。但同时，其他国家或团体今后可能援引此例寻求“例外待遇”，使布什界定恐怖主义的尺度更难掌握。②

国际法的发展日益迫切，它不能再像潜水艇那样蛇形地绕过暗礁。国际法的发展需要一面高扬的旗帜作为指引。国际法的价值就是这面旗帜。与国内社会相比，国际社会中的主要成员是拥有独立主权的国家这样的集合体，它们的决策机构由国家内部具有相应的

① 梁西主编：《国际法》，武汉大学出版社1993年版，第7页。

② http：//news. sohu. com/86/78/news148387886. shtml.（2002年4月4日中国青年报）2002年8月1日访问。

文化素质和其他素质的人构成，“经过国家知识分子精英的共同协作而产生的，与一个国家大多数民众的伦理价值判断相联系的，国家本身也肯定乐于遵守的国家意志，为国家做出明智和正确决断提供了个人意志在决断上所没有的保障”。① 对国际法价值的尊重，无疑将避免国家之间发生类似于“无数怀有敌意和不可理喻的个人之间”② 发生的事情。

此外，国际法的价值对国际法院或国际仲裁庭的司法、仲裁活动也具有重要意义，并已经为国际实践所确认。对《国际法院规约》第 38 条第 1 款中的“一般法律原则为文明各国所承认者”，通常有两种解释：一是视为基于人类社会一般法律意识而产生的法律原则；二是视为存在于各国法律体系之中所共同拥有的法律原则。实践中，它往往是由法官或仲裁人根据前者的理解或是结合后者推导而出，实质上成为具有可变内容的、现代自然法的解释。在北海大陆架案的判决书中，国际法院指出：“划界应由有关国家根据公平原则并考虑一切有关情况进行，使每一方尽可能多地取得构成其陆地领土向海底自然延伸的部分，但又不要侵害他国领土的自然延伸部分。”③ 人人都知道公平正是法律价值的一个体现。

第五节　与国际法的价值相区别的有关概念

当我们将法律价值的含义规定得过于广泛的时候，就会发现法律价值与许多其他概念混淆在一起。西方法学界常常在法律的作用、功能和效力等方面的意义上使用法律价值这一概念。对于本书的研究对象来说，国际法的价值与国际法的功能和国际法的效力是

① ［德］拉德布鲁赫著，米健、朱林译：《法学导论》，中国大百科全书出版社 1997 年版，第 153 页。

② 拉德布鲁赫语——作者注。［德］拉德布鲁赫著，米健、朱林译：《法学导论》，中国大百科全书出版社 1997 年版，第 153 页。

③ 陈致中编著：《国际法案例》，法律出版社 1998 年版，第 222 页。

几个容易混淆的概念，在具体研究国际法的价值之前，必须对国际法的功能和国际法的效力这两个概念进行辨析。

一、国际法的功能

所谓法律功能是指法律作为体系或部分，在一定的立法目的指引下，基于其内在结构属性而与社会单位所发生的，能够通过自己的活动（运行）产生一定客观后果，并有利于实现法律价值，从而体现自身在社会中的实际特殊地位的关系。法律功能指向于法律价值，但同法律价值终究是程度不等的两个范畴。从理论上讲，法律价值的主观性居于主导地位，体现为一定的主体需要，法律功能正是要满足这种需要。法律价值体现一种法的取向，说明法“应该是什么”的问题，法的功能则体现了一种法的状态，说明“法是什么”的问题。同一个法律价值，可以通过不同的法律功能去实现，反之，同样的法律功能也可能实现不同的法律价值。法律功能是一个中性的概念，用英国近代哲学家休谟（Hume）的术语来表达，就是功能研究更倾向于“事实判断”，而非“价值判断”。①

法律功能的一般理论也适用于国际法领域。国际法的价值与国际法的功能之间以国际法规则为连接，国际法的价值是对国际法规则的指引和评价，国际法规则对国际法主体的行为和国际社会生活产生的影响和发生的实效以及可能效应，则是国际法的功能。国际社会与国家内部社会本质上的不同，使得国际法的功能发挥相当不完善。虽然国际法也同样具有行为激励功能和利益调控功能，但是在这两个方面国际法都无法与国内法相比。

二、国际法的效力

法律效力是一个有争议的概念，国内外的许多学者都对法律效力问题发表了自己的观点。目前比较权威的意见认为，法律效力就

---

① 参见付子堂著：《法律功能论》，中国政法大学出版社 1999 年版，第 35～39 页。

是法律基于其所体现的国家权力，以及其中所凝结的具有真理性的知识和经验，因而在时间、地域、对象、事项等方面所具有的国家强制作用力。① 我们还可以简单地将它表述为，法律在属时、属地、属人、属事四维度中的国家强制作用力。② 作为法律形式之一的国际法，具有其不同于国内法的独特的法律效力。国际法法律效力的独特性依然源自于国际法与国内法相比较之下存在的特殊性。国际法的价值决定国际法的效力范围，而国际法效力反过来又深刻地推动着国际法价值的演化。下面对国际法的效力进行简单的分析。

（一）国际法的时间效力

法律的时间效力主要是关于法律规范何时生效、何时失效、有无溯及既往的效力等问题。由于国内法由专门的立法机关明文制定，所以在法律规范中通常会明确规定新法律的生效时间或者规定现存法律的失效时间，以及新制定的法律规范是否具有溯及力。同时国内法律中还会有一些关于法律时间效力的一般性的原则，如“从旧兼从轻”、“新法优于旧法”、“法不溯及既往”等。

但是，由于国际社会中并不存在最高的国际法立法机关，国际法规范常常表现为国际习惯和国家间的国际条约。如果在国际条约中能够明确规定该条约的生效时间、失效情形（条约中通常设有这样的条款），就会对确定相关国际法规范的时间效力带来方便。而国际习惯的不成文形式则为确定它的时间效力带来了极大的困难。

国际法中大量的法律规范是以国际习惯的形式得到各国的尊重和执行的。历经多少个世纪的沧桑变化，关于同一事项的国际法规范已经不再具有惟一性。仅仅是领土取得方式这一个问题，我们可以看到国际法中有着先占、时效、征服、割让、添附、全民公决等

① 赵震江、付子堂著：《现代法理学》，北京大学出版社 1999 年版，第 455 页。

② 张根大著：《法律效力论》，法律出版社 1999 年版，第 21 页。

多种法律规范。国际上没有一个专门机关有权径行宣布某个国际习惯的失效，这导致国际法产生时际冲突的情形要远远超过国内法。"时际法"这一名词大概就是为了解决这个问题而产生的。一般公认，国家的行为仅依其行为当时有效的法律来确定。这个原则也可以看做是"法不溯及既往"在国际法中的一种体现。

但在帕尔马斯岛仲裁案（Island of Palmas Arbitration）中，仲裁人M·休伯（M. Huber）指出："必须在权利的创设和权利的存在之间作一区别。创设权利的行为须服从权力产生时有效的法律这同一原则，要求权利的存在（即权力的继续显示），遵循法律的发展所要求的条件。"休伯的意见对适用时际法产生了破坏作用。根据他的观点，随着法律对取得领土的要求变得更为严格，国家就必须做越来越多的事以便保持其权利，它必须不停步以便留在原来的地方。休伯的裁决对于该案来说是正确的，为了阻止荷兰人根据时效取得权利，西班牙人有必要在帕尔马斯岛上采取更多的行动。但休伯表达意见所用的广泛措辞实际上否定了领土取得的有效性依所声称取得领土当时有效的法律来决定这一规则的效力。①

休伯的意见不会构成具有造法意义的判例，似乎我们不必对此表示过分的担心。但是，休伯的意见却至少在事实上已经偶然地打破了既有的关于国际法时间效力的一般认识。这使关于国际法时间效力的观点和认识变得有些模糊。从法律应具有的稳定性和预见性来看，"法不溯及既往"是个容易为人们所接受的规则。这个规则的缺点则在于它不能反映时代的进步，国家行使权力的怠惰无法得到有益的限制和制止。因此，"法不溯及既往"原则和以"法不溯及既往"作为主要原则并辅之以特殊情形下的做法显然各有其利弊。

（二）国际法的空间效力

法律的空间效力是指法律规范在哪些地方、区域有效。对于国

---

① ［英］M·阿库斯特著：《现代国际法概论》，中国社会科学出版社1981年版，第177~178页。

内法而言，大多数学者的理论和国家的实践都采用“以域内效力为基础，以域外效力为补充”的主张。一个主权国家的法律适用于其主权管辖的一切范围及全部领土，包括陆地、水域及其底土和上空。只有在特定条件下，国内法才能在本国领土以外生效。

国际社会是一个主要由平等的主权国家构成的平行式结构，不存在凌驾于各主权国家之上的世界政府，因此，也就不像国内法那样存在一种可以引为依托的特殊的和固有的权力，即国家主权。但这并不表明国际法不具有空间效力。国际法的空间效力要比国内法更为广泛。国际法不仅在国家主权管辖范围内有效力，而且在国家管辖范围之外的地方也具有效力。如在公海（被视为开放自由的）、国际海底区域、外层空间、无主地这些区域，我们看不到某个国家在此实施主权管辖，但是国际法中却以海洋法、外层空间法等方面的法律规则对发生在其中的行为进行管理。菲德罗斯（Alfred Verdross）曾经说过：“国际法秩序在空间的效力范围并不和国家领土的总数相等同，更确切地说，它包括国家行为一般地可以在那里进行的全部空间。”①

（三）国际法的对“人”效力

从国内法的角度，法律的对人效力就是法律规范对什么人有约束力，即法律适用于什么样的自然人和法律拟制人。关于这个问题，各国主要实行过四种原则：属人主义原则、属地主义原则、保护主义原则和折中主义原则。其中，以属地主义原则为主，属人主义原则和保护主义原则为补充的折中主义原则是目前各国最常采用的一个。国内法以自然人和法律拟制人为其主要主体，国际法则不同，国际法的主要主体是拥有主权的国家。② 如果我们可以简单地把国际法主体仅限于主权国家，那么就可以同样简单地把国际法的

① ［奥］阿·菲德罗斯等著，李浩培译：《国际法》（上册），商务印书馆1981年版，第273页。

② 所以，对于国际法而言，似乎把“对人效力”改称为“国际法效力的对象维度”更为可行。

对“人”效力概括为：国际法对于世界上所有的主权国家均有法律约束力。然而，事实上，国际法的主体并不仅限于主权国家，主权国家只是国际法的最主要的主体。至少在我国学者的国际法著作中表明，在主权国家之外，还有争取独立的民族、国际组织是国际法的主体，虽然它们在行使国际法上的权利和承担国际法上的义务的能力方面无法与主权国家相比。作为国际法的主体，国际组织和争取独立的民族当然也受国际法的约束。

此外，还有非政府间国际组织以及内战中的武装叛乱者、交战团体等特殊的集合体在某些条件下也会成为国际法的主体。至于个人是否能够作为国际法主体，仍然是一个有争议的问题。西方国家国际法学者肯定个人的国际法主体地位，我国学者中居主导地位的意见则认为个人不是国际法的主体。既然这是一个有争议的问题，笔者不拟在这里提出一个确定性的答案。无论如何，国际法中确实存在着关于个人应承担国际法上的责任的规定，如关于战争犯罪。因此，我们可以说，国际法对于个人来说，至少在某些情况下是有约束力的。那么也就是说，从这个意义上讲，国际法除了对国家等集合体具有效力之外，的确是具有对“人”效力的。

（四）国际法的对事效力

作为社会控制手段的法律，通过对事项的调整实现对社会的控制。有人认为法律除了不能改变人的性别之外可以达到任何目的。但是，法律毕竟不是万能的。法律只能调整那些属于它调整范围内的事项，对那些不属于它调整的事项则不具有法律效力。

一位研究国内法的法律效力的学者指出，法律的对事效力应受到人权观、道德观、法治观的限制，在这些方面国家的立法权不是绝对的。而且，国家的法律对事效力要受到国际法的制约。① 凯尔森（Kelsen）也指出：“一个事项由国际法调整的事实，其结果是国内法就不再能任意调整这一事项。关于某些事项的一个国际公

① 参见张根大著：《法律效力论》，法律出版社，1999 年版，第93～101 页。

约，对缔约国依本国立法调整这些事项，在法律上有约束力。”①那么，国际法的对事效力又是怎样的呢？

根据菲德罗斯（Alfred Verdross）的考察，对于这个问题有两个互相对立的倾向。第一个学说主张，国际法的对事效力范围是没有限制的，国际法可以规定任何事项，因而也可以取消国家的规定。另一个学说主张，国际法主体的内部事项原则上不在国际法的规定之列。菲德罗斯接着分析指出，第一个学说是不能予以维持的，只有第二个学说才符合国际社会实践。② 从目前国际实践看，菲德罗斯的分析仍然具有其合理性。国际法的主体既然主要是拥有主权的国家，国际法对国家内部的问题予以过分广泛的干预，会导致国家主权的丧失，那么国际法将失去存在的前提。所以，国际法只有对国家主权进行限制的可能性。《联合国宪章》也赞同这个观点，其中关于“本质上属于任何国家国内管辖”事项的规定即可为例。至于本质上属于国家国内管辖事项的界定，则需要以国际法的价值为标准进行衡量。

---

① ［奥］凯尔森著：《法与国家的一般理论》，中国大百科全书出版社1996版，第384页。

② ［奥］阿·菲德罗斯等著，李浩培译：《国际法》（上册），商务印书馆1981年版，第271页。

第二章 国际法的最基本价值——和平秩序

《联合国宪章》在序言中明确指出："我联合国人民同兹决心欲免后世再遭今代人类两度身历惨不堪言之战祸"，"并为达此目的，力行容恕，彼此以善邻之道，和睦相处，集中力量，以维持国际和平及安全……"之后，在宪章第1条第1款中再次明确："（联合国之宗旨为）一、维持国际和平及安全；并为此目的：采取有效集体办法，以防止且消除对于和平之威胁，制止侵略行为或其他和平之破坏；并以和平方法且依正义及国际法之原则，调整或解决足以破坏和平之国际争端或情势。"① 宪章的这些规定是国际法的最基本价值——和平秩序的最重要条约依据。

第一节 和平秩序的价值内涵

和平秩序包括"和平"与"安全"两个方面的内容。关于和平与安全究竟是一个单独的价值体现还是两个不同的价值体现，似乎仍是一个可以商榷的问题。但从《联合国宪章》来看，把它们视为一个单独的价值体现似乎更为可行。通观宪章全文，"和平"有时单独出现，但是"安全"却没有被单独使用过。"和平与安全"作为一个词组则更经常地出现在宪章条款中。"和平"一词本身就有广义和狭义的区别。有西方学者指出，如果从狭义上，把

① 见王铁崖、田如萱编：《国际法资料选编》，法律出版社1986年版，第862～863页。

"和平"定义为仅仅是不存在破坏任何国家的领土完整和政治独立的使用武力或以武力相威胁之情势，那么我们也可以称之为"消极和平"（negative peace）。相应地，"安全"就包含了所谓的"积极和平"（positive peace）的内容，即达致保持和平状态所必要的行动。① 从这个角度讲，和平与安全是一对相互联系甚至部分重叠的概念。即使仅从这个意义上来说，把它们作为和平秩序的内容也并不唐突。

一、和平

在汉语词典中，对"和平"有三个解释，其中能够体现国际关系中的和平含义的解释只有一个，即"指没有战争的状态"。② 显然，在通常意义上，"和平"是一个与"战争"相对应的名词。然而，这一解释只能是一种文字意义上的解释，不是国际法意义上的应有解释。在现代国际法律环境下，和平不能仅限于"无战争"或"无武装冲突"，否则投降将成为达致和平的最重要途径。现代国际法上的和平是法律上的和平，更是符合正义的和平。

（一）国际法意义上的和平

按照霍布斯（Hobbes）的观点，主权者所应关注的基本自然法乃是在任何能够实现和平的地方维护和平，在和平遭受危险的时候组织防御。③ 和平是国际法的价值已经是一个不争的事实，它得到了发达国家和发展中国家以及不发达国家政府和学者的一致赞同。美国著名国际法学者亨金教授说过，国际法所追求的秩序是以

---

① Bruno Simma, The Charter of the United Nations: A Commentary, Oxford University Press, 1995, p. 50.

② 中国社会科学院语言研究所词典编辑室编：《现代汉语词典》（修订本），商务印书馆 1978 年版，第 510 页。

③ ［美］E. 博登海默著，邓正来译：《法理学、法律哲学与法律方法》，中国政法大学出版社 1999 年版，第 256 页。

国际和平为起点的。① 作为国际法律秩序起点的和平当然不是国际法的目的性价值，它是实现国际法目的性价值的一个工具。那么，作为国际法价值体现的“和平”拥有什么样的内涵呢?

人们通常把和平理解为一种无战争状态，或者更准确地说是一种无武力冲突的状态。但这还不是真正的和平。简而言之，和平的内涵建立在和平的一般意义之上，进一步要求和平具有正义性。和平的正义性，意味着和平状态的缔造手段和目的必须具有正当性。这种正义性要求使和平不可能成为单一的国际法价值体现，它必须与其他价值相适应。国际社会中曾经和正在存在着一些非常脆弱的或变异的和平，如强制下的和平、两强对峙下的和平、核威慑下的恐怖和平等。这些和平只是表面上的，表面的平静掩盖着躁动的暗流，对真正的国际和平形成潜在的威胁。

历史上曾有无数个国家依靠强大的武力对其他国家进行占领、兼并并进而达成和平之状态。今天的美国实质上仍是这类和平的支持者和积极实行者。美国认为，在一个没有世界政府管辖的国际社会中，这种无政府状态是导致战争连续不断的根本原因。要解决这一问题，在建设一个世界政府之前，一个“很好”的途径是有一个“世界警察”的存在。这个“世界警察”只能由世界上实力最为强大的国家担任。冷战结束之后，美国除了在一些热点地区强制介入、“维持和平”外，最主要的方式就是对有可能挑战其霸权地位的国家或国家集团进行政治孤立、军事威胁和经济遏制。在形成霸权统治下的和平后，在美国看来，国际和平的目的就转为维持美国霸权。按照美国战略家的解释，任何真正追求和平的努力，尽管可能造成局部的和平与稳定，但危及地区的或全球性的国际稳定，也就是说，它直接或间接地挑战了美国霸权。美国要尽最大可能防

① See L. Henkin, International Law: Politics and Values, Martinus Nijhoff Publishers, 1995, p. 101.

止这种事态的进一步发展。① 美国这种所谓的“和平”源自于以暴力对暴力的强制约束，利用了人们对于战争的恐惧心理，强暴了人们渴望和平的意愿。人类社会已经不满于类似的强权制约下的、表面上表现为无武力冲突的所谓“和平”。

和平与国际法之间的关系具有双重性。康德（Kant）在其著作《论永久和平》中写道，只有当我们把一步一步地逐渐建立起国际法视为自己的义务和正当的希望时，永久和平才不至于停留在纯粹的理想上。② 作为一种价值体现，和平对国际法立法具有指导意义，但与此同时，和平的缔造手段和目的行为又必须符合国际法的实体规则和程序规则的要求，不能具有任意性。

（二）和平的人性角度分析

和平与战争的矛盾一直困扰着人类。为什么人类发动战争？又为什么人类渴望和平？对人性进行研究的学者对此的解释主要分为两类③：

其一，和平并非人的本性。西格蒙德·弗洛伊德（Sigmund Freud）确信，人所具有的社交冲动和创造冲动完全受着一种否定性力量的抗衡，这种否定性力量便是“死亡本能”（death instinct），其发泄点之一就寓于人的侵略性和毁灭性欲望之中。弗洛伊德认为，这种强大的欲望构成了人们消除战争的障碍，但它并不排除这样一种希望，即文化的进步以及人们“对未来战争的后果所产生的正当恐惧”会在一定时间内使战争绝迹。德国研究人的性格的学者康拉德·洛伦茨（Konrad Lorenz）近期也得出结论认为，“种内斗争”（intraspecific fighting）是动物与人类的共性，但

① 参见俞正梁等著：《全球化时代的国际关系》，复旦大学出版社 2000 年版，第 229～232 页。

② 参见［德］赫尔穆特·施密特著，柴方国译：《全球化与道德重建》，社会科学文献出版社 2001 年版，第 262 页。

③ 参见［美］E·博登海默著，邓正来译：《法理学、法律哲学与法律方法》，中国政法大学出版社 1999 年版，第 396～397 页。

它同样也没有完全排除人能设计出一些控制其好战冲动的有效方法的可能性。

其二，和平是人的本性所致。埃里希·弗洛姆（Erich Fromm）对弗洛伊德的观点提出质疑，他认为，人性中的破坏力量并不是一种原始性或本能性的欲望，它只是在人受挫时才会表现出来的一种东西。弗洛姆提出了一个清楚的论断，即“毁灭乃是生活无以为继的结果”。当国家在周围世界中遭遇到强大的敌意，意味着它们面临着挫折，战争便可能爆发。布罗尼斯劳·马林诺斯基（Bronislaw Malinowski）在研究有关战争本能是否植根于人之遗传系统这一问题后指出，战争并不是人类的原始状态或自然状态，当一个有组织的群体觉得其集体单位的利益和安全受到其他单位实际干预或可能干预时，战争便会爆发。这种战争是在恐惧、愤怒或绝望的冲动下爆发的。而征服性战争之所以发生，乃是因为它们在经济上和政治上有利可图。

这些理论观点究竟哪一个是完全正确的，目前尚无定论，或许不论哪一种都有其合理的一面和不合理的另一面。① 但我们从中却可以发现所有这些观点的共同之处，它们都向人们表明，战争是一个客观存在，战争并不是无法避免、无法抗拒的，人类至少可以通过后天努力去追求和平。这也是一种人性。因此，和平不是镜花水月，它是一种人类可以自行选择的生活方式，也是人类可以努力追求得到的美好图景。

（三）和平的现实动力因素

战争日益残酷的本质是人类追求和平的最初的现实动力因素。以距离我们最近的伊拉克战争为例，据最新统计，至2005年12月

---

① 博登海默对此评价说：“但是需要指出的是，当下似乎还没有一种占优势的心理学证据可以表明，侵略性暴力是绝大多数人的一种原始的根深蒂固的特性，以及誓死进行你死我活的斗争必定是人类不可避免的命运。”［美］E·博登海默著，邓正来译：《法理学、法律哲学与法律方法》，中国政法大学出版社1999年版，第397～398页。

13日，即伊拉克战争爆发1 000天时，平均每月有五名外国平民被绑架；8%的伊拉克儿童严重营养不良；未排除的地雷每月造成20人死亡；已经有66名记者在伊拉克身亡；67%的伊拉克人感到不安全；70%伊拉克人的下水管道损坏；2005年11月每天发生90起袭击；已有251名外国人被绑架；已有1.6万美国士兵受伤；已有5.347万名伊拉克武装人员被打死；美国已为这场战争花费2 044亿美元，而世界银行估计，伊拉克重建需要358.19亿美元。① 然而，伊拉克战争真正意义上的结束还远未达到。

英国思想家、法学家霍布斯（Hobbes）在他的代表作《利维坦》中，从人类太古的“自然状态”这一古老概念出发，描写人类社会的原始状态。霍布斯认为，在这一状态中，人们按照原始的内存品质的作用而活动。当时人们仅仅是为了夺取更多的权力，便从事人人为敌、彼此厮杀的战争。不过，自我保存的基本冲动提示人，什么场合动武才合算，这是导致和平与安全的开始，也是人类最深刻的愿望。② 即使我们假设在每个人的本性之中存在着敌视、争夺乃至于毁灭的倾向性，实际上这种本性也难以完全地移至国际社会中的国家身上来。通常情况下，由众多的人组成的国家拥有个人所无法拥有的更多的理性。德国法学家拉德布鲁赫（Radbruch）曾经说过，“那种在无数怀有敌意和不可理喻的个人之间不可思议的事情，却很可能在极少数的国家团体之间成为现实：经过国家知识分子精英的共同协作而产生的，与一个国家大多数民众的伦理价值判断相联系的，国家本身也肯定乐于遵守的国家意志，为国家作

---

① 《伊战1000天时的血腥数字》，载《世界知识》2006年第1期，第11页。

② 正是从这一个人主义和社会的本能，形成了“自然法”。但是，值得注意的是，霍布斯由此得出的结论是，“自保”的本能推动人类的全部活动，并凌驾于人类道德之上。道德不过是有意识的“自保”，人类的自然条件是人人为敌，这就是国际社会的“自然法”。

出明智和正确决断提供了个人意志在决断上所没有的保障。"①

国际实践给我们提供了一幅幅这样的图景：当国际社会因面临危机而需要共同采取对策时，各国就会建立国家间体制来寻求和平，最起码也要有事实上的组织来维持国际和平秩序。历史上曾有过许多强国自发地通过团体行动解决问题的事例，最早出现在19世纪初拿破仑战争（Napoleon War）时期，那些国家为对抗拿破仑而形成"欧洲协调"（the Concert of Europe），以"维持欧洲和平"为己任。因此，这样一种观点是值得赞同的："自从有了战争，也就有人类追求和平的努力。战争的残酷性和破坏性在不时启迪人类的理性和良知，教育人类在战争与和平的问题上意识自己、解放自己。"②

人类追求和平的另一动力因素是国家间相互依赖程度的加深。晚近的国际关系中出现了令人瞩目的变化。由于科学技术的高度发展，世界正变得越来越小，人类世代居住的地球被越来越多的人们称为"地球村"。全球化、一体化已经成为人们熟悉的名词，全球化、一体化的范围也从单一的经济领域扩展到法律、政治等诸多领域。人们不得不承认，国际连带性日益加强，今天的国际社会从单纯的国家间体制转变为包含了国家间体制和国际共同体的双重因素。③ 在科学技术的高度发达带来的种种进步面前，人们同样不得不承认，人类变得愈加的脆弱了。

仅以经济为例。在经济全球化和各国经济相互依存时代，各国的经济发展已经水乳交融，息息相关。发展中国家离不开发达国家，发达国家的经济健康发展是世界经济发展的龙头，发达国家是

---

① ［德］拉德布鲁赫著，米健、朱林译：《法学导论》，中国大百科全书出版社1997年版，第153页。

② 黄惠康：《禁止在国际关系中使用武力或武力威胁原则》，载《中国国际法年刊》（1997年），法律出版社1999年版，第288页。

③ 参见［韩］柳炳华著，朴国哲、朴永姬译：《国际法》（上），中国政法大学出版社1997年版，第43～47页。

发展中国家的主要投资者。对于发达国家来说，它们也不能离开发展中国家，发展中国家为发达国家提供重要的原材料、廉价的劳动力和重要的经济环境。发达国家的每一次经济危机都引发了世界性的经济危机，而发展中国家的金融危机、石油危机、债务危机同样可以震动西方的经济体系，甚至导致经济衰退。1982 年的墨西哥债务危机、1997 年的亚洲金融危机等，都是从发展中国家开始，最后波及美国、日本等发达国家的。这从一个侧面表明，现代国际社会中的国家在追求它的利益时，需要国际社会中的相互合作和团体努力。即使世界上最强大的国家也无法摆脱国际社会而独立存在。当今世界，国家间相互依赖程度的加深，尤其是经济领域内相互依赖程度的加深，无疑使国家在发动战争或意欲使用武力时有"投鼠忌器"之感，发动战争的代价变得更加高昂。

（四）和平的历史悖论

人类对于和平的追求历史久远。早在公元前 250 年，古印度的阿育王（Asoka）就提出了和平共存学说。它见诸于阿育王统治时期著名的 14 条岩石敕令。阿育王认为，普遍和平的要旨不仅仅是表现在口头上，或者派遣使者到国外传播佛教，而且要把和平共存学说刻在岩石和柱子上供所有人诵读，直至万世。他对公元前 261 年卡林格战争（Kanlinga War）中的残酷杀戮深感震惊。他说："神圣的阿育王陛下希望所有人能够安居乐业，男人应该自控，不抢劫他人财物。人人能够和平共存，而不相互干涉、互相指责。"①中世纪的欧洲，曾出现过"上帝的和平"的规则，也有人提出过具体而详细的和平计划。② 然而，在 20 世纪之前的国际社会中，和平并未像今天这样成为人们非常确定的一种国际法律价值取向。

人类社会的现实表明，战争古已有之，国际法的产生和发展与战争有着密切的联系。早期的国际法可以说是从战争中产生的。中

① 杨泽伟著：《宏观国际法史》，武汉大学出版社 2001 年版，第 21 页。

② 参见王铁崖著：《国际法引论》，北京大学出版社 1998 年版，第 268 ~ 269 页。

世纪的战争非常残酷，战争法规也随之发展。19世纪以前的国际法十分强调国家的基本权利——独立、平等、自保及尊严，强权政治因此留下了深刻的烙印。到19世纪末，在列强疯狂争夺世界的战争威胁下，世界和平运动兴起，但1899年和1907年的两次海牙和平会议，虽名义上为“和平”而召开，其进步却仅体现在形成了战中之法，并发展了和平解决纠纷的程序。为减轻战争中残酷的杀伤后果，各国开始为战争制定各种规则，于是20世纪以前的国际法中战争法规的比重较大。但是这些规则并未从根本上限制战争，只是使战争更有“秩序”和比较“人道”，同时为主权国家保留了诉诸战争的绝对权利。第一次世界大战的事实证明了仅仅限制武器使用和改善伤病员待遇是无济于事的。人们对战争的认识有了新的突破，希望进一步从根本上否定战争。首先作这种尝试的是《国际联盟规约》，继之以1928年的《巴黎非战公约》、1945年的《联合国宪章》等国际条约和文件为代表。

然而，迄今为止，战争对于人类而言仍不陌生。2003年爆发的伊拉克战争表面上已经由美国宣布结束，但是美军至今仍驻留伊拉克，伊拉克局势依然动荡，伊拉克战争带来的深刻影响仍是全世界共同关注的重要问题之一。纵观人类历史的长河，与和平截然对立的战争曾无数次地发生并危害着人类，人们对和平的追求却日益强烈。① 这是和平的悖论，也是精神和实践的悖论。和平作为国际法价值的一种体现与这种悖论交织在一起，并具有了更加重要的意义。

---

① 被费正清誉为“天才史学家”的入江昭（Akira Iriye）教授感叹：“不管怎么说，在谈到‘21世纪的战争与和平’这个题目的时候，确实几乎在所有时期，战争与和平相比都占了优势地位。但是在另一方面，正因为如此才有了人们对于和平的拼命的努力。”［日］入江昭著，李静阁等译：《20世纪的战争与和平》，世界知识出版社2005年版，第170页。

二、安全

在任何社会中，维护其主体安全是该社会秩序的首要因素。霍布斯认为，保护生命、财产和契约的安全，构成了法律有序化的最为重要的任务；自由和平等则应当服从安全的需要。边沁（Bentham）也以同样的方法将安全宣称为通过法律的社会控制的“主要而且的确是首要的目的”，自由和平等在他的思想方案中则被分配到一个从属的地位。① 可以想象，如果主体安全得不到保障，该社会秩序所追求的其他价值，如稳定、效率、发展、公平等就无从谈起。

在任何国家的战略目标选择中，安全都是首要的乃至最高的诉求。国际法的价值之一，就在于通过界定其主体间权利义务和协助解决争端来维持和平、保障安全。②《现代汉语词典》中对安全的解释是：“没有危险；不受威胁；不出事故。”③在现代国际关系中，安全的概念已经发生了重大变化，它正成为“高于和平的一种秩序，等同于‘积极的和平’，它不仅指清除混乱，还包括使国家和全球利益达致和谐，促进国家之间的合作”。④ 如果说和平是人类追求的一种客观状态，安全对于人类而言，则倾向于是一种主观上的心理需求。安全问题因此而变得十分复杂。

（一）安全的具体内容

安全的价值内涵是不断发展和变化的。用近年来国外学者所提

---

① 参见［美］E·博登海默著，邓正来译：《法理学、法律哲学与法律方法》，中国政法大学出版社 1999 年版，第 256～257 页。

② 曾令良、黄志雄：《论 21 世纪国际法与国际秩序的应有建构》，载《珞珈法学论坛》，武汉大学出版社 2000 年版，第 111 页。

③ 中国社会科学院语言研究所词典编辑室编：《现代汉语词典》（修订本），商务印书馆 1978 年版，第 7 页。

④ Vladimir Petrovsky, “A Strategic Triad for the New Era”, in The Dumbarton Oaks Conversations and the United Nations, 1944-1994, by Ernest R. May and Angeliki E. Laiou (eds.), Washington: Harvard University Press, 1998, p. 17.

出的一个概念来概括，国家所维护的安全，乃是一种“综合安全”(comprehensive security)。① 具体地讲，它应该包括国家在国际体系中的存在，包括政治、经济、军事、文化、科技、生态等方面。

自主权国家出现以后，在几个世纪中军事安全一直是安全问题的核心，面对始终存在战争危险的世界，各国都不得不把军事安全放在首要地位，没有哪一个国家敢于解除自己的武装或忽视自己的国防建设。有学者在论述两次世界大战之间的危机时指出，一个国家所进行的最重大的战争是为了自身军事更强大，或者更经常的，是为了防止其他国家军事上更强大。在使用军事力量一直具有现实性和必要性的时代，人们谈论安全问题必然也必须首先考虑军事问题。② 军事安全几乎是传统安全理论的惟一内容。但是，对于今天的世界各国来说，安全的非军事方面已经成为安全的一个不容忽视的组成部分。甚至有学者认为，“经济安全比军事安全具有不断上升的重要性”。③

“经济安全不仅是整个国家安全的重要组成部分，而且还是它的基础，国家安全的方方面面都与经济密切相关，都离不开经济这个基础。”④ 开始于20世纪80年代中期的冷战的缓和，特别是随着世界各国经济相互依存进程的发展，逐渐使人们更多地注意到了安全的非军事方面，如经济、健康、自然环境（或生态）安全，从而大大扩展了安全的内容。事实表明，安全已经不再仅限于军事方面，它还涉及其他诸多方面的问题，其中尤以经济为重。国际形

---

① 王逸舟主编：《全球化时代的国际安全》，上海人民出版社1999年版，第45页。

② 参见王逸舟主编：《全球化时代的国际安全》，上海人民出版社1999年版，第46页。

③ [美] 熊玠著，余逊达、张铁军译：《无政府状态与世界秩序》，浙江人民出版社2001年版，第251页。

④ 陆南泉：《经济安全是整个国家安全的基础》，载《世界知识》2003年第10期。这篇文章是关于俄罗斯自然科学院院士B·K·先恰戈夫主编的《经济安全——生产·财政·银行》一书的介绍。

势的缓和，促进了国际经济的发展，经济全球化趋势日趋明显。国家经济已经不再是从前的纯粹国内事项，几乎所有国家的经济都与世界市场密切联系。任何国家的经济都不是独立的，它的运行要受到其他国家、国际组织、跨国公司以及国际金融力量的影响。国际经济形势成为国家经济发展的重要制约因素。各国拥有自然资源的不等和自然资源的有限性，导致为利用这些资源而加剧了经济、政治斗争的潜在可能性。

此外，恐怖主义、毒品交易、各种环境上的危险、资源的枯竭、国家内部的人口爆炸以及大规模的移民等威胁，都是要由国际社会中的各国共同承受的。由于这些灾难一旦发生，会导致国际冲突或严重的物质损失或物质匮乏，进而都已经成为了安全问题。2003 年上半年，中国全民投入的抗击非典型肺炎行动及 2005 年冬季中国多个省区发生的禽流感，由于非典型肺炎、禽流感这样的疾病不是人为主观造成的安全威胁，而且没有明确的威胁对象，因此有别于传统的安全问题。这成为全世界共同认识的又一个新安全课题。

可见，安全的内涵是不断发展变化而且日益丰富的。随着人类的能力扩展，科学技术的发达，科学技术的使用也可能会偏离预定的目标，从而也许还会有很多目前尚不可预期的问题出现，给世界带来安全危机。即使是最强大的国家也永远不可能得到完全的、绝对的安全。只能通过不懈的努力，尽量达到一种相对的安全状态或者无限接近于绝对安全状态。国际法自身就是人类这种努力的一个组成部分。

（二）安全的具体模式

传统安全理论认为，边境不被敌人侵犯是民族或国家安全的最重要方面，而保障安全的最有效手段就是军事力量的优势。这种“安全”是以每个国家为主体的国家安全。熊玠(James. C. Hsiung) 教授也认为，安全过去主要指保护一个国家的领土完整和政治独立，基本的方式是靠军事手段。① 为了得到国家安全，各国家“强者能其所事，弱者受其所难”。自助、结盟是追求国家安全的优先选择。② 国家安全理论目前仍有其市场，美国布什政府当前追求的就是传统安全理论上的安全——国家安全。约翰·伊肯伯瑞（John Ikenberry）把布什政府目前实施的国家安全战略总结为以单边主义为核心的“新帝国大战略”，其主要内容是：维护单极世界，彻底消灭恐怖主义，实施先发制人，随意裁定别国主权，轻视国际条约、国际组织和国际准则。欧洲国家也认为，美国越来越喜欢在国际事务中奉行单边主义，它不再寻求与其他国家合作来实现共同目标，对国际法持怀疑甚至蔑视的态度。美国人仍然将军事威胁、恐吓和战争视为外交的基本手段。③ 如果国际社会由这种追求各自安全与控制最大化的国家组成的现状不及时发生改变，那么不安全就是一个无时无处不在的因素。

与国家安全相对应的，还有集体安全、全球安全、合作安全等概念。这些概念的含义相互交织，我们无法将它们截然区分开来。它们的共同点在于对国际安全的强调，亦即对超越一个单一国家主体的安全的强调。④ 从较宽泛的意义上说，集体安全可以包含全球安全、合作安全等具体含义，是国际安全的最典型的模式体现。从狭义上讲，集体安全和全球安全的不同主要在于主体数量的不同。前者是关于一定数量的国家间的安全反映，后者是从整个世界的角

---

① ［美］熊玠著，余逊达、张铁军译：《无政府状态与世界秩序》，浙江人民出版社 2001 年版，第 267 页。

② 参见门洪华著：《和平的纬度：联合国集体安全机制研究》，上海人民出版社 2002 年版，第 2 页。

③ 参见辛本健：《美欧裂痕在加深》，载《环球时报》2003 年 1 月 17 日。

④ 在冷战后世界的国际政治讨论中，国际安全取得了与国家安全近乎同样显要的地位。目前在全球范围内，国际安全受到普遍的关注，并被作为理论研究、实际观察和努力追求的对象，这是前所未有的。参见时殷弘：《国际安全的基本哲理模式》，载《中国社会科学》2000 年第 5 期。

度反映出的安全问题。而合作安全则是从安全的缔造模式上所作的分类。在国际法律制度中，通常不需作这种狭义的理解，而是从广义上把集体安全视为对国际安全的具体体现。

集体安全源自于理想主义者的一个设想。他们认为单个主权国家在国际范围内不能实现自身的安全，于是他们寄希望于某种类型的国际组织和国际规范，并且寄希望于人类的理性与正义。集体安全的主要内容是，由一批国家构成一定的安全共同体，诸如同盟、条约组织、国际组织等。在这个共同体中，所有成员国放弃相互使用武力，并承诺共同行动，援助受到侵犯的成员国，对破坏和平的国家实施强制性措施，诸如经济制裁乃至必要时实施军事制裁。集体安全涉及的是由多个国家组成的共同体，这种共同体的基本特点是大国拥有一定的决策权。这造就了集体安全的最大局限性，即它作为存在前提的所有国家的一致特别难得。而且集体安全组织规模越大，这种一致就越难以实现。在成员国数量较多的共同体中，小国在维护自己的安全利益方面则相对困难得多。如果各大国对解决某小国的安全问题意见分歧，那么这个小国尽管身处集体安全体系之中，也根本得不到集体安全的保护。由若干国家组成的区域性集团的情况可能与普遍性组织有很大的不同，其成员国所得到的安全利益现实得多。但是，人们也必须看到，区域性集团得到的安全仍只是局部的安全，它仍然时时受到国际性的不安全因素的困扰。①

集体安全的缺陷虽然如此之明显，但是却不能使人们放弃这个设想本身，因为相对于单个国家对纯粹国家安全的追求而言，集体安全的优势对人们更有诱惑力。集体安全中，多国实力的集结能够给各成员国家带来事实上的安全效果和心理上更大的安全感。从人类的长远发展来看，尽管集体安全体制亟待改进，它仍然是有益的选择。2004 年 5 月 1 日，欧洲联盟实现了历史上第 5 次、也是规

① 参见李少军：《国际安全模式与国家的安全战略选择》，载《世界经济与政治》1999 年第 6 期。

模最大的一次扩大。中东欧8个国家，即波兰、匈牙利、捷克、斯洛伐克、爱沙尼亚、拉脱维亚、立陶宛与斯洛文尼亚，加上地中海的塞浦路斯和马耳他，正式加入欧盟。扩大后的欧盟拥有25个成员国，共有4.5亿人口，面积增加了23%，国内生产总值和贸易额分别占世界的30%，从而在事实上形成了一个大欧洲。这是人们偏爱集体安全的一个重要例证。

三、小结

和平秩序是国际社会秩序中最基本也是最重要的内容。但是这里应该强调的是，作为国际法价值的和平秩序是指存在于国家之间的一种秩序表现。近来的研究成果表明，安全还应包含“人的安全”（human safety），如人的健康安全、食品安全、环境安全等。这种“人的安全”扩大了安全的内涵，已经不再属于作为国际法价值体现的和平秩序中的“安全”，而成为人本秩序中应有的内容了。

世界和平需要共同的国际安全，没有共同的安全，则难以保证稳定、持久的和平。保证国家安全是每个主权国家不可剥夺的权利，但一国的安全不应损害他国的安全。世界各国都可以安心地从事经济和社会发展，才是共同的安全。维护国家安全，固然需要军事力量，但不应无限扩大，永无止境。否则，不仅不会带来安全，反而会更加的不安全。冷战时期，两个超级大国发起和参加的军备竞赛使它们的军事力量大大超过本国安全的需要，彼此都缺少安全感，也使世界感到不安宁。核威慑主导下的和平给世界人民带来的是死亡的恐怖而不是安全感。

以和平与安全为内容的和平秩序是国际法价值中最基本的，亦即最低限度的，也是最具有可执行性的和最重要的。无论国际法发展到何种程度，和平秩序都不会被废弃，因为只要有人类存在的地方，就永远会有对于和平与安全的强烈需求，它是亘古不变、颠扑不破的真理。虽然“超常的人很可能通过侵略而收获颇丰，在与其他人的相互克制或妥协中却所得甚少",① 但他们也只是在短暂的非和平状态中获得欲望的利益，把非和平状态作为一种获益的手段而已，之后仍然将为建成和平秩序而行为。作为一种结果性价值，其要求更多是一种不作为状态。因此，国际法的主体可以通过很多的消极不作为方式来保障和平秩序的实现，而和平秩序一旦被打破，显然会非常鲜明地展现于世人的眼前，在判断上也比较容易得到结论。

第二节 和平秩序的国际法律制度建构

人类社会漫长的历史始终与战争纠缠在一起。虽然人们渴望和平，但是战争却如挥之不去的噩梦一样，在不特定的时间和地点出现。人类学家指出，人类与动物之间的最重要区别在于人具有选择能力。这种选择能力使人们运用其独有的智慧，创造出规范人类行为的各种规则，以求在一种有序而和平的状态下生存。目前，国内社会中的法律制度、道德规则在世界各国基本上已经完全建立起来了，尽管它们的名称、模式、内容等方面不尽相同。由于国际社会与国内社会相比，具有明显的“无政府状态”的特征，导致在国际社会中创建一个完善的法律制度似乎是一件非常困难的事情。为了实现国际和平，几百年来人们孜孜不倦地奋斗着。

一、日趋成熟的国际法律体制

在国际社会中建立尽可能完善的法律体制是长期以来人们一直在努力做的事情，而在国际社会中实现法治则是近年来的新呼声。

根据博登海默（Edgar Bodenheimer）的理论观念，法治的积极作用主要在于三个方面，即人的创造力的开发、促进和平和相互冲突的利益之调整。无论在国际舞台上还是在各国的内部事务中，法

---

① ［英］哈特著，张文显、郑成良等译：《法律的概念》，中国大百科全书出版社 1996 年版，第 191 页。

律的目的都是要起到一种制度性手段的作用，即用人际关系的和平形式去替代侵略性力量。在社会状况处于混乱的情形下，个人或群体间常常会发生旨在伤害或消灭对方的冲突争斗，人们会将其全部精力都用于自我保护和谋划驱逐侵略者或进行侵略的破坏性事务之中。然而，人的心理并不是要尽可能地维持一种旷日持久的、无尽无头的社会斗争状况。法律是社会中合理分配权力、合理限制权力的一种工具。如果法律成功地完成了这一任务，那么它对社会凝聚和生活安全便作出了重大贡献。几乎所有的社会都成功地确立起了使其成员和平共处的各种措施，而且也都成功地创制了各种旨在增进社会单位内部的和谐与和平的制度。在这个方面，国际法与国内法的不同表现为，国内法力图保护一国内部的和谐与合作，而国际法则力图在跨国或全世界的范围内实现和谐与合作。① 由此，我们应该可以得出这样一个结论：国际社会中的法律体制是实现和平秩序的重要依托。

众多主权国家同时并存，并且彼此进行交往与协作，从而形成各种国际关系和整个国际社会的存在。国际社会是一个高度分权的社会，它的主要成员是拥有主权的国家，这种基本结构显示，它是一种横向的“平行式”社会，在其成员之上不可能有一个超国家的世界政府存在。而反观国内社会，我们可以看到，国内社会是在一定领土上，由国家管辖的自然人和法人为成员而构成的一种纵向的“宝塔式”社会，其权力集中于一个政府，国家有其立法机关、司法机关和行政机关。因此，国际社会是严格区别于国内社会的平等成员间的社会。② 成员之间的平等和其上没有一个超国家的权威存在，无疑意味着国际社会中缺乏源自于客观强权的强制性秩序。因此，西方学者更喜欢用“无政府状态”（anarchy）来形容国际社

① 参见［美］E. 博登海默著，邓正来译：《法理学、法律哲学与法律方法》，中国政法大学出版社 1999 年版，第 392 ~ 395 页。

② 参见梁西主编：《国际法》，武汉大学出版社 1993 年版，第 5 ~ 13 页。

会。在纯粹的无序状态中，最具实力的国家得到的利益最多，但是它以实力获得的利益缺乏稳定性和长期性，众多的觊觎者令它忧心忡忡。

无论人们最初建设国际法律制度的目的是什么，人们却不能不承认，国际法给国际社会中的各个国家提供了最起码的可预期性，这种可预期性无疑有利于和平秩序的形成。“一方面法律作为行为规范给社会成员提供行为规则，成为决定行动的指南，从而还在社会成员相互之间提高预先估计对方行动的准确性，藉以发挥其防止社会发生不必要争端于未然的作用。另一方面，法律作为审判规范，成为强制纠正脱离法律行为决定制裁的标准，从而发挥其解决争端、恢复社会秩序的作用。国际法在理论上也完全如此。”①

国际法规定了各国的权利与义务，包括国家主权的独立与平等以及由此而产生的豁免权和其他特权，相应地也包括了国家尊重别国权益的义务。这些权利和义务包括在一国领土范围内的和各国领土范围之外的别国领土或公地上的、对本国人的和对外国人的、关于领土的取得方式、关于调节国家间争端和争执的法律规范与程序等。在防止和减少各领域内的国际冲突方面，国际法可以起到很大的作用，因为国际法确定了在国际关系中各国的行为应恪守相互间负责任的原则。通过明确地界定可允许的国家行为，国际法确立了一种使各国决策者的观点趋于集中的机制。这种机制有助于自我约束，有助于避免潜在的冲突，因为各争端方清楚地了解他们权利的界限。当然，强国也许会选择通过强制手段或暴力行为侵犯别国权利。但是，国际法至少会使这种行事方式变得要棘手得多并更容易被察觉。也就是说，通过确定各国行为中的哪些部分是可以允许的，当违背规范的行为发生时，这种行为就会显而易见，因而也对

① ［日］寺泽一、山本草二主编，朱奇武、刘丁等译：《国际法基础》，中国人民大学出版社 1983 年版，第 15 页。

违规行为起到有力的威慑作用。① 国际法通过界定合法与非法的国家行为，给国家确定了最低的行为标准。

令我们高兴的是，当前国际法律体制正在日趋成熟。“国际法的规范、调节的内容和范围正在不断扩充，涵盖的领域包括国际政治、经济、贸易、环境保护、自然资源、海洋开发、科学技术、外层空间、军事和司法等。国际法在促进世界和平与发展中的作用日益增强，各国越来越重视利用国际法来保护自身的利益。”② 在某种意义上说，现代国际法所起的作用是把根据国际习惯法所划分的国家主权自由领域里的国家行为实质上标准化，以此确保国家之间经常的圆满关系。而且，国际法还能够发挥这样的一些作用，如在国际争端过程中，各方为了使自己的立场合法而进行争论，将超越对抗性质，以国际法作为疏通意见的媒介，创造谈判的环境；争端当事国的一方援引国际法提出权利主张，具有诱导对方国家根据法律参加争论进行对抗的意思，这样做的结果是该当事国通过国际法可能抑制对方国家依靠实力进行激烈的争端行为。③

日趋成熟的国际法律体制是人类关于和平秩序法律建构的基本内容，并正在为减少各种可能引起冲突的事件而竭尽全力。然而，国际法律体制仍不成熟和完善，在它的某些方面甚至还存在着严重的不足。强制执行制度和实施上存在的问题即是典型一例。对此，博登海默毫不客气地指出，“（国际法规范制度，笔者注）在根除国际摩擦根源方面，在调停国家间的重大分歧方面都还未能取得很大的成就”。④ 他认为，“昔日的人类发展史清楚地表明，迄今为

① 参见［美］熊玠著，余逊达、张铁军译：《无政府状态与世界秩序》，浙江人民出版社 2001 年版，第 88～91 页。

② 江泽民：《在中共中央举行的法律知识讲座上关于国际法的讲话（摘要）》，载《中国国际法年刊（1996）》，法律出版社 1997 年版。

③ 参见［日］寺泽一、山本草二主编，朱奇武、刘丁等译：《国际法基础》，中国人民大学出版社 1983 年版，第 16～18 页。

④ ［美］E·博登海默著，邓正来译：《法理学、法律哲学与法律方法》，中国政法大学出版社 1999 年版，第 395 页。

止，法律在控制有组织的群体内部的斗争方面要比其在控制这种群体之间的战争方面更为行之有效”。① 在国际组织化趋势日益发展的今天，也许我们可以期待国际法能够发挥更加重要的作用。

二、国际争端的和平解决

现代国际法的一个重要作用是避免国家使用武力解决争端。如果国际法事实上未能防止一场潜在的冲突，情况会是怎样的呢？答案是，在诉诸武力前，国际法提供的和平解决争端的调节方式，有助于消除争议中的问题并在冲突白热化之前将它解决。② 关于和平解决国际争端的国际法律制度是国际社会为实现和平秩序而作出不懈努力的结果。

用对有关各方都公平合理的方式，尽可能早地解决国际争端，是国际法所追求的一个长远目标。国际争端是随着国家的产生、国际关系和交往的形成和发展而出现的。所谓国际争端，不仅包括国家本身之间的争端，也包括应在国际范围内加以调整的其他情况，即以国家为一方，以个人、法人团体及非国家实体为另一方的两者之间的某些争端。但是，本书所谈的主要是指国家之间的争端，可以是两个国家之间的争端，也可以是涉及若干个国家和地区，甚至全世界的争端。国际争端往往涉及国家和人民的重大利益，比其他任何种类的争端都要复杂和难以解决。而且，国际争端的起因也非常复杂，既有政治的因素，也有法律的因素，还可能有事实的因素。

国际社会中国家主权平等使凌驾于国家之上的国际司法机关和其他权力机关缺乏，解决国际争端通常需要得到当事国的同意，《国际法院规约》的管辖权规定就是一个突出的例子。由于受到国

① ［美］E·博登海默著，邓正来译：《法理学、法律哲学与法律方法》，中国政法大学出版社1999年版，第394页。

② ［美］熊玠著，余逊达、张铁军译：《无政府状态与世界秩序》，浙江人民出版社2001年版，第91页。

际关系力量对比的制约，国际争端的解决方法和结果可能有所不同。国际争端的解决因此而缺乏稳定性和可靠性。国家在解决争端的时候为了得到有利于己方的解决方式和方法而动辄以军事、经济等方面的实力相要挟，结果是国际争端的背后常常酝酿着对国际和平秩序的严重威胁。为了在国际社会中形成良好的秩序，不仅需要国家在平常的相互关系中遵守国际法的原则和规则，而且还要在国际争端的解决方面得到法律保障。

国际争端的解决方法和程序是随着历史的发展而发展变化的。① 历史上，以战争方式解决国际争端曾经是被允许的，也是合法的。“从交战国的立场来看，战争不是为战斗而战斗，而是作为实现本国主张和要求的手段才进行战争。从某种意义上说，是在两国的主张和要求各不相同时，作为实现本国主张和要求的手段才进行战争。”② 但是，事实上，格劳秀斯（Grotius）在他 1609 年发表的《海洋自由论》中已经表达了这样一个观点：国际争端应该根据一定的国际法和平地解决。③ 19 世纪欧洲经历了一些新的变化，如欧洲内外都有新的强国出现，欧洲文明向海外扩散，世界交通运输现代化，现代战争具有巨大破坏性以及新创造发明的影响等。于是，在 19 世纪末和 20 世纪初，于 1899 年和 1907 年先后两次召开了海牙和平会议，签订了两个《和平解决国际争端条约》，并在后一次会议上通过了《限制使用武力索取契约债务公约》等。但是，由于历史的局限，上述公约未能规定禁止诉诸战争解决国家之间的争端。20 世纪以来，维持国际和平的呼声日益高涨。和平解决国际争端原则逐渐形成为一项国际法基本原则。

第一次世界大战结束后制定的《国际联盟盟约》明确规定了

---

① 参见王铁崖主编：《国际法》，法律出版社 1995 年版，第 568 页；[英] J·G·斯塔克著，赵维田译：《国际法导论》，法律出版社 1984 年版，第 389 页。

② [日] 寺泽一、山本草二主编，朱奇武、刘丁等译：《国际法基础》，中国人民大学出版社 1983 年版，第 457 页。

③ 张乃根著：《国际法原理》，中国政法大学出版社 2002 年版，第 220 页。

会员国以和平方法解决它们之间的争端的义务，并为使国际社会以法律方法解决争端而设立了历史上第一个真正意义上的国际法院——国际常设法院。但是，盟约并没有规定完全禁止以战争方式解决国际争端，只是规定在一定的时间内、一定的条件下不得从事战争。1928 年由 15 个国家签订的《巴黎非战公约》才第一次在法律上禁止国家把战争作为推行国家政策的工具，公约第 2 条明确规定："缔约各方同意，它们之间可能发生的一切争端或冲突，不论其性质或起因如何，只能用和平方法加以处理或解决。"

第二次世界大战后，《联合国宪章》隆重出台。其第 1 条第 1 款规定，联合国的宗旨之一是"维持国际和平与安全；并为此目的，采取有效集体办法，以防止且消除对于和平之威胁，制止侵略行为或其他和平之破坏；并以和平方法且依正义及国际法之原则，调整或解决足以破坏和平之国际争端或情势"。第 2 条第 3 款还规定，联合国的原则之一是："各会员国应以和平方法解决其国际争端，俾免危及国际和平、安全及正义。"此后，联合国又通过一系列重要决议和宣言重申和确认了和平解决国际争端的原则，如 1970 年通过的《加强国际安全宣言》、1970 年通过的《关于各国依〈联合国宪章〉建立友好关系及合作的国际法原则宣言》、1982 年通过的《关于和平解决国际争端的马尼拉宣言》、1988 年通过的《关于预防和消除可能威胁国际和平与安全的争端和局势、关于联合国在该领域的作用的宣言》、1991 年通过的《关于联合国在维持国际和平与安全领域中的实况调查宣言》、1994 年通过的《联合国和区域安排机构在维持国际和平与安全方面加强合作宣言》、1995 年通过的《国家之间和解争端的联合国示范规则》和 1998 年通过的《国际谈判原则和准则草案》等。

由于国际社会的反复实践和反复确认，和平解决国际争端原则已经成为国际习惯法的一部分，不仅对有关国际组织或区域组织的成员国、有关条约和国际公约的缔约国有法律拘束力，而且对国际社会的所有成员都有法律拘束力。国际法院在尼加拉瓜一案中就表达了这种观点。和平解决国际争端原则与其他国际法基本原则紧密联系，共同构成国际法的基础。作为国际法的基本原则之一，它已经为国际社会所接受，公认为不许损抑，已经成为国际法上的强行法规则。它不仅赋予国家一种法律义务，同时给予国家一种法律权利，即国家不仅有权要求与其存有分歧或争端的国家以和平方法解决它们之间的争端，而且还有权自由选择和平解决国际争端的具体方法。①

和平解决国际争端的方法目前包括了政治解决方法和法律解决方法两大类。前者又分为谈判、协商、调查、斡旋、调停和和解等方式，后者则主要包括仲裁解决方式和司法解决方式。联合国、区域性国际组织也为国际争端的和平解决提供了便利并作出了重要贡献，例如联合国专为此而设立的常设司法机构——国际法院。此外，一些专门性国际组织中创设了自己的争端解决机制，如世界贸易组织和联合国《海洋法公约》创立的争端解决机制，在相关的专门领域内也对和平解决国际争端发挥了重要作用。

我们不能忽略的是，和平解决国际争端的义务允许当事国采取武力手段之外的对应措施，它只能要求解决的结果是合法的，却难以要求同时又是公正的。而且，只有根本上或者坚决拒绝谋求共同解决争端的行为，才算违背了和平解决国际争端义务。② 国际争端的和平解决目前还常常受到某些国家以实力为基础的严重干扰，使人们对国际法控制已经发生的争端的能力感到怀疑。然而，和平解决国际争端原则的正当性却从未受到过怀疑。对和平解决国际争端原则的破坏将直接破坏人类梦寐以求的和平秩序。“自上个世纪80年代以来，国际法院的权威以及地位都在上升。”③ 这无疑是个极好的预示。

---

① 参见王铁崖主编：《国际法》，法律出版社1995年版，第570～572页；邵津主编：《国际法》，北京大学出版社、高等教育出版社2000年版，第369～372页。

② 参见［德］沃尔夫刚·格拉夫·魏智通主编，吴越、毛晓飞译：《国际法》，法律出版社2002年版，第749页。

③ ［德］沃尔夫刚·格拉夫·魏智通主编，吴越、毛晓飞译：《国际法》，法律出版社2002年版，第769页。

三、禁止使用武力或以武力相威胁原则以及战争罪行的界定和惩罚

（一）禁止使用武力或以武力相威胁

在实现国家间的权利与利益上，和平解决国际争端原则与禁止使用武力原则是紧密联系的。禁止使用武力是和平解决国际争端原则的一个必然要求。

传统国际法为主权国家保留了诉诸战争的绝对权利，只把战争区分为合法战争和非法战争。根据格劳秀斯（Grotius）的观点，只要有正当的依据，为了正当的目的，采用正当的手段，战争就是合法的。但是，正当性是很难进行界定的。确定战争的出发点如神明裁判那样琢磨不定。到启蒙运动时期，国际法便不能再接受这种思想。但是，人们虽然不再承认战争权，却仍认为战争不受禁止。这就导致无法对非法行为进行一致性的评价。直至第一次世界大战，以战争权为标志的国际战争法没有发生实质性的变化，仍是实践的法则。① 1899 年和 1907 年的海牙和平会议，形成和发展了和平解决国际争端的程序。然而在禁止武力方面取得的成就非常有限。当时各国通常是为了使战争更具有秩序性和尽可能的人道性而对传统国际法规则予以编纂。第一次世界大战给人类带来的巨大创痛，使人们意识到这种编纂是远远不够的，产生了进一步从根本上否定战争的要求。

第一次世界大战后签署的《国际联盟盟约》对战争予以了程序上的限制，但是很不彻底。1928 年 8 月 27 日，德、法等国家在巴黎签署了《巴黎非战公约》，公约第 1 条规定："缔约各方以它们各国人民的名义郑重声明它们斥责用战争来解决国际纠纷，并在

---

① ［德］沃尔夫刚·格拉夫·魏智通主编，吴越、毛晓飞译：《国际法》，法律出版社 2002 年版，第 792 页。

它们的相互关系上，废弃战争作为实行国家政策的工具。”① 诚如在苏联对参加非战公约建议的答复中所表明的那样，该公约仍然存在很多不足之处，② 但是它毕竟第一次以条约的方式明确地要求放弃以战争作为推行国家政策的手段。

然而，仅仅放弃法律意义上的“战争”是远远不够的，因为战争的定义尚存在不确定性，例如战争要求具有一定的规模，那么达到怎样规模的武装冲突才可以被认为是“战争”呢？第二次世界大战结束之际签署的《联合国宪章》改变了这种状况，使这个问题变得不再重要。宪章第 2 条第 4 款规定：“各会员国在其国际关系上不得使用威胁或武力，或以与联合国宗旨不符之任何其他方法，侵害任何会员国或国家之领土完整或政治独立。”它禁止一般的武力使用，而不限于战争；它不限于禁止武力使用，还禁止武力威胁；它不限于禁止对会员国的武力使用和武力威胁，还包括对一切国家的武力使用和威胁。从起草这项规定的情况来看，禁止的范围是广泛的，除了《联合国宪章》的明文规定以国际法所特别允许外，武力使用和武力威胁的禁止是没有限制的。③ 宪章直接以“使用威胁或武力”取代了战争的提法，在一定程度上解决了战争界定方面的困难，而且扩大了国家的义务范围，对维护世界和平来说具有重要意义。最起码，它加重了国家在使用武力时的法律上和政治上的难度。虽然武力的使用在国际社会中层出不穷，但是采取武力措施的国家无不竭力将自己的行为置之于禁止使用武力或以武力相威胁的合法例外范围内。

当然，禁止使用武力或以武力相威胁并没有使原来所有的问题

① 王绳祖等编选：《国际关系史资料选编（17 世纪中叶～1945）》，法律出版社 1988 年版，第 629 页。该公约第二条继续规定了和平解决缔约国之间的争端或冲突。

② 参见王绳祖等编选：《国际关系史资料选编（17 世纪中叶～1945）》，法律出版社 1988 年版，第 633 页。

③ 参见王铁崖著：《国际法引论》，北京大学出版社 1998 年版，第 221 页。

迎刃而解。相反，直至现在仍然有大量的问题亟待解决。这些问题包括：使用武力的具体含义是什么，合法使用武力的范围是怎样的，同样的问题也出现在“以武力相威胁”这个概念上。《联合国宪章》中虽然已经规定了禁止使用武力或以武力相威胁，但是在复杂的国际社会现实的映衬下，显得过于简单笼统和模糊。联合国大会的相关决议在法律效力上也还存在着争论。西方国家政府和西方学者所积极倡导的“人道主义干涉”就是一个明显的例证。当美国为首的北约部队在南斯拉夫这个小国的上空进行了长达78天的空袭后，国际社会中绝大多数国家似乎予以了默认，认为这种行为虽然在法律上似乎难以说得通，但是在道德上却具有异乎寻常的积极意义。而最近发生的阿富汗战争和伊拉克战争在国际社会中再次引发强烈的震撼。《联合国宪章》规定以下情况使用武力是合法的：第一，自卫；第二，联合国安理会授权或采取的行动；第三，为争取民族自决而进行的反对殖民地或外国统治的民族独立或民族解放运动。① 美国以“先发制人”为特征的自卫权观念沉重打击了《联合国宪章》中的自卫权含义。法学家经过严密的法律逻辑推理得出的“美国军事行为为非法”的结论只是一纸空文，与美国的国家实力相形见绌。

禁止使用武力或以武力相威胁是和平秩序建构中的最重要组成部分，对该原则的违反直接导致破坏国际社会的和平秩序。迄今为止，这一原则已经得到了国际社会中各国的心理认可。虽然在国际实践中经常得不到执行并在理论上存在着挑战性观点，但是禁止使用武力或以武力相威胁因其维护人类共同的和平心愿而不容否定。②

---

① 王铁崖主编：《国际法》，法律出版社1995年版，第619页。

② 关于禁止使用武力的原则的理论观点和探讨可以参阅黄惠康：《禁止在国际关系中使用武力或武力威胁原则》，载《中国国际法年刊》（1997），法律出版社1999年版；黄瑶：《关于国际法上禁止使用武力原则——〈联合国宪章〉第2条（4）项禁止范围的探讨》，载《中国国际法年刊》（1999），法律出版社2002年版。

(二) 对战争罪行的界定和惩罚

鉴于国家与个人的不同，对国家进行类似于国内刑法的“定罪量刑”似乎是很不妥的。因此，长期以来对于国家违反战争法的不法行为只确立了国家责任，主要包括限制主权和赔偿。但是，战争的组织、发动乃至于战争中的各种行为，都是由个人来完成，从这个意义上讲，追究个人的战争罪行令其承担责任具有充分的必要性。

第二次世界大战后的纽伦堡审判和东京审判开始了追究战争罪犯个人刑事责任的先例。根据《欧洲国际军事法庭宪章》第6条和《远东国际军事法庭宪章》第5条的规定，凡有以下任何一种罪行的均构成战争罪行：(1) 破坏和平罪，即计划、准备、发动或从事一种侵略战争，或违反国际条约、协定或保证的战争，或参与上述任何罪行的共同计划或阴谋。(2) 战争罪，即违反战争法规或惯例，如奴役或为其他目的而虐待或放逐占领地平民、谋杀或虐待战俘或海上人员等。(3) 违反人道罪，即在战前或战时，对平民实行谋杀、歼灭、奴役、放逐及其他任何非人道行为；或基于政治的、种族的或宗教的理由，而为执行有关于本法庭裁判权内之任何犯罪而作出的迫害行为，至于是否违反犯罪地国国内法，则在所不问。1946年12月1日联合国大会第95 (1) 号决议一致确认《欧洲国际军事法庭宪章》所包括的国际法原则。1950年，联合国国际法委员会根据大会决议编纂了《国际军事法庭宪章》和判决中所包含的原则。① 纽伦堡国际军事法庭最终判处12人绞刑，7

① 这些原则是：(1) 从事构成违反国际法的犯罪行为的人承担个人责任，并因此应受惩罚；(2) 不违反所在国的国内法不能作为免除国际法责任的理由；(3) 被告的地位不能作为免除国际法责任的理由；(4) 政府或上级的命令不能作为免除国际法责任的理由；(5) 被控有违反国际法罪行的人有权得到公平审判；(6) 违反国际法的罪行是：反和平罪、战争罪、反人道罪；(7) 共谋上述罪行是违反国际法的罪行。1968年联大通过了《战争罪行和危害人类罪不适用法定时效的原则的公约》。1967年联大通过的《领土庇护宣言》宣布了战争罪犯不予庇护的原则。

人无期徒刑或有期徒刑，宣布纳粹党领导机构、秘密警察和党卫军为犯罪组织。远东国际军事法庭最终判处7人绞刑，16人无期徒刑，2人有期徒刑。

战争被宣布为非法，并不能排除战争发生的可能性，但即使是合法的自卫战争或其他形式的合法战争，国际人道主义法的原则、规则仍须得到尊重与执行，否则当事人将受到追究刑事责任的惩罚。国际人道主义法已成为强行法的一部分，这可以从布朗利(Brownlie)、阿勒只泽（Alexidze)、怀特曼（Whiteman）等国际法学者的论述中得到证明。他们在多年的研究和考证之后，得出了诸如违反人道罪属于强行法规定之一的结论。① 1993年6月和1994年11月，为了起诉和惩治在前南斯拉夫和卢旺达境内的武装冲突中犯有严重违反国际人道主义法行为的人，联合国安理会分别通过决议设立“起诉应对1991年以来前南斯拉夫境内所犯的严重违反国际人道主义法行为负责的人的国际法庭”和“卢旺达国际法庭”。这两个法庭的设立，表达了国际社会起诉和惩治在武装冲突中对严重违反国际人道主义法行为负责的人的愿望和决心。

然而，从纽伦堡审判直至前南法庭和卢旺达法庭的运作，都始终难以逃脱“胜利者的正义”或“有选择的正义”等指责。国际刑事法院的建立改变了这些临时性司法机关所固有的缺陷。1998年7月17日，联合国外交会议在罗马经过五周的激烈讨论，决定建立一个常设的国际刑事法院，并通过了《国际刑事法院规约》。根据规约的规定，国际刑事法院负责审理四种罪行：灭绝种族罪、反人类罪、战争罪和侵略罪。规约对战争罪的范围从四个方面作了具体规定，其中第一、二类适用于国际武装冲突中的战争罪，即严重违反1949年的日内瓦四公约以及其他严重违反可适用于国际武装冲突的法律和习惯的行为；第三、四类适用于不具有国际性质的武装冲突的战争罪。虽然对侵略罪的规定中措词表述得还不够详

① 王铁崖著：《国际法引论》，北京大学出版社1998年版，第244~246页。

细，但是通过将战争罪和侵略罪纳入到国际刑事法院的管辖范围，再辅之以个人承担刑事责任、官职无关等国际刑事法院应遵循的刑法一般原则，以及特定期限的监禁、终身监禁、没收财产和资产等具体刑罚方式，国际刑事法院的建立和运行无疑将对国际和平秩序的维护提供有力的支持。国际刑事法院的建立将会威慑未来的或潜在的最严重的国际罪犯。正如负责法律事务的联合国副秘书长汉斯·克勒尔（Hans Corell）所断言的："从现在起，一切潜在的战争军阀必须知道，随着冲突的发展，将有可能设立一个国际法庭来审判那些违反战争法和人道主义法者……每一个人应被推定了解国际刑法的绝大部分基本规定；那种以有关嫌疑犯原来不知道这种法律为理由的辩护将是不允许的。"①

国际法委员会于1996年7月12日通过一读的《国家责任条款草案》第19条第2款规定："一国所违背的国际义务对于保护国际社会的根本利益至关重要，以致整个国际社会公认违背该项义务是一种国际罪行时，其因而产生的国际不当行为构成国际罪行。"第3款列举了违反之将构成国际罪行的国际义务，其中包括：对维持国际和平与安全具有根本重要性的国际义务，如禁止战争的义务；对维护各国人民的自决权利具有根本重要性的国际义务，例如禁止以武力建立或维持殖民统治的义务等。② 该草案最终通过条约缔结程序得以生效后将成为对使用武力或武力威胁构成的犯罪行为进行制裁、要求国家承担相应法律责任的明确的法律依据。

无论是哪一个机构的设立本身都不会完全地保证国际社会中和平秩序的发生和继续，但日益发展和成熟的对国际犯罪的界定和惩罚制度，的确给人类带来了一些美好的憧憬。

---

① 曾令良：《国际法发展的历史性突破——〈国际刑事法院规约〉述评》，载《中国社会科学》1999年第2期。

② 参见王曦：《"对一切"义务与国际社会共同利益》，载邵沙平、余敏友主编：《国际法问题专论》，武汉大学出版社2002年版，第277页。

四、国际集体安全制度

通过常设机构来预防和阻止战争是为维持国际和平秩序而提出的一种新思路。这一构思的具体实践方式就是所谓的国际集体安全制度。集体安全制度，是国际社会成员以相互约定，对国家使用武力实施法律管制，并采取有效的集体办法，共同防止侵略，维持普遍和平与安全的国际制度。①

国际集体安全制度的设计源自于因国际安全与国际霸权的博弈而产生的“安全困境”。一国为了自卫而加强军备，但加强军备又刺激他国这样做，客观上造成不安全的环境；为了安全而导致不安全，此为“安全困境”。② 在国际社会的无政府状态下，国家必须靠它们自己来保护其安全和独立。但是，它们谋求安全的努力，如加强军备，造成了其他国家的不安全。于是会产生竞争性的加强军备活动，最终导致军备竞赛。军备竞赛会使所有国家的安全度降低，因为它增加了每个国家都将面对的潜在威胁程度。安全困境意味着这样的真实情况：一国的安全也许意味着另一国的不安全；在时间 1 开始加强军备竞赛的国家，在时间 N 也许会发觉自己的安全度比以前降低了。③ 对于国际社会中或区域中的大国而言，为了寻求国际安全而积极谋求国际霸权，但争夺国际霸权的过程中却引发更多的不安全因素，产生更大的不安全感。冷战期间美苏两个超级大国之间的竞争即是最好的例证。为缓解安全困境难题，把各国放置在同一个安全体系内不失为一个好办法。“当主权平等的各国联手保护它们各自的利益及它们所捍卫的集体利益时，集体行动将

---

① 邵津主编：《国际法》，北京大学出版社、高等教育出版社 2000 年版，第 395 页。

② 门洪华著：《和平的纬度：联合国集体安全机制研究》，上海人民出版社 2002 年版，第 23 页。

③ 参见［美］熊玠著，余逊达、张铁军译：《无政府状态与世界秩序》，浙江人民出版社 2001 年版，第 34 页。

会发生。因此，集体的意志将超越但同时也体现各国个别的意志"。① 这正是集体安全制度得以建立的理论依据。

从国际社会现实需要的迫切性看，集体安全制度是当时国际社会中战争频繁和日益残酷的现实状况下的选择。由于当时的国际法允许以战争作为推行国家政策和解决国际争端的手段，因此较为强大的国家愿意以武力来达到自己的目的，导致战火纷飞，战祸连绵。第一次世界大战及其后的一段时间，欧洲联盟体系完全丧失信誉，现代集体安全概念应运而生，追求集体安全成为各个国家维护自我利益的核心。各国有意以集体安全取代传统均势体系，建立一个国家承诺与国际机制并存的制度，制止侵略，确保世界安全。于是，国际联盟诞生了，它也迎合了第一次世界大战后高涨的和平思潮。迄今为止，人们所说的国际集体安全制度主要就是指国际联盟和联合国的集体安全保障制度。与区域性集体安全制度相比较，我们通常把它们称为普遍性集体安全制度。

最早的普遍性集体安全实践当推国际联盟。虽然《国际联盟盟约》中并未使用"集体安全"这一术语，但是盟约规定表明，在国联的体制中，各会员国作为一个整体在维持和平、防止战争、抵御侵略问题上具有共同的利益和利害关系，盟约已将战争问题纳入了国际法律管制的框架。而且，国联盟约还将关于集体安全保障的规定的适用范围，扩大到非联盟会员国，从而在全球范围内进行了集体安全保障的尝试。虽然国际联盟的尝试最终以失败告终，但是它所建立的集体安全制度仍具有重要意义，为联合国集体安全制度的建立提供了重要借鉴作用。

联合国的集体安全制度建立在第二次世界大战期间反轴心国联盟中占核心地位的大国之间战时合作的基础上。在《大西洋宪章》中，美英两国呼吁"建立一个广泛而永久的普遍安全制度"。1941年，苏联政府代表宣布同意《大西洋宪章》的基本原则，并明确

---

① [美] 熊玠著，余逊达、张铁军译：《无政府状态与世界秩序》，浙江人民出版社 2001 年版，第 37 页。

指出："只有通过一个新的国际关系组织，将各民主国家联合在一个持久同盟的基础上，才能保证持久和正义的和平。"① 联合国的创始会员国借鉴国际联盟失败的教训，将联合国的职能与结构以强国为中心加以规定。"大国一致原则"从一开始就被设想为联合国集体安全制度建立和有效运作的基础。具体来讲，就是赋予安理会维持国际和平与安全的主要责任，大会则只具有辅助性的职能，而且安理会的结构和运作以强国为中心，不仅规定五大国为常任理事国，而且赋予它们否决权。

历经半个多世纪风雨的联合国集体安全制度经过不断的发展，目前主要包括了决策机制、和平解决国际争端机制、维和机制、裁军与军控机制、区域协作机制这样几个方面的内容。在半个多世纪中，虽然各种武装冲突不断发生，但毕竟世界上没有再发生如同第一次世界大战和第二次世界大战那样大规模的国际战争，联合国集体安全制度在其中所发挥的作用功不可没。很难设想，没有国际集体安全制度二战后的国际局势会如何发展。举例来说，维和机制的诞生和它在维持国际和平与安全方面所发挥的重要作用无不有赖于国际集体安全制度的存在。

区域性集体安全制度是普遍性集体安全制度的补充。《联合国宪章》第八章就各区域组织在维护国际和平与安全方面的作用作了规定，要求区域组织在安理会授权下从事宪章第七章规定的执行行动；未经授权，区域组织不得依区域办法采取任何执行行动；区域组织已经采取或正在考虑采取的行动应向安理会充分报告，从而把区域组织的区域性集体安全制度纳入到联合国的普遍性集体安全制度框架之内。目前区域性集体安全制度的载体主要有北大西洋公约组织、欧洲安全与合作组织、美洲国家组织、非洲联盟（非洲还存在一些分区域安全组织，如西非国家经济共同体）等，但是在亚洲尚缺乏覆盖全亚洲的安全合作组织和机制。这些组织在成立

---

① 门洪华著：《和平的纬度：联合国集体安全机制研究》，上海人民出版社2002年版，第177页。

的历史背景和目前执行集体安全任务的能力等方面均不相同。

冷战结束以来，国际政治格局发生了巨大变化，地区冲突开始上升为对国际和平与安全的主要威胁。联合国在国际和平与安全问题上正日益被边际化，对解决地区冲突越来越显得力不从心，安理会的权力正处在逐渐分散化的过程中，各地区组织正在成为解决当地和平与安全问题的新的权力中心。这不能不引起人们的担忧。区域组织作用的上升，对维护国际和平与安全的有利之处是，对危机的反应迅速，解决措施也可能更符合当地的实际情况。其不利之处则是，区域组织，尤其是分区域组织成员往往同发生内乱的邻国存在历史的、经济的、种族的瓜葛，它们的军事介入往往难以保持严格中立。区域机制也往往有利于地区大国，甚至被它们利用来实现自己的私利。目前，联合国与区域组织在解决地区冲突中的合作以及联合国维持国际和平与安全权力的分散化，都正在被联合国作为正面经验和未来的战略构想加以推行。在此我们似乎有理由相信，随着这一进程的发展，地区组织将发展成为新的国际政治权力中心，这是一个正在发生的趋势。① 但是，与此同时我们不得不注意到，以 1999 年 3 月 24 日北约发动的对南斯拉夫联盟的 78 天战争为典型代表的区域行动已经构成对联合国集体安全制度的极大的硬性冲击。这类实践充分证明，在联合国集体安全制度的框架内由联合国和区域组织进行合作才是维持国际和平与安全的首选。

联合国集体安全制度的缺陷很多，有设计方面的，也有实施方面的。对联合国集体安全制度进行改进和完善，自其产生以来早已经成为国际社会的共识。我们无法预知改进和完善之后的国际集体安全制度将会是什么样的，但是到目前为止，国际集体安全制度依然是维持国际和平秩序的一个重要制度依托。

---

① 参见高风：《冷战后区域安全机制的发展》，载《中国国际法年刊》(1999)，法律出版社 2002 年版，第 290 页。

第三章　国际法的工具性价值——人本秩序

第一节　人本秩序的基本理论

美国法学家埃德加·博登海默说过："国内法力图保护一国内部的和谐与合作，而国际法则力图在跨国或全世界的范围内实现和谐与合作。"① 国际法所极力达致的和平与安全无疑是一种秩序的体现，我们从这个意义上将其称为"和平秩序"。和平秩序是国际社会的共同追求，但不是惟一的追求，也不是国际法的全部价值。国际法存在的目的应该尤其在于形成一种发展国际关系的结构，提供一种便于国际交往的规则体系，发挥法律体制的作用。② 历史上的无数实践已经表明，一个不具坚固的正义基础的法律秩序所依赖的只能是一个岌岌可危的基础。国际法的正义性除了要求在和平秩序取得方式或手段上应具有正当性外，还进一步要求在实体内涵上体现正义。因此，国际社会中的法律秩序不仅应是和平的和安全的，还应该是以人为本的。

① ［美］E. 博登海默著，邓正来译：《法理学、法律哲学与法律方法》，中国政法大学出版社 1999 年版，第 395 页。

② 参见［英］J. G. 斯塔克著，赵维田译：《国际法导论》，法律出版社 1984 年版，第 18 页。

一、人本秩序的含义

秩序是人类和谐生存的条件，是安全的、有序的、可预见的、合法的、有组织的世界得以形成的前提。对秩序的要求，是人的内在本能的欲望之一。我们不能设想一种没有秩序的人类生活。然而，正如美国法学家埃德加·博登海默所指出的那样，尽管规则（秩序）的存在有助于在处理人际关系中消灭人性与偏见的极端表现形式，但它在内容与作用方面仍然可能表现为苛刻的、非理性的、无人道的，其本身并不足以保障社会秩序中的正义。通过暴力方式可以很轻易地获得秩序。但哲学家奥古斯丁（Aurelius Augustinus）曾经说过，国家一旦没有了正义，就会成为一个巨大的匪帮。在一国内部，秩序的产生和维持并不特别困难，真正的困难在于寻找秩序实现的合法性及正当性。① 其实，真正的困难还在于如何把握秩序本身的正义内涵。

所谓人本秩序，是指以人为本、服务于人的社会秩序。这里的“人”是指作为生命个体存在的自然人。中国古代的管子说：“夫霸王之所始也，以人为本。本理则国固，本乱则国危。”这是“以人为本”的语源。西方思想中的 humanism 在我国被译为“人本主义”或“人文主义”等，但对其确切所指，国内外学者见仁见智、莫衷一是。它源自于拉丁文的 Humanitas，最早出现在古罗马西塞罗和格利乌斯的著作中，意思是指“人性”、“人情”、“万物之灵”，也指一种能促使个人的才能得到最大限度的发展的教育制度。② 西塞罗（Cicero）有一句名言：“为了自由，我们做了法的奴隶。”法国思想家卢梭（Rousseau）说：“我要这样地服从法律：不论是我或任何人都不能摆脱法律的光荣的束缚。这是一种温和而

---

① 参见舒国滢：《在法律的边缘》，中国法制出版社 2000 年版，第 20～23页。

② 参见徐亚文：《“以人为本”的法哲学解读》，载《中国法学》2004 年第 4 期，第 46～48 页。

有益的束缚，即使是最骄傲的人，也同样会驯顺地受这种束缚，因为他不是为了受任何其他束缚而生的。”① 他们都流露出对人本秩序的深切关注。

在国内法律研究中，人本秩序理论已经建立起来，这主要归功于以下两个因素：国内的人文科学发展时间较长，从学理上论证了人的保护的重要性，在主观上得到了人们的认可；国内社会形成的历史悠久，国内法律制度已经经历了较长的发展历程，相对来说比较完善，国家政府组织机构更是相当完善，能充分发挥作用，对人的保护客观上易于实现。国际社会与国内社会相比所具有的“无政府状态”特点，使在国际社会中创建人本秩序变得异常艰难。

虽然作为法律价值之一的秩序是人类生活所必需的，但它本身不能独立地体现法律的最终目的性价值。对于国际法律秩序而言，一个重要的前提是，它必须是以人为本的。康德（Kant）曾对国际秩序提出了自己的见解，他认为民主自由和尊重人权是公正的国际秩序的基本要求。② 实际上这也是从广泛意义上说明建立国际秩序与生活在国际社会之中的“人”之间具有重要关系。与传统国际法相比，现代国际法呈现出越来越重视个人的尊严和权利的倾向。但是，由于国际社会与国内社会的明显不同，当“人本秩序”被国际法律体制作为价值取向时，这里的“人”的含义已经拓展了它的范围，从而包含作为生命个体的自然人和由个人组成的集合体两大部分。在解读国际法所意欲建立的国际秩序与“人”之间的关系时，我们必须明确，不是人为了秩序而存在，而是秩序为了人而存在。而且，我们还要明确这样一个问题，即人本秩序不是人权保护的同义词，保护人权是建设人本秩序的手段之一，但它只能是一种手段，不能等同于国际法的价值取向。

① ［法］卢梭著，李常山译：《论人类不平等的起源和基础》，商务印书馆 1982 年版，第 51 页。

② Fernando R. Teson, A Philosophy of International Law, Westview Press, 1998, p. 9.

在国际法的价值中，人本秩序建立在和平秩序的基础之上，体现着更高级别的正义。实现人本秩序将为国际法的目的性价值——全人类共同利益的实现提供重要的基础。因此，相对于国际法的目的性价值来说，人本秩序是一种工具性价值。

二、人本秩序价值观念的形成

传统国际法已经体现出较强的人道性，主要体现在要求交战国家在战争中对战俘、伤病员、战争受难者等进行保护以及限制战争中使用的作战手段和作战方法等。这种人道性是人本秩序在国际法发展早期的一个萌芽。“各国在人权意识和道德感悟程度上的提高，是至关重要的新的体系价值兴起的一个明显的标志。”①人本秩序属于国际法价值体系中的新内容，它的产生和发展与国际法的重要组成部分——国际人权法的产生和发展有着非常密切的联系。国际人权理论和制度是国际法上人本秩序建构的重要内容。保护个人的价值观念的形成和保护个人的价值观念在国际社会中得到认可是人本秩序价值形成的基本条件。

人本秩序作为价值追求的一个重要标志是国际人权领域各种原则与规则的迅速发展。许多世纪以来，有关人权的早期思想在许多地方一直受到珍视。人类为人权而抗争的历史和人类历史一样久远，它总是涉及保护个人不受君主、独裁者和国家权力的奴役。保护个人价值的观念可以从不同国家的圣贤、哲人、先知和诗人的作品及所有大洲的许多观念中找到，包括中国、印度、日本、波斯、俄罗斯、土耳其、以色列、非洲的几个纯黑人国家，以及哥伦布发现新大陆之前的南美文明在内。但人权的早期思想大部分源于西欧的自由民主传统，这一传统本身就是希腊哲学、罗马法、新教传统、宗教改革中的人文主义和理性时代的产物。

国际法上对人权的关注既不像国际法的人道主义内容那样具有

① ［美］熊玠著，余逊达、张铁军译：《无政府状态与世界秩序》，浙江人民出版社 2001 年版，第 155 页。

悠久的历史，也远远落后于国内人权理论和制度的发展。国内人权保护可以追溯至1215年的大宪章，即早期的自由宪章，以及17、18世纪的《英国权利法案》、《美国独立宣言》、《法国人权和公民权宣言》等。但在第二次世界大战以前，人权一词一直没有进入国际法学的词汇之中，对此的一个很好的证明就是《国际联盟盟约》。从整体上看，《国际联盟盟约》对人权问题保持了沉默，只是在第23条中很笼统地承认各成员国有责任在某些领域内提高其公民的社会福利①。这一规定非常简单，既未能触及人权的根本性内容，也未能体现人权保护的重要性。

人本秩序价值开始得到国际社会的承认直接源自于第二次世界大战中德国纳粹和日本军国主义者令人发指的暴行对人类产生的震撼。1941年，美国已经认识到，它不可能再置身于世界大战之外。为了让美国人民对他们将要面临的苦难有所准备，罗斯福（Roosevelt）总统发表了他著名的四大自由的演说。在这篇演说中，他勾画了建立在四大自由基础上的世界图景，这四项自由是：表达自由、宗教信仰自由、免受贫困和免遭恐惧的自由。这四个方面都是从对个人的尊重和支持角度提出来的，这幅以人为主体构成的未来世界图景成为二战中各国与轴心国集团作战的号角。

1945年后，人权开始兴起。在《联合国宪章》中，对人权的最基本的关注被表达出来，创造了一套国际规则，旨在约束国家在对待所有的人，包括它们自己的公民时，遵守某些特定的标准。这时人权全面进入国际法领域的起因主要有两个：首先，第二次世界大战中，法西斯、军国主义统治的国家对内践踏人权的野蛮行为和

---

① 《国际联盟盟约》第23条规定："除按照现行及将来订立之国际公约所规定外，联盟会员国应：（甲）勉力设法为男女及儿童在其本国及其工商关系所及之各国确保公平、人道之劳动条件，并为此项目的设立与维持必要之国际机构。（乙）承允对委任统治地内之土人保持公平之待遇。（丙）关于贩卖妇女、儿童，贩卖鸦片及危害药品等各种协定之实行，该以监督之权授给联盟……（己）努力采取措施，以便在国际范围内预防及扑灭各种疾病。"

对外侵略扩张的残暴行径，特别是纳粹德国对犹太人的灭绝种族行为，对于人类良知来说是骇人听闻的，不仅激起了全世界人民的义愤，而且至少在当时也向人们证明了这样一个事实，即：一个政府对其国民的野蛮行为与对其他国家的侵略密切相关，尊重人权与维护世界和平密切相关。因此，对第二次世界大战的深刻反省，成为人权问题受到国际社会普遍关注的基本起因。其次，自 18 世纪中叶起一直到 20 世纪上半叶，国际法中有关个人权利问题的逐渐改变，如 19 世纪保障个人权利的运动（如保护战争中的受害者与奴隶），在获得各国的认可方面取得了成功。稍后的一些运动在将人们的视线转向保护劳工、难民、少数民族和其他人群方面也较成功。这为人权全面进入国际法领域奠定了基础。①

第二次世界大战后，国际社会中产生了大量的人权文件，主要包括：《联合国宪章》、《世界人权宣言》、《公民权利和政治权利国际公约》、《经济、社会和文化权利国际公约》、《维也纳人权宣言》、《欧洲保护人权和基本自由公约》、《美洲人权公约》、《非洲人权和民族权利宪章》等。其中既包括没有法律约束力但是具有重要权威性的宣言，也包括有法律约束力的条约；既包括具有普遍性的条约，也包括区域性条约。它们的共同点是对国际社会中的人权予以关注，要求或倡导在国际社会中保护人权。而且，随着国际人权法、国际经济法和国际刑法的形成与发展，个人在某种程度上可以作为国际法的主体已经成为国际社会的共识。英国国际法学家伊恩·布朗利（Ian Brownlie）认为，在国际法的渊源之中，人性考虑也是一个重要因素。“人性考虑依赖于法官的主观判断，但是，更客观地说，人性考虑与实在法原则所已经保护的人类价值有关，它们交织在一起……此等标准显然与一般法律原则和衡平法有

① 参见［美］熊玠著，余逊达、张铁军译：《无政府状态与世界秩序》，浙江人民出版社 2001 年版，第 135 页；国际人权法教程项目组编写：《国际人权法教程》（第 1 卷），中国政法大学出版社 2002 年版，第 18 页。

联系，但是这些标准无需特殊的论证。”①

在近年来的国际实践中，对处于国家管辖范围内的人的考虑得到了超乎寻常的关注。这是人本秩序在国际实践中地位上升的重要信号。细心的人们会发现，在2003年初的伊拉克危机整个过程中，联合国中几乎听不到“国家主权不可侵犯”、“各国有权自主选择其政体和领导人”等传统国际法准则和国际惯例，争论的只是“如何干涉”和“何时干涉”的问题。联合国及其秘书长安南（Annam）虽然不赞成美国对伊拉克发动的战争，但反对的只是美国撇开安理会的“先发制人”方式，而不是反对那些针对萨达姆政权存在必要性的质疑。这是冷战结束以后以联合国为中心的国际体系出现的一种值得注意的动向，它无疑是西方特别是美国支配的世界秩序及其主流价值观潜移默化作用下发生的新导向。这是新时期国际关系的一个不以任何人的意志为转移的趋势。王逸舟先生对此评论道：“在我看来，伊拉克危机给出的最重要提醒是：对于任何国家，尤其是广大相对后进的发展中国家来说，除了要在国际体系中争取权利、筹划外交和善于博弈外，更要注重国内的人权和民生问题，重视各方面关系的和谐与改进，把对本国人民权利的保障视为国家在国际体系中立足的前提……尊重人权正在成为国家主权的要义。”②

虽然说实然未必绝对反映应然，但是不可否认实然会在一定程度上反映应然。伴随着国际社会对人权的关注，国际法越来越注重构成人类社会的基本成分——人，即有生命的人。人们已经不能满足于国际法以国家为本的旧形象。科索沃危机后，联合国秘书长安南一再阐述他的“新主权观”，提出不容许以主权为借口践踏自己国家公民的权利，主权不能成为人道主义干预的障碍。国际人权

---

① Ian Brownlie, Principles of Public International Law, Clarendon Press Oxford, 1998, p. 27.

② 王逸舟：《王逸舟谈伊拉克危机（之三）》，载《世界知识》2003年第13期，第43页。

法、国际人道主义法在20世纪40年代以来得到的空前重视证明了对以人为本的国际秩序的追求正日渐形成并日益发展起来。

三、人本秩序的价值内涵

在康德（Kant）的道德哲学绝对命令中有一个著名的人性原则："永远把人类——无论你亲自所为还是代表他人——当作目的，而决不仅仅当作手段来对待。"① 罗尔斯（John Rawls）继承并发展了康德的绝对命令观念，主张"每个人都拥有基于正义的不可侵犯性，这种不可侵犯性即使以社会整体利益之名也不能逾越。因此，正义否认为了一些人分享更大利益而剥夺另一些人的自由是正当的，不承认许多人享受的较大利益能够绰绰有余地补偿强加于少数人的牺牲"。②

传统国际法理论中，国家是惟一的主体，个人不具有国家那样的直接享受国际法上的权利和承担国际法上的义务的能力。很多国际法学者都在国际法的定义中指出国际法的规定对象是国家之间的关系。一位美国国际法学者说，"国际法是支配国家之间关系的规则的总体"。英国国际法学者阿库斯特简单扼要地说："国际法（或称国际公法或万国法）是支配国家之间关系的法律体系。"凯尔森也承认至少从创造国际法的程序来看，国际法是国家间法律。③ 传统国际法排除个人作为国际法主体，只调整国家间的关系，为国家设定权利、义务和责任，人是国家管辖权实施的对象。国际法的作用是在国际社会中形成以维持国家权利不被侵犯为中心的和平秩序。于是，人权在传统国际法中被视为国内法管辖范围内

---

① 转引自陈瑞华：《程序正义的理论基础——评马修的"尊严价值理论"》，载《中国法学》2000年第3期，第148页。

② ［美］约翰·罗尔斯著，何怀宏、何包钢、廖申白译：《正义论》，中国社会科学出版社1988年版，第3～4页。

③ 参见王铁崖著：《国际法引论》，北京大学出版社1998年版，第19页。

的事项，这使得人本秩序难以成为国际法的价值体现。

国际法上人本秩序的产生和存在与国家主权之间有着重要关系。国家主权，是一个国家独立自主地处理自己国家的对内、对外事务的最高权和独立权。国家的这种固有权力对于人类的每个组成分子——人来说，具有至高无上的地位。由于人性的弱点和利益冲突的必然性，要实现有秩序的生活就必须要有一定的社会管理和国家管理，而管理就要求拥有权力。主权是国家权力中最重要也是最具根本性的，同时也是最高的，国家的各项具体权力无不源自于体现为独立权、平等权、自卫权和管辖权的国家主权。由于国家要担负起维护社会正常秩序，保障社会主体的利益，自由和平等的权利、实施其管理职能等任务，因此，它的主权就具有了存在的合理性和合法性。

自威斯特伐利亚公会以来，国家至高无上的主权已经得到了国际法的认可。这种权力是一种组织性支配力，具有把国家的意志强加于个人行为的可能性。国家中的掌权者可能会运用手中掌握的权力任意支配个人、随意支配社会资源甚至发动对抗或战争。主权的滥用会表现出侵略性、扩张性、残酷性。孟德斯鸠（Montesquieu）说："一切有权力的人都容易滥用权力，这是万古不易的一条经验。有权力的人们使用权力一直到遇有界限的地方才休止。"① 自然人与国家是永远无法相对抗的。于是，随着人类文明程度的发展，要求把这种寄生于社会的权力控制在社会需要其发挥作用和功能的范围之内。

在1789年法国的《人权和公民权宣言》第2条中写道："所有政治结合的目的都在于保存人的自然的和不可动摇的人权。"宣言中没有讨论为什么人权是"自然的和不可动摇的"，显然，起草者认为这是不言而喻的。我们可以从不同的角度来理解它，许多人认为这可以从人是有感情、有智慧的生物这一本质特征中演绎出

① ［法］孟德斯鸠著，张雁深译：《论法的精神》（上册），商务印书馆1961年版，第154页。

来。自然法理论认为人类制定的实在法之上还有自然之法或上帝之法，也可以辅证这一观点。哲学家约翰·洛克（John Locke）明确地提出“天赋人权”的主张。他说，主权不在君主，而在全体人民，政府是一个保障人民生命、财产及福利的机构，它不得以任何方式奴役人民。政府不是人民的主宰，而是由人民自发组成和维护以保障其自身利益的。个人把自己的一部分权力移交给社会以实现某些功能，但他们保留着一些天赋的权利。天赋人权的理念是维护基本自由的基石，这些自由天然地属于每个人，不屈从于任何群体，因此也不能受国家的限制和否决。

从国家理论而言，在当代工业社会，国家都要控制、引导和干预每个公民的日常生活，其程度之深是一百年前难以想象的。由此导致的问题涉及的不是个人和抽象的国家之间的关系，而是个人和代表国家并实施法律和法规（包括警察和狱吏）的官员之间的关系，这些法律和法规是以国家名义制定的，但其制定者并非是完美无缺的。在理论上，国家不会做任何错事，但在实践中以国家之名出现的错误，从微观调控的失职到集中营、战俘营的罪恶却层出不穷，因此保护个人是必需的。这不仅适用于某个国家，也适用于整个国际社会。从这个角度来说，不仅国内法的制定要体现以人为本，国际法亦然。

庞德（Pound）通过法律历史的研究发现了这样的记载：法律通过社会控制的方式而不断扩大对人的需求、需要和欲望的承认和满足；对社会利益进行日益广泛和有效的保护；更彻底和更有效地杜绝浪费并防止人们在享受生活中发生冲突。他指出，19世纪的法律历史，在很大程度上是一部有关日趋承认个人权利（这些权利常常被视为“自然的”或天赋的和绝对的）记录，20世纪应该以更加广泛地承认人的需要、要求和社会利益等方面的发展的方式来重写法律历史。① 国内法中对个人权利的态度不可避免地影响到国际社会中的法律，因为国际法始终是在国内法理论的基础上产生和发展的。

第二次世界大战的血腥事实是人本秩序得到普遍支持的客观原因。“只有本来是人而又完全不被当作人的阶级，才可能主张彻底的、纯粹的、人之作为人的平等，主张人之作为人所应有的权利。历史的法则确乎有些奇特：对人道主义的强烈追求总是与道德败坏、人心堕落同时出现；要求自由的强烈程度总是与压抑自由的酷烈程度成正比。”② 残酷的二战培育了对普遍性人权的迫切需要和追求。人权问题第一次不再是一个国家或一个地区范围内的问题，不再是一个少数人集团或阶级范围内的问题，不再是某一个人权原则的问题，而是世界范围内的、彻底的每个人的问题。1942 年 1 月，同盟国宣布：抵抗轴心国的最终目的是出于人道主义，而不是出于军事。它们宣称：“彻底的胜利，对于全世界范围内保卫生命、自由、独立和宗教自由，对于维护人权和正义，是至关重要的。”③ 为防止大规模的侵犯人权的国际罪行发生，国际间开始联合起来共筑人权的防波堤。国际法对于人的关注，通过规定保护自然人的权利以帮助自然人对抗在国际社会中具有最完全的独立法律人格的国家，较之于第二次世界大战前的国际法价值对和平秩序的青睐，显示出国际法的价值追求中在某种程度上融入了更多的正义因素。

当人们对人本秩序的主体作了扩大性解释之后，国际法的价值追求中正义因素增加这一意义更加凸显出来。西方国家及其学者在

---

① 参见［美］E. 博登海默著，邓正来译：《法理学、法律哲学与法律方法》，中国政法大学出版社 1999 年版，第 147 页。

② 夏勇著：《人权概念起源》，中国政法大学出版社 1995 年版，第 100 页。

③ 转引自徐显明、曲相霏：《人权主体界说》，载《中国法学》2001 年第 2 期，第 55 页。

看待人的时候，常常是把“人”作为一个独立的个体对待的，人权也是针对人类中的每一个组成分子——自然人而言的。但是，发展中国家和不发达以及最不发达国家更关注作为人的集合体的“人”。这是两类截然不同的生存境遇下的国家的选择。人权理想是美好的，但处于不同境况的人对人权的理解可能完全不同。忙于应付迫在眉睫的生存和发展问题的人们相信：如果他们不首先在经济上富裕起来，给予人的其他权利就是空话。正如一个急需填饱肚子的人，在一块面包和一张选票之间肯定会选择前者，对他来说，面包是他的人权的优先选择。① 发展中国家和不发达以及最不发达国家的选择得到了国际社会的认同，包括发达国家以及它们的学者。

1945 年《联合国宪章》第 1 条规定，“发展国际间以尊重人民平等权利及自决原则为根据之友好关系”。这里已经把“人民”这个集体而不是单个的自然人作为“平等权利”和“自决”这两项重要人权的主体。1955 年联合国大会做出的一项决议明确提出，自决权是一项“属于所有人民和国家的集体权利，是个人享有任何权利与自由的先决条件”。1966 年联合国大会通过的《经济、社会和文化权利国际公约》和《公民权利和政治权利国际公约》均规定所有人民都有自决权、所有人民得为他们自己的目的自由处置它们的天然财富和资源。英国学者斯塔克也承认，“若干重要人权问题所涉及的并非个人权利而是集体权利，即属于团体或人民的权利。就自决权来说，这是很清楚的”。② 随着自决权的被普遍接受，集体人权得到迅速发展，如自然资源主权、发展权、环境权等都成为集体人权的内容。人们将它们称为“第三代人权”。虽然第三代人权是否现行法的一部分尚存在争议，但它们确实是“正在形成”

---

① 参见国际人权法教程项目组编写：《国际人权法教程》（第 1 卷），中国政法大学出版社 2002 年版，第 20 ~ 33 页。

② ［英］J. G. 斯塔克著，赵维田译：《国际法导论》，法律出版社 1984 年版，第 299 页。

的法律。①

集体人权是为保障个人人权而从个人人权中推导出来的，它只是实现个人人权的一种工具性权利，集体并不是集体人权所包含的利益最终指向的对象。真正的受益者，作为目标而存在的人权主体永远是而且只能是自然人。集体人权是实现个人人权的基础和前提，也是实现个人人权的手段和保障。在社会尚未发展到"每个人的自由发展是一切人的自由发展的条件"的自由人的"联合体"阶段时，大多数的自然人都要以属于某个政治实体的方式存在和发展。自然人从属于一个国家、一个民族或一个种族而存在，则该集体的福利将对他的福利产生重要作用。集体作为一个抽象的组织，只不过是人类历史发展阶段的产物，它终究是人的异化物。当集体作为一种历史产物消亡时，集体人群也就消亡了，但个人人权却会得到更充分的发展。② 必须认识到，强调集体人权意在保障个体人权，而且只有在保障个体人权的意义上，集体人权才具有合理性。

国际法是具有普遍性的法律原则、规则的总体，它不能仅反映发达国家或仅反映发展中国家和不发达国家的意志。虽然两类国家间存在着种种矛盾，但是，在国际社会中形成一个和谐的生存环境是各国的一致意见。在国际法价值体系中增加人本秩序这一内容，是国际法走向实体正义的重要标志。

四、人本秩序的约章体现

前已述及，联合国成立以来，国际社会中已经产生了不少涉及对人的保护的国际条约和国际文件。这些条约是人本秩序的重要体现，而其中具有根本重要性的是《联合国宪章》和《世界人权宣

---

① See Ian Brownlie. Principles of Public International Law, Clarendon Press Oxford, 1998, p. 583.

② 参见徐显明、曲相霏：《人权主体界说》，载《中国法学》2001 年第 2 期，第 58 页。

言》。下面分别对这两个公约予以阐释。

(一)《联合国宪章》对人本秩序的阐释

《联合国宪章》是一个有法律约束力的国际条约，其中对各成员国和联合国自身提出了保护“人”的要求，这体现在宪章的序言和7个不同内容和性质的条款中。

宪章序言第3段指出：“（我联合国人民）重申基本人权，人格尊严与价值，以及男女与大小各国平等权利之信念。”隶属于第一章“宗旨及原则”的第1条第3款规定：“促成国际合作，以解决国际间属于经济、社会、文化及人类福利性质之国际问题，且不分种族、性别、语言或宗教，增进并激励对于全体人类之人权及基本自由之尊重。”隶属于第四章“大会”的第13条第1款规定“（大会应发动研究并作成建议）以促进经济、社会、文化、教育及卫生各部门之国际合作，且不分种族、性别、语言或宗教，助成全体人类之人权及基本自由之实现”。隶属于第九章的“国际经济及社会合作”的第55条规定：“为造成国际间以尊重人民平等权利及自决原则为根据之和平友好关系所必要之安定及福利条件起见，联合国应促进：较高之生活程度，全民就业，及经济与社会进展。国际间经济、社会、卫生及有关问题之解决；国际间文化及教育合作。全体人类之人权及基本自由之普遍尊重与遵守，不分种族、性别、语言或宗教。”隶属于第十章“经济暨社会理事会”的第62条第2款规定：“本理事会为增进全体人类之人权及基本自由之尊重及维护起见，得作成建议案。”隶属于第十二章“国际托管制度”的第76条规定：“（托管制度之基本目的应为）增进托管领土居民之政治、经济、社会及教育之进展；并以适合各领土及其人民之特殊情形及关系人民自由表示之愿望为原则，且按照各托管协定之条款，增进其趋向自治或独立之逐渐发展。不分种族、性别、语言或宗教，提倡全体人类之人权及基本自由之尊重，应激发世界人民互相维系之意识。"①

(二)《世界人权宣言》对人本秩序的阐释

《世界人权宣言》于1948年11月10日在联合国大会上以48票赞成、0票反对、8票弃权获得通过。宣言序言中明确，宣言是"所有人民和所有国家努力实现的共同标准"②。在宣言的主体部分，规定了公民权利和政治权利，包括生命权、不受奴役权、免受酷刑权、法律平等保护权、正当法律程序保障权、言论自由权、集会和迁徙权、隐私权等③；还规定了经济、社会和文化权利，包括拥有财产的权利、工作权、受教育权、享受医疗保健和各种社会服务权、参加社区文化生活权等④。从严格意义上讲，作为一个决议通过的该宣言是没有法律约束力的。但由于宣言给出了《联合国宪章》中人权义务的权威解释，得到了全世界各国的广泛承认。"……多年以来，宣言已经被当作对《联合国宪章》第55条和第56条所涉及的权利的权威解释和定义，而联合国及其会员国都有促进这些权利的义务。"⑤

该宣言迄今也已经成为区域性组织及联合国在人权领域内进一步进行国际立法的基础，国际人权条约经常在序言中引用该宣言。例如，《禁止酷刑和其他残忍、不人道或有辱人格的待遇或处罚公约》指出："注意到世界人权宣言第5条……作出如下协议……"《消除对妇女一切形式歧视公约》把世界人权宣言中"申明不容歧视的原则，并宣布人人生而自由，在尊严和权利上一律平等，且人人都有资格享受该宣言所载的一切权利和自由，不得有任何区别，包括基于性别的区别"作为制定该公约的基础。欧洲理事会《保

---

① 参见王铁崖、田如萱编：《国际法资料选编》，法律出版社1986年版，第862页以下。

② 见《世界人权宣言》序言最后一段。

③ 见《世界人权宣言》第3~21条。

④ 见《世界人权宣言》第22~27条。

⑤ [美] 托马斯·伯根索尔、肖恩·D·墨菲著，黎作恒译：《国际公法》(第3版)，法律出版社2005年版，第91页。

护人权和基本自由公约》在序言中明确指出，“考虑到1948年12月10日联合国大会宣示的《世界人权宣言》；考虑到该宣言的目的在于使所宣示的权利获得普遍和有效的承认和遵守……”1993年通过的《维也纳宣言和行动纲领》更明确地表示：“强调《世界人权宣言》是各国人民和所有国家所争取事项的共同标准，是启迪的源泉，是联合国据之以推进现有国际人权文书，特别是《公民权利和政治权利国际公约》、《经济、社会和文化权利国际公约》所载标准的制订工作的基础。”

实践中各国对宣言的支持已经至少使其中的一些条款成为了国际习惯法。例如，宣言第3条（人人有权享有生命、自由与人身安全）、第4条（任何人不容使为奴役；奴隶制度及奴隶贩卖，不论出于何种方式，悉应予禁止）等，均已由被广泛接受和赞同的国际公约加以具体化。而且，“许多国家在制定宪法和在其他立法活动中，都引用或吸收了《世界人权宣言》，将其视为范本。国际法院和许多国内法院都把《世界人权宣言》作为解释依据或者国际习惯来进行判决……可能最为重要的是，《世界人权宣言》为在联合国系统建立各种监督机制奠定了基础……人权委员会特别报告员在调查过程中，当条约法不能适用于罪犯时，也可以运用《世界人权宣言》。”①

除了《联合国宪章》和《世界人权宣言》之外，还有很多国际条约反映出对人本秩序的追求。例如，在乌拉圭回合多边贸易谈判最后达成的《马拉喀什宣言》（1994年4月15日）中，各国部长们一致确认：“世界贸易组织（WTO）的建立开创了全球经济合作的新纪元，反映了各国为其人民的利益和幸福而在更加公平和开放的多边贸易体制中运作的普遍愿望。”在《马拉喀什建立世界贸

① 古德蒙德·阿尔弗雷德森、阿斯比约恩·艾德主编：《世界人权宣言——努力实现的共同标准》中文版第5页。转引自国际人权法教程项目组编写：《国际人权法教程》（第1卷），中国政法大学出版社2002年版，第53页。

易组织协定》序言中明确：“本协定各参加方认识到在处理它们在贸易和经济领域的关系时，应以提高生活水平、保证充分就业、保证实际收入和有效需求的大幅稳定增长以及扩大货物和服务的生产和贸易为目的。”① 这就表明，世界贸易组织作为一个世界性的经济组织，它所关注的终极目的是每个协定方管辖范围内的人的利益和幸福，而并非仅仅是每个协定方的利益。

第二节 关于人本秩序的国际法律制度建构

一、个人的国际法律地位发生的重要变化

“我们这个世界全球化的程度越高，我们为了共同的利益彼此之间相互依赖的程度就越高，国家作为惟一国际法主体的垄断程度就更加削弱……国家边界的可渗透性，意味着国际法律规则越来越多地影响着国家的利益。”② 如今国际社会中的不少领域，如人权、环境、全球贸易等，已经不再只允许国家参与其间。以国籍为连结点决定对个人实施保护的范围和强度正在被迅速地加以改变。现代国际法越来越注重保护作为生命个体的个人不受国家的不人道、不公正的待遇，不论这个国家是或者不是个人的国籍所属国，或者这个人是一个无国籍人。个人在国际法上的地位正在逐步上升。由詹宁斯（Jennings）和瓦茨（Watts）修订的《奥本海国际法》第九版中对个人在国际法中的地位变化作了深刻的揭示。

首先，与传统国际法中把国家视为惟一主体不同，国家成为国际法的主要主体，个人在一定范围内具有了国际法主体地位。“国家可以授予而且有时也的确授予个人——不论是本国人还是外国

① 《乌拉圭回合多边贸易谈判结果法律文本：汉英对照》，法律出版社2000年版，第iv页和第4页。

② ［英］诺塞琳·希金斯著，叶兴平、田晓萍译：《变迁的国际体制中之国际法》，载《外国法译评》2000年第3期。

人——以严格意义上的国际权利，即个人不须国内立法的干预，即可取得，并且可以用他们自己的名义在国际法庭上请求执行的权利。从个人（和私营公司及其他法人）在某些领域里在国际上直接与国家建立法律关系而且作为个人直接具有来自国际法的权利与义务的事实来看，个人作为国际法主体的资格是明显的。作为实在法的一个问题，认为国家是国际法的惟一主体的看法已经不再可能维持下去，人们愈加倾向于认为个人在有限的范围内也是国际法的主体。"① 即使是有限的国际法主体地位，对于个人来说已是一个巨大的进步。个人人权的行使通常是针对有关国家的。个人有限的国际法主体地位意味着在一定程度上能够与国家平等相待，可以在一些情形下摆脱管辖与被管辖关系或统治与被统治关系的制约。

其次，国际法中越来越多的规则与个人相关，直接或间接地规定了个人的权利，为个人提供保障。目前国际法中关于保护个人待遇的条约和规则的规模，已经有了相当大的扩展。"国际法已经不再是——如果它曾经是的话——仅仅与国家有关。国际法有许多规则是直接规定个人的地位和活动的；还有更多的规则则间接影响着个人。"② "首先，国家必须尊重居留在其领土内的外国人的某些基本权利，——虽然人们可能说，这些权利不是外国人的国际权利，而是他们本国的国际权利。第二，各种保护宗教的和语言的少数者的条约表示一种趋势，要以国际监督和国际执行的方法去承认国家内至少某些部分居民的基本权利。最后，人道主义干涉的原则和实践，以及近年来给人深刻印象的众多的人道主义性质的条约，如废除奴隶制度、禁止奴隶贩卖和废除强迫劳动的条约，保护无国籍人和难民的条约，保障健康和防止戕害健康的条约，保障人道的工作条件的条约，以及一般地保护人权的条约，都证明个人利益和

① ［英］詹宁斯、瓦茨修订，王铁崖、陈公绰等译：《奥本海国际法》（第1卷第2分册），中国大百科全书出版社1995年版，第292～293页。

② ［英］詹宁斯、瓦茨修订，王铁崖、陈公绰等译：《奥本海国际法》（第1卷第2分册），中国大百科全书出版社1995年版，第292页。

国际法之间的紧密关联。”①

此外，我们还可以从另一个角度对个人国际法律地位应有的转变进行分析。在纽伦堡国际军事法庭的判决中，法庭指出《国际军事法庭宪章》的精髓就是“个人也有国际义务，这种国际义务高于各个国家所施加的国内服从义务”。② 虽然法庭的判决并不具有判例法的功能，但是其后的国际实践表明，这一观点得到了广泛的赞同和支持。从权利与义务的对应关系上讲，既然个人在国际法上能够直接承担义务，为什么不能够相应地拥有权利呢？而且，根据当前国际法的规定，除了某些例外，国家有权通过外交行动保护其国民，而国家没有义务帮助某个人提出国际求偿。这对个人具有明显的不公平性。那么，为什么出现这种现象呢？“很显然，主要障碍来自政治方面。对于任何看起来似乎是赋予个人以国际人格的安排，尽管个人可能享有的这些能力非常有限，也很特殊，不少国家政府仍不太赞成。”③ 因此，从法理上来说，个人国际法主体地位的某种程度上的扩展是没有问题的，关键在于国家及其政府的态度。

亚当·斯密（Adam Smith）说过：“政治生活的第一要旨是其地域性。从根本上说，很难说服人们对身处的地域之外的所谓全球性问题施以多大关注。”④ 然而，人类活动范围日益超越国家边界，对个人提供更全面的保护也日益迫切。正在增加的以保护个人为主旨的国际法规则和更多保护个人的国际法规则产生的潜在可能性，

---

① ［英］詹宁斯、瓦茨修订，王铁崖、陈公绰等译：《奥本海国际法》（第1卷第2分册），中国大百科全书出版社1995年版，第294页。

② Ian Brownlie, Principles of Public International Law, Clarendon Press Oxford, 1998, p. 566.

③ Ian Brownlie, Principles of Public International Law, Clarendon Press Oxford, 1998, p. 598.

④ 转引自［英］约翰·迈克斯威特、爱德瑞恩·伍德里奇著，盛健、孙海玉译：《现在与未来——全球化的机遇与挑战》，经济日报出版社2001年版，第23页。

表明人类正在努力跨越狭隘的地域性限制，力图建立一个适合于人生存和发展的世界。

二、蓬勃发展的国际人权法

虽然直到第二次世界大战以前，人权问题基本上是被当作纯属国内管辖事项来对待的，但是有几个特定的领域产生过涉及权利保护的国家间条约和实践，它们是保护少数者的制度、① 禁止奴隶贸易的制度和国际劳工保护的制度。

《联合国宪章》是各项人权条约的基础，宪章中人权条款的重大意义在于对人权的侵犯不再是纯属一国国内管辖的问题，而同样是国际社会关切的对象。即使没有其他条约义务，一国也不能再宣称其对本国公民的虐待纯属其国内管辖之事。如果某国“持续地严重侵犯”国际公认的人权，将被视为违背了其作为成员国所负《联合国宪章》下“促进”人权的义务。根据宪章规定，目前已经建立了几个重要的人权监督机构，如人权委员会，促进和保护人权小组委员会，人权事务高级专员，人类居住委员会，妇女地位委员会等。在宪章的基础上，国际社会随后又签署了《世界人权宣言》、《公民权利和政治权利国际公约》、《经济、社会和文化权利国际公约》以及联合国的各种专门性人权公约，还依条约建立了人权事务委员会，经济、社会和文化权利委员会，消除种族歧视委员会等监督机构。另外，在欧洲、美洲、非洲等地区还发展了区域性的人权条约和监督机构。

随着国际人权公约和人权监督机构的增加，跨越国界去关注人权问题不再被认为是一种不正常的事。国际人权法的发展，“使得个人有机会摆脱那些不尊重人权的国家的束缚，并且可以向国际司法机关提出申诉。联合国的政治机关通过其决议，以及国际法院通过其判决，也进一步促进了这样一种理念的扩张，那就是在任何地

① 所谓保护少数者，是指通过条约保护一个国家内在人种、语言、宗教等方面处于少数的群体的权利。

方，基本的自由都可以是每个人合法关注的问题”。① 由此，又提出了良政问题。国际人权法的发展，使个人在国际法上的地位趋于提高。国家与其国民的关系，特别是在人权领域的关系，已不再是完全属于一国国内管辖的事项，它也是国际社会关注的事项。

保护人权的国际立法已经成为国际立法的一个优先领域。2000年5月25日，联合国秘书长安南致函各国领导人，提请与会的各国领导人利用“千年首脑会议”的特殊机会，在会议期间表明其对国际法律框架的支持，并继续致力于该框架的建设，并提交了一份据称体现联合国主要目标的25项核心条约的清单，其中人权类公约有14项，占清单条约总数的56%。在涉及国家和个人的关系时，国际舆论和道义判断的天平往往向处于弱势的一方（个人）倾斜。联合国安理会关于科索沃问题的一系列表决结果从一个侧面反映了这一动向。当道义与法律之间出现尖锐矛盾时，在道义上占先的一方一定会据此挑战现有的法律规章。在“人道主义干涉合法”、“人权高于主权”等问题的论争中，我们可以清楚地看到这种挑战。②

人类因拥有选择能力而明显地优越于其他动物群体。在国际社会中，通常选择只能是在导致秩序和导致无政府状态之间进行。通过条约形式把人权规范法典化，实际上等于确定了建立秩序的指南。即使会对其主权作出限制，还是有那么多的国家明显地选择了秩序。许多国家愿意为它们选择的秩序（而不是无政府状态）付出代价。现代人权法的兴起是国家主权受到约束的一个很好的证明。各国在人权意识和道德感悟程度上的提高，是至关重要的新的

---

① 参见［英］诺塞琳·希金斯著，叶兴平、田晓萍译：《变迁的国际体制中之国际法》，载《外国法译评》2000年第3期。

② 参见黄惠康：《世纪之交国际法发展演变的动态与趋势》，载《国际法与比较法论丛》（第1辑），方正出版社2002年版，第6页。

体系价值兴起的一个明显的标志。①

三、日益得到关注和重视的国际人道主义法

国际人道主义法产生于战争法中的人道主义考虑，有着非常久远的历史。古印度的《摩奴法典》距今已有两千多年的历史，对于印度及其周边国家均有一定影响。《摩奴法典》对战争权、战争方法等作出规定的同时，对战争中的人的保护问题也作了特别的详尽的规定。② 可以说，“《摩奴法典》对于战争表现出明显的人道主义”。③ 在后来的战争法发展历程中，战争法逐渐成为国家间的法，人道主义规则仍然得到体现。虽然战争不再限于陆地，常常蔓延到海上，战争情况仍很残酷，但是战争中的交战双方往往会订立诸如战俘协定，以交换或释放战俘，伤者、病者也常被遣返本方，而医院曾被视为不可侵犯，并免予夺取。

17 世纪，格劳秀斯提出战事节制原则，即“正义”或交战一方或另一方诉诸战争的理由都与交战方遵守作战规则的义务无关。卢梭也指出，“战争不是人与人之间的关系，而是国与国之间的关系。在战争中，个人并非作为人甚至不是作为公民，而仅仅是作为士兵、仅仅作为国家的保卫者……完全出于偶然地成为敌人”，“一旦敌国的武装人员放下武器并且投降，他们就不再是敌人或敌国的工具；他们只是又成为普通意义的人，任何人不再有权剥夺他

① 参见［美］熊玠著，余逊达、张铁军译：《无政府状态与世界秩序》，浙江人民出版社 2001 年版，第 155 页。

② 如战士在战争中决不应该对敌使用奸诈武器，如内藏尖锥的棍棒，或有钩刺的涂毒的箭，或燃火的标枪；自己乘车时，不要打击徒步敌人，也不要打击弱如女性或合掌求饶，或头发苍苍，或坐地，或说“我是你的俘虏”的敌人；或在睡眠，或无甲胄，或裸体，或解除武装，或旁观而未参加战斗，或与他人厮斗的人；或武器已坏，或苦于忧伤，或负重伤，或怯懦，或逃走的敌人；要汲取勇兵的义务。世界著名法典汉译丛书编委会：《摩奴法典》，法律出版社 2000 年版，第 213 页。

③ 王铁崖著：《国际法引论》，北京大学出版社 1998 年版，第 258 页。

们的生命……战争没有赋予使敌国遭受比取得胜利所必需的更大的破坏的权利……"① 格劳秀斯和卢梭的理论为改善战争期间人与人的关系提供了理论基础。

面对1859年索弗利诺（Solferino）战役的残酷现实，瑞士人亨利·杜南特（Henry Dunant）提出创立救护团体帮助战争受难者的倡议，从而在1863年召开创立红十字协会组织的日内瓦国际会议，并于1864年召开外交会议，订立了《改善战地伤兵境遇的公约》，即1864年《日内瓦公约》。之后，又有了1899年《推行1864年日内瓦公约原则于海战的公约》、1906年《改善战地伤者病者境遇的日内瓦公约》、1907年《海牙陆战法规和惯例公约》。这些条约的目的均在于尽可能减轻战争的残酷性。

20世纪发生的两次世界大战给人类带来惨痛的后果，也促进了战争法的发展。第一次世界大战之后，国际社会制订了1929年《日内瓦改善伤者病者境遇公约》和1929年《关于战俘待遇公约》，将保护战争受难者的义务赋予非缔约国的交战方。另外，还缔结了1925年《日内瓦毒气议定书》、1936年《伦敦海军协议议定书》。第二次世界大战结束后，主要缔结的人道主义公约有：1948年《种族灭绝公约》、1949年日内瓦四公约等。由于科技和武器的发展及国内武装冲突的增加，1971年国际红十字委员会召开"重申和发展适用于武装冲突的国际人道主义法外交会议"，并于1977年通过了1949年日内瓦四公约的两个附加议定书。

国际人道主义法与国际人权法有着一致的理论基础，它们均强调对人的尊重，旨在保护人类不受迫害及不人道待遇。换言之，人道主义是支持国际人道主义法与国际人权法的共同理论信念。国际人权法的宗旨是保护人之作为人所享有或应享有的最基本的权利，主要有生存权、平等权等。国际人道主义法中对战争受难者予以保护，也同样主要取决于他们是有生命的人，保护的内容也多指向战争受难者的生命权、人身自由权、取得基本生存保障权等基本生

① Roussear J. J., The Social Contract, Harmoudsworth, 1968, p. 56.

存权。

与国际人权法不同的是，国际人道主义法适用于战争或武装冲突这样的异常紧急状态。虽然在这些紧急状态下，国际人道主义法遵循人道主义规则，具有保护人权之功效，但是它无法排除关于“军事必要”的考虑。① 国际人道主义法无法避免和消灭战争或武装冲突的发生，也无法对和平时期的人提供利益，它以避免造成“不必要的痛苦”为出发点，对战争或武装冲突的方式、方法进行改良，对战争或武装冲突状态下的人给以较低水平的支持。在战争或武装冲突的状态下，对无法得到其本国或当局保护的伤病员、和平居民、战俘来说，基于《公民权利和政治权利国际公约》、《经济、社会、文化权利国际公约》之类以提升人的生存和生活质量为宗旨的国际人权公约的保护已成为奢望，只有国际人道主义法才能够给他们提供最迫切的生命安全的保障。

国际人道主义法原则和规则中很多属于国际强行法范畴。布朗利、阿勒只泽（Alexidze）、怀特曼（Whiteman）等国际法学者在多年的研究和考证之后，得出了诸如违反人道罪属于强行法规定之一的结论。② 战争被宣布为非法，并不能排除战争发生的可能性，国际人道主义法的强行法性质意味着，即使是在合法的自卫战争或其他形式的合法战争中，国际人道主义法的原则、规则仍须得到尊重与执行，否则当事人将受到追究刑事责任的惩罚。

国际人道主义法的执行除依靠国家履行尊重义务和积极传播义务之外，还包括最为严厉的制裁措施，即对从事违反国际人道主义法行为的当事人追究刑事责任，以违反人道罪、危害人类罪等罪名对他们加诸惩罚。继第二次世界大战后的纽伦堡、东京审判之后，20 世纪 90 年代国际上相继建立了前南国际刑事法庭和卢旺达国际

① 日本国际法学会编：《国际法辞典》（中文版），世界知识出版社 1985 年版，第 481 页。

② 王铁崖著：《国际法引论》，北京大学出版社 1998 年版，第 244 ~ 246 页。

军事法庭。这两个法庭的成立及其实践，尽管存在一些问题，但毕竟为国际人道主义法原则、规则的强制实施提供了新的思路。1998年7月，在罗马召开的联合国设立国际刑事法院全权代表外交会议上通过了《国际刑事法院罗马规约》。规约规定，国际刑事法院的对事管辖权范围限于那些引起国际社会关注的最严重的国际罪行，即灭绝种族罪、危害人类罪、战争罪和侵略罪。除侵略罪外，规约对前三种犯罪行为做了列举，其内容均包括违反国际人道主义法的行为。① 毫无疑问，国际刑事法院必然极大地促进对国际人道主义法的遵行，并且为国际人道主义法的强制执行提供进一步的保障。

此外，国家还以国内立法对违反国际人道主义法的个人予以惩罚，如我国《刑法》第446条规定的"战时残害居民、掠夺居民财物罪"、第448条规定的"虐待俘虏罪"，意大利军法中关于"非法的或任意的敌对行为"、"战时非法行为"、"违反对伤病员、遇难人员或死者的义务以及对医疗人员的义务"等规定。

四、纳入国际法律范畴的发展问题

发展权是人权法的一项新的内容，人们对发展权有这样一些评价："发展权是一项基本人权，是实现自由、进步、正义和创新的前提。发展权是最重要的一项人权，是第一项也是最后一项人权。发展既是人权的开端，也是人权的归宿，既是实现人权的手段，也是人权本身的目的。简而言之，发展权是一种其他人权得以派生的核心权利。"② "发展权有其独特的地位，实现发展权意味着整个国家民族和个人的全面发展和社会正义的实现……发展权是人类社

---

① 参见《国际刑事法院罗马规约》第5条、第6条、第7条、第8条。载赵永琛主编：《国际刑法约章选编》，中国人民公安大学出版社1999年版，第731页以下。

② 穆罕默德·贝德乔伊：《发展权》，载贝德乔伊主编之《国际法：成就与展望》（1991），第1182页。转引自国际人权法教程项目组编写：《国际人权法教程》（第1卷），中国政法大学出版社2002年版，第464页。

会借以实现自身平等、和谐地发展的重要手段。"① 发展问题的独特性要求我们对它进行独立的研究。

发展是21世纪国际法发展趋势中的一个重要方面。发展不只是涉及经济领域，而是经济、文化、社会、政治等诸多领域交织在一起才能够完成的。与发展从前一直是针对国家而言不同的是，发展正在成为一种以人为中心的活动，它的最终目标是人类生存条件的改善。② 联合国大会1986年12月4日第41/128号决议通过的《发展权利宣言》正式确立了发展权，确认："发展是经济、社会、文化和政治的全面进程，其目的是在全体人民和所有个人积极、自由和有意义地参与发展及其带来的利益的公平分配的基础上，不断改善全体人民和所有个人的福利。"而且，"发展权利是一项不可剥夺的人权"；"人是发展的主体，因此，人应成为发展权利的积极参与者和受益者。"③ 发展权也得到了1993年《维也纳宣言》的确认。

"发展"一词的含义比较复杂，具有若干属性：第一，从内容看，"发展"是一个多维度的概念，它具有经济、社会、文化、政治等方面的内涵；第二，"发展"的主体既可以是群体（人民），又可以是个体；第三，"发展"是一个渐进的和历史的概念；第四，"发展"的目的是通过积极、自由和有意义地参与发展及其带来的利益的公平分配，推动"全体人民和所有个人"福利的不断改善，或者说，是为其"提供日益增多的改善生活的机会"。④

---

① 汪习根：《发展权法理探析》，载《法学研究》1999年第4期。

② V. P. Nanda, International Law in the Twenty-first Century, in Perspectives on International Law, by Nandasiri Jasentuliyana, Kluwar Law International, 1995, p. 93.

③ 联合国大会1986年12月4日第41/128号决议通过的《发展权利宣言》，载赵永琛主编：《国际刑法约章选编》，中国人民公安大学出版社1999年版，第62页以下。

④ 黄志雄：《WTO体制内的发展问题研究——兼论国际发展法的完善》，武汉大学博士学位论文，2002年5月，第3~4页。

有关发展问题的重要条约，我们至少可以追溯至《联合国宪章》，虽然其中并没有明确发展的概念。宪章第55条规定：“为造成国际间以尊重人民平等权利及自决原则为根据之和平友好关系所必要之安定及福利条件起见，联合国应促进：（子）较高之生活程度，全民就业，及经济与社会进展。（丑）国际间经济、社会、卫生及有关问题之解决；国际间文化及教育合作。（寅）全体人类之人权及基本自由之普遍尊重与遵守，不分种族、性别、语言或宗教。”① 这表明宪章将国际经济与社会合作视为国际和平与安全的前提条件。然而国际经济与社会合作所欲达致的上述各项，与“发展”已经具有了太多的重叠。根据宪章的规定，《世界人权宣言》进一步在第28条规定：“人人有权享受本宣言所载权利与自由可得全部实现之社会及国际秩序。”② 许多学者认为后来的发展权是对该条款的一个详尽说明。

20世纪60年代以前，联合国工作的重点主要集中在如何建立一个和平的世界，以实现其维护国际和平与安全的首要目标。20世纪60年代，大批新独立国家登上了国际舞台，国际关系呈现新的变化。这一变化不仅促使联合国在结构上发生了很大的改变，而且也使得该组织的活动重心有了明显转移。第三世界国家不断提出了一些旨在改变它们经济上仍得不到独立、科学技术上落后以及政治上仍处于被轻视的地位的新要求。经济与社会发展、文化教育、人口控制、环境卫生等方面的问题在联合国日益受到重视。1961年，联合国大会决定以60年代为第一个“联合国发展十年”，并号召全体会员国团结一致，坚持努力，冲破至今依然使世界上许多地区受到折磨的贫穷、饥饿、愚昧和疾病的循环。这标志着联合国

① 《联合国宪章》，载王铁崖、田如萱编：《国际法资料选编》，法律出版社1986年版，第876～877页。

② 联合国大会1948年12月10日通过的《世界人权宣言》，载王铁崖、田如萱编：《国际法资料选编》，法律出版社1986年版，第151页。

将在发展问题上付出相对而言更多的时间、人力和财力。① 1970年联合国发展委员会在其包含《第二个联合国发展十年》建议的报告中说："发展对于发展中国家不仅意味着增加生产能力，而且包括了对其社会经济结构的重大改造。"该报告接着指出："发展的最终目的是为全体居民提供较好生活的机会。"②

目前，在联合国及其专门机构中，作为关于发展问题的工作渠道与机关有：联合国贸易与发展会议（UNTAD）、联合国开发计划署（UNDP）、国际复兴开发银行及其附属机构、经济合作与开发组织（OECD）的"开发援助委员会"等。国际发展法也从"应然法"逐步发展成为"实然法"。

从人权保护的角度看，无论对于个人、民族或者国家而言，还是对于最不发达国家、发展中国家或者发达国家而言（当然对于发展中国家和最不发达国家来说尤其重要），发展权本身的确具有不容否定的重要性。但是，人们通常过多地强调了发展对于发展中国家、最不发达国家和发达国家来说所具有意义的差别之处，把"发展权"作为"可能发生的冲突的症结"所在③，反而忽略了以国际法律制度的方式来关注以个人福利提升为主要目的的发展含义所具有的重要意义。这里我们应该强调的是另一层面上的意义，即将发展问题纳入国际法律制度中来，形成为国际发展法，并得到国际社会全体的认可，突破国际法是"国家间法"的传统意义，使个人成为国际法关注的最终指向。我们知道，欲达发展之目的，必须在消灭收入与财富分配上的不平等、消除贫困以及其他社会不公平，同时包括安排良好的就业机会、更多地供应食品与营养品、提

① 参见江国青著：《演变中的国际法问题》，法律出版社2002年版，第99~101页。

② ［英］J.G.斯塔克著，赵维田译：《国际法导论》，法律出版社1984年版，第315页。

③ 参见［美］熊玠著，余逊达、张铁军译：《无政府状态与世界秩序》，浙江人民出版社2001年版，第150页起。

供较好的教育与卫生设施等方面有所作为。国家在发展方面最大限度地承担义务，采取不同水平的国际合作步骤，以促进全体人民的发展和享受发展带来的福利。

我们再从发展权的主体这个角度来进行分析。对于发展权的主体问题，与人权的主体问题一样也存在着争论。有一种普遍的观点认为，国家不应该成为“人”权的主体。《发展权利宣言》英文作为准文本并没有谈及国家是受益者。在宣言的大多数地方，只有在涉及实施任务时才使用国家一词。在其他情况下，它使用“人民”和“人类”。“国家”（nations）一词在序言中被使用，但是一直被解释为人口的集合。①

发展问题的提出直至发展权的设置，具有直接和间接两方面的目的，直接目的无疑是为了提升个人和由个人组成的人民或人类的福利，消除贫困并使人们摆脱贫穷、饥饿、落后等困境，而间接的目的则在于维持国际社会的和平和安全。间接目的的实现只是直接目的实现之后的一种可能的后果，换言之，直接目的的实现之后也可能并不能实现间接目的。但是，仅从直接目的的意义上说，个人已经在国际法上得到了前所未有的重视。因此，发展问题实质上更大地提升了个人在国际法律体制中的地位。国际法律体制已经通过解决发展问题方面的努力正在实践把人作为行为基本目的来对待。

五、小结

在国际法上，我们还可以看到其他一些体现以人为本的价值追求的原则和规则的变化。例如，领土取得方式方面，从前的取得方式，如征服、兼并、时效、割让乃至于先占，多以国家的权力或实力为依据。现代国际法承认的领土变更方式中则凸显以全民公决来确定领土归属，以期自由表达实行民族自决的人民的意志，自由确定其民族领土的命运，反映了对领土上的居住者——人的尊重。

---

① 国际人权法教程项目组编写：《国际人权法教程》（第1卷），中国政法大学出版社2002年版，第457页。

人本秩序体现国际秩序的正义性，但是，人本秩序也是与目前国际法中的国家主权原则发生冲突的一种价值取向。虽然对于各国来说，都很容易接受和赞成以人为本的国内秩序，但是放之于国际秩序中来，则会引起发展中国家和不发达国家的深深忧虑。在国际实践中已经发生的诸如人权指责和批评、人道主义名义下的干涉等，印证了它们的忧虑并非空穴来风。理论上的正义性和实施上的可行性在国际社会建设人本秩序过程中产生了可以说不容忽视的矛盾。然而，这个矛盾并不能否定人本秩序本身，原因很简单，人本秩序具体阐释了当代应有的正义观念，它是全人类共同利益的基础。所以，对于人本秩序，我们需要清醒地认识它的正反两个方面。目前，至少还有两个问题对建设人本秩序具有致命的重要性。

（一）对于人本秩序而言，具有重要意义的人权概念尚缺乏充分的共识。人权概念经过长期发展，呈现出这样一种趋势，对人权内容的接受日益增多，对人权外延的认同不断扩大。在20世纪60～70年代以后，人权的外延已经明显突破了公民权利和政治权利与经济、社会和文化权利的范畴，出现了第三代人权，即发展权、环境权、和平权等，这必然使得围绕人权问题的斗争日益尖锐化。因此，要达成人权的完全共识还有很长的一段路要走。

尽管国际社会已经通过的《世界人权宣言》和其他一些人权文书确认了许多权利为人权，但是人们对人权外延的理解、解释和认同，仍然存有许多歧见。① 在一些外国人权学者眼中，人权概念具有复杂性。几乎可以说，有多少种文化，就会有多少种对人权概念的解释。而由于对人权概念的不同理解，其外延就相异其趣，所强调的重点也会不尽一致。伊斯兰国家对人权的界定和理解就是一个极好的例子。伊斯兰国家对于人权概念的使用颇具伊斯兰文化特征。最突出的是，文化相对主义在伊斯兰世界表述人权概念时得到了充分运用和发挥。在伊斯兰国家的人权理念中，人权概念被阐释

---

① 刘楠来主编：《发展中国家与人权》，四川人民出版社1994年版，第9～10页。

为真主的特权，人类享有的是真主赋予的权利。人权是设立与神有关的和产生这种关系的具有强制性的义务。人权的存在仅仅与义务有关，而不是权利。1990 年通过的《伊斯兰世界人权宣言》确认："基本权利和普遍自由是伊斯兰教的组成部分……是具有约束力的真主的命令。"日本一位学者甚至认为，伊斯兰的人权是指归属于服从真主的人的"特权"。① 在西方国家和广大的发展中国家之间还存在着关于人权主体、人权内容、人权与主权的关系等方面的不同。西方国家认为人权观念建立在个人基础之上；强调人权的政治内容；认为要保障人权，就必须限制或取消国家主权。而发展中国家则认为，人权也是一种集体权利的概念；经济及社会权利同公民政治权利相互依赖、相互支持，充分的经济权利和经济保障是实现人的公民及政治权利的物质条件；国家主权与人权是相互结合的，只有尊重国家主权，人权的实施才能得到切实的保障。②

西方学者也同意，"要达成对人权的共识还有很长一段路要走"。但是，他们认为，对于像伊斯兰国家这样的人权观异议，应寄希望于"伊斯兰较少地抵制国家作为现代社会的非宗教的独立地位"，从而使"伊斯兰法与先进的以西欧和北美为主的国际法融合"。③ 或许这也恰恰是难以达成人权共识的重要因素之一。

（二）必须防止人本秩序的异化，强调平等人权观，并把人本秩序与全人类共同利益相结合，在人本秩序与全人类共同利益相冲突时，接受全人类共同利益的导向。

平等人权观要求各国不将本国人的利益置于他国人的利益之上，不漠视其他国家的人的利益，尤其是大国、强国对此应予以足

---

① 李林：《人权概念的历史和文化解读》，载王家福等主编：《人权与21 世纪》，中国法制出版社 2000 年版，第 34～35 页。

② 参见朱文奇著：《国际人道法概论》，香港健宏出版社 1997 年版，第109 页。

③ ［德］沃尔夫刚·格拉夫·魏智通主编译，吴越、毛晓飞译：《国际法》，法律出版社 2002 年版，第 53 页。

够的重视。事实上，有些国家常常不能平等地对待他国与本国的人。试以战争中的人员伤亡为例。战争向来以人员损失为其主要特点，战争中大量的人员伤亡曾经被公认为是不可避免的。然而，拥有强大的军事和经济实力的美国却推出了所谓“零伤亡”理论。为减轻国际国内舆论压力，从海湾战争时起，美军企图追求打一种具有“完美”效果的战争，即在战争中尽量减少己方和对方平民的伤亡。美军希望通过“零伤亡”以及减少敌方平民的伤亡给自己所进行的各种战争披上“正义”的外衣，减少来自国内的阻力。事实上，1999 年的科索沃战争期间，美军以轰炸机、战斗机、巡航导弹对南联盟实施了密集轰炸，78 天的战斗给南联盟造成了 2000 亿美元的直接损失，使其国民经济“倒退了 20 年”，美军自己却无一人死亡。美军虽无伤亡，但是南联盟国民经济的大规模倒退却使该国人民的利益无以保障。阿富汗战争中，美军投下了近 25 万枚榴霰弹，造成大量平民伤亡。① 再以伊拉克战争初期为例。根据美联社巴格达 2003 年 6 月 10 日电，美国军方一位发言人说，自美国领导的联军出兵伊拉克以来，已有 205 名联军士兵丧生。其中，135 人在敌对行动中丧生，70 人死于友军炮火或其他事故。另外有 627 名现役人员受伤。而美联社进行的一次为期 5 周的调查显示，在从战争打响的 3 月 20 日截至 4 月 20 日，基于伊拉克 124 家医院中的 60 家（几乎包括了所有大医院）的记录，伊拉克全国至少有 3240 名平民丧生。② 由于伊拉克政府已经无法正常维持秩序，来自伊拉克方面的关于伊拉克平民死亡和受伤的确切人数已难以获得。美联社的统计由于种种显而易见的原因显然不可能足够全面和客观。

还有的国家把维持人本秩序作为干涉他国的手段和借口。例如，美国政府无视中国人权不断进步的客观事实，不负责任地把中

① 详见国务院新闻办公室：《2002 年美国的人权纪录》之“粗暴侵犯他国人权”部分，载《人民日报》2003 年 4 月 4 日。

② 《美公布伊拉克战争伤亡情况》，载《参考消息》2003 年 6 月 12 日。

国的人权状况描绘得一团漆黑。1990年以来，美国国务院《报告》每年对中国的指责洋洋数万言，2001年曾一度增至5.4万字。历年的结论总是称，中国"继续违背国际公认的标准，广泛地、有案可查地侵犯人权"，2002年的报告中虽然调子有所降低，措词有所缓和，但基调仍然是，认为中国"继续存在大量和严重的侵犯人权"。① 然而，美国对于其自身的种种人权问题，如暴力泛滥、枪祸不断、人民生命安全缺乏保障；警察施暴和司法不公、司法侵权现象严重；金钱操纵民主；贫困、饥饿和无家可归者有增无减；妇女、儿童和老人的生存状况令人担忧；种族歧视根深蒂固有增无减；粗暴侵犯他国人权，消极对待国际人权公约，至今拒不加入《经济、社会、文化权利国际公约》、《儿童权利公约》和《消除对妇女一切形式歧视公约》等重要公约等，② 却熟视无睹，只字不提。"将人权作为一种政治工具导致了国际法权威与国内法权威在国家主权问题上的冲突，也导致了国际法本身的平庸化。"③

---

① 董云虎：《评美国国务院〈2002年国别人权报告〉中国部分》，载《人民日报》2003年4月5日。

② 国务院新闻办公室：《2002年美国的人权纪录》，载《人民日报》2003年4月4日。

③ [美] 熊玠著，余逊达、张铁军译：《无政府状态与世界秩序》，浙江人民出版社2001年版，第149页。

第四章 国际法的目的性价值——全人类共同利益

第一节 全人类共同利益理论的产生

随着人类在控制其难以理解的自然力方面、在发展一种更为强有力的道德意识方面和在获得更高的相互理解力等方面的进步，人类的正义感也会变得更为精致。①

一、全人类共同利益理论的历史沿革

人类历史上曾经出现过众多的思想家，他们丰富的思想硕果使今天几乎每一种理论都可以追根溯源至遥远的时代。全人类共同利益理论也不例外。法学理论中很早就已经有了关注人类整体的思想萌芽，如早期的基督教哲学家相信，神授予不同的地区有限和不同的产品，目的是为了让人类进行贸易，这样，通过世界经济使他们变成统一的世界社会，变成统一的神的孩子，学会互爱。②

在斯多噶派（Stoa）时代，哲学思想渐渐从狭小的城邦国家走出，进入世界理性。斯多噶派学者认为，存在着一种基于理性的普遍的自然法，它在整个宇宙中都是普遍有效的。它的要求对世界各

① ［美］E. 博登海默著，邓正来译：《法理学、法律哲学与法律方法》，中国政法大学出版社 1999 年版，第 12 页。

② ［美］大卫·A·鲍德温主编，肖欢容译：《新现实主义和新自由主义》，浙江人民出版社 2001 年版，第 12 页。

地的任何人都有约束力。而且，斯多噶派哲学家还教导说，人类世界不应当因其正义体系不同而建立不同的城邦国家。他们创立了一种以人人平等的原则和自然法的普遍性为基础的世界主义哲学（cosmopolitan philosophy），其终极理想就是建立一个所有的人都在神圣的理性指引下和谐共处的世界国家（a world-state）。西塞罗（Cicero）认为理性人的特征是按照理性给予每个人以应得的东西，并指出这种态度最初也许仅限于家庭、亲戚和朋友；然而随着文明的扩展，这种态度必定会扩大适用于同胞和政治同盟，最后还会扩展至全人类。正义是人类集体幸福的一个必要条件。塞涅卡（Seneca）强调，基于共同的本性，一切人都是亲戚，邻人之爱的信条由此产生。与之相似，爱比克泰德（Epikte）宣扬基于理性之上的人爱和世界公民学说，人不再仅仅作为组成国家的生物，且还是社会的"慈善的"生物。① 古代的斯多噶派学者把自己当作世界公民的观念，可以看做是对世界上国家中心论的最早挑战。

然而，萌芽终究只是萌芽，古代学者的全人类观念并没有得到广泛的认可。限于当时科学技术等方面的客观情况，当时的"全人类"所包括的范围也非常有限，不能与今天同日而语。但是，这一思想萌芽在人类思想史上的重要意义却不容忽略，它为后来人类整体观念的发展奠定了基础。

16世纪的西班牙著名神学家维多利亚（Vitoria）通过对国际法适用范围的论述，从法律的角度对整个人类社会予以关注。1557年，他在萨拉曼卡（Salamanca）大学公开讲授的特别讲义出版，书名为《神学随感录》。其中有两篇讲义即《晚近发现的印第安人》和《关于西班牙人对野蛮人的战争法》，均提出了当时的重大政治问题和社会问题，即保护印第安人免受那些在哥伦布发现美洲

---

① 参见［美］E. 博登海默著，邓正来译：《法理学、法律哲学与法律方法》，中国政法大学出版社1999年版，第13～15页；［德］阿图尔·考夫曼、温弗里德·哈斯默尔主编，郑永流译：《当代法哲学和法律理论导论》，法律出版社2002年版，第67页。

大陆后迁去的西班牙殖民者的极端惨无人道的迫害问题。维多利亚在讲义中根据自然法肯定了西班牙人在美洲访问、居留和通商的权利，但否定了屠杀无辜、奴役和占有的权利。他说，不论是美洲印第安人那样的异教徒也好，或是欧洲的基督教徒也好，都是根据所有的人都是人这一共同本性而构成普遍的人类社会，这种社会受适用于一切人的共同法（万民法）的支配，此法律保障一切人都享有人的基本权利。因此，西班牙人对印第安人进行的战争，也应该受到在普遍的人类社会中通用的战争法的约束，不能允许借口异教徒或野蛮人而对他们施加惨无人道的迫害。① 维多利亚所论述的普遍人类社会和这种社会为共同法所支配的根本思想，使国际法突破了欧洲区域的局限，而演变为适用于全球人类社会，具有真正"国际"含义的国家间规则。同时，也体现了从法律的角度对整个人类社会应该予以的重新审视。

接下来，资本主义在西方国家的盛行导致西方国家国内法律制度的理论研究有了重大的发展和进步。贝卡里亚（Beccaria）在他的名著《论犯罪与刑罚》的引言中说："我们翻开历史发现，作为或者本应作为自由人之间公约的法律，往往只是少数人欲望的工具，或者成了某种偶然或临时需要的产物。这种法律已不是由冷静地考察人类本质的人所制定的了的，这种考察者把人的繁多行为加以综合，并仅仅根据这个观点进行研究：最大多数人分享最大幸福。"②虽然贝卡里亚当时所思所想可能更多地是在考虑国内法或者更进一步地说是刑法问题，但是对于包括国际法在内的法律整体而言，"最大多数人分享最大幸福"仍不失为一个重要的立法准则。如果把"最大多数人分享最大幸福"引入到国际社会中来，似乎暗含着尊重全人类共同利益的意思。

从国际法律制度产生的实践角度来看，早期的人类共同利益理

---

① 杨泽伟著：《宏观国际法史》，武汉大学出版社 2001 年版，第 56 页。

② ［意］贝卡里亚著，黄风译：《论犯罪与刑罚》，中国大百科全书出版社 1993 年版，第 5 页。

论更多的是源于一国对争取本国权益的支持。从关于公海自由原则的论述中，我们可以发现早期的关于人类共同利益的观点。中世纪后半期，国际社会就开始由国家对于公海的某些部分主张主权，到了近代国际法逐渐产生之时，各国通常认为它们能够推广它们的主权到公海的某些部分。因此，葡萄牙主张对于全部印度洋以及在摩洛哥以南的大西洋的主权，西班牙主张对于太平洋以及墨西哥湾的主权，瑞典和丹麦主张对于波罗的海的主权，英国也相应提出了自己的要求。1580 年，时任西班牙大使的门多萨（Mendoza）就德雷克（Drake）在太平洋所作的有名的航行向伊丽莎白（Elizabeth）女王提出抗议。伊丽莎白答复称，因为海洋和空气的使用是一切人类所共有的，海洋不能属于任何国家所有，因为从自然和公共使用的考虑出发都不允许对海洋加以占有，因此一切国家的船舶都可以在太平洋上航行。① 在法国，1795 年格列高利（Crogoire）僧正向国民议会提出一份《国际法宣言》，其中第 8 条规定："凡属使用而不致罄竭、消失之物，例如海洋，应属于所有国家，不得成为任何国家的私有财产。"② 在这个时期，人类共有的真正含义实际上是指所有国家的共有。这是国际社会中国家中心论的另一种隐蔽的体现。

全人类共同利益价值初步形成的重要标志是"人类共同继承财产"概念和原则的提出。19 世纪末拉丁美洲国际法学家 A. 贝洛（Andres Bello）在其《国际法原理》一书中指出，海洋中的货物可以属于人类的承袭财产，而不标上个人所有的记号。1958 年，联合国的文件中正式出现"人类共同继承财产"（common heritage of mankind）的概念。当时联合国第一次海洋法会议主席、泰国代表在其致词中提到"海洋是人类的共同继承财产"。1967 年马耳他常驻联合国代表帕多（Avid Pardo）在其提交的建议和备忘录中，正

---

① ［英］詹宁斯、瓦茨修订，王铁崖、陈公绰等译：《奥本海国际法》（第 1 卷第 2 分册），中国大百科全书出版社 1995 年版，第 154 页。

② 李家善著：《国际法学史新论》，法律出版社 1987 年版，第 132 页。

式提出了“人类共同继承财产”概念，这被许多国际法学者引证为该概念的正式渊源。

人类共同继承财产原则有其自己的法律内涵，但是各国学者、专家基于不同的意识形态对其含义有不同的理解。帕多的建议与备忘录认为该原则应包含四个因素：（1）任何国家不得将国际区域的任何部分据为己有。（2）国际区域的资源开发应遵照联合国的原则和目的进行。（3）国际区域应为全人类的利益而使用，特别要促进贫穷国家的发展。（4）国际区域应专门保留用于和平目的。还有其他学者提出自己的观点，如卡塞斯（Cases）的五要素说①等。不过，这些学者的观点至少在以下两个方面具有一致性：第一，国际区域及其资源由全人类所共有，任何国家不得对之主张排他性权利。第二，绝对保障国际区域的和平与安全，使其成为永久性的非军事区和无核区。②“人类共同继承财产”概念是在认识到存在于不同民族和国家之间的系统的不平等后建立起来的，是用来监控该土地及其上之财富和自然资源的分配、占有与开发的方法。它主要目的在于防止国家或私人对某些资源的占有权，但允许这些资源在特定情况下，在考虑到环境保护的代价的前提下，为了全人类利益加以开发利用。

1979 年 12 月 5 日联合国大会通过的《指导各国在月球和其他天体上活动的协定》第一次将“人类共同继承财产”原则写进国际公约，该协定第 11 条宣告：“月球及其自然资源均为全体人类的共同财产……”而更有影响力的是 1982 年的《海洋法公约》，其第 136 条宣布：“（国际海底）‘区域’及其资源是人类共同继承

① 五要素分别为：（1）国际区域不得由个别国家据为己有。（2）由国际组织机构管理区域的资源开发活动，开发所得到利益应为全人类的利益服务。（3）国际区域不得用于军事目的。（4）采取措施保护区域的环境，防止污染。（5）促进“区域”科学研究。

② 参见万鄂湘著：《国际强行法与国际公共政策》，武汉大学出版社 1991 年版，第 127～130 页。

财产。”

《海洋法公约》“最具有历史意义的，也许是公约第十一部分（国际海底区域）所确认的‘人类共同继承财产’概念和以这一原则为核心的一整套国际海底区域开发、管理制度。人类共同继承财产原则明确要求：任何国家或个人都不能把国际海底区域及其资源的任何部分占为己有，这一区域的开发要为全人类谋福利；各国都有公平地享受海底资源收益的权利，发展中国家和未取得独立国家的人民的利益应得到特殊照顾。这一原则否定了少数发达国家企图将公海自由原则适用于国际海底区域，从而其资源由各国自由开采的主张。事实上，海洋法公约的很多条款都蕴含着这样一种思想：只有那些考虑到整个国际社会利益的国家行动才能够进行。”①

人类共同继承财产概念的最大贡献是开始把全人类作为一个单独的主体，它引导着人们对国际法的价值观作新的探索。

二、追求全人类共同利益的现实背景

世界已经发生和正在发生的变化是追求全人类共同利益的现实背景。这些变化主要表现为：科学技术发生了飞跃性进步，由此导致人类活动范围扩大，人们的视野也相应地扩大，人们所面临的威胁同时大大增加。随着国家间的联系日益紧密，人类生活的相互依存程度日益加深，有人称之为“全球化”，也有人称之为“一体化”。这个时代产生的很多问题已经不再是对某个国家或某些国家构成威胁或造成影响，也不再是某个国家或某些国家有能力自行应付和解决的，于是就有了人类共同面对这些重大问题的必要性。

（一）战争与和平问题

武装冲突和战争是人类社会很早以来一直希望消灭的现象，但是它们却总是如影随形般挥之不去，成为人类社会的一道难解之题。在20世纪的上半叶仅仅20年的时间里，竟然发生了两次史无

---

① 曾令良主编：《21世纪初的国际法与中国》，武汉大学出版社2005年版，第25页。

前例的世界大战。两次世界大战的死亡总人数达8 000万人以上，给人类带来的财产损失更是不计其数。虽然吸取两次大战的教训，在国际法上已经宣布战争为非法，但是这并没有在人类社会中真正地收到泯灭战争或武装冲突的实效。在联合国成立后的五十多年时间里，全世界发生了一百多场严重的武装冲突，死亡总人数并不亚于第一次世界大战。据2000年9月10日日本《每日新闻》一篇社论中提出的数据，仅在最近十年中，因地区冲突与战争失去生命的总人数已经超过500万人。

时至今日，我们虽然已经进入一个高度文明与发展的时代，但是世界各地仍有三十多场大大小小的流血冲突正在继续大量吞噬着人类的生命和财产。有战争，就会有军备竞赛；军备竞赛的结果更容易诱发战争。在武装冲突及战争频发的年代里，军备竞赛是很难控制的。第二次世界大战以后，世界的军备开支，长期呈上升趋势。① 这是对人类的一个重要威胁。

此外，核武器、生物武器、化学武器等也对人类构成严重威胁。科技发展提高了人类文明程度的同时，也为摧毁或破坏人类文明提供了更大的可能性。仅以核武器为例。随着人类历史上第一颗原子弹的爆炸声，世界进入了核时代。国际法院关于以核武器相威胁或使用核武器是否合法的咨询意见中指出，核武器对人类构成重大威胁。由于核武器是一种通过原子的聚变或裂变产生能量的爆炸性装置，它在使用过程中不仅释放出大量的热和能，还释放出强烈的、持久的辐射。这些特点使核武器具有潜在的灾难性，它们有毁灭地球上一切文明和全部生态系统的潜力。核武器的破坏力不能被空间和时间所遏制，核爆炸所释放的辐射会在非常广泛的区域内对身体健康、农业、自然资源和人口产生影响。使用核武器还会严重地危及后代。电离辐射对未来的环境、食物和海洋生态系统可造成

① 梁西：《国际法律秩序的呼唤——“9·11”事件后的理性反思》，载邵沙平、余敏友主编：《国际法问题专论》，武汉大学出版社2002年版，第34～35页。

潜在的损害，并能对后代造成基因缺损和疾病。① 有专家认为，进入21世纪之后，可能会陆续有二十多个国家拥有核武器。这将使因有核国家领导人的一时丧失理智或一个小国的被逼无奈而导致核战争的风险大大增加。

（二）南北贫富差距问题

国际社会中长期以来一直存在着南北国家间的贫富差距问题，时至今日，这个问题不仅始终未能得到解决，反而越来越严重。

仅以世界上最不发达国家的数量为例。20世纪80年代，联合国大会制定了认定"最不发达国家"的标准，主要包括三个方面：人均年国民生产总值在250美元以下；制造业在国民生产总值中的比重低于20%；文盲占全国人口总数的80%以上。按照这个标准，全世界列入最不发达国家的，20世纪80年代为31个。可是，进入20世纪90年代后，最不发达国家不仅没有减少，反而增加到了48个。2001年5月14日，联合国在布鲁塞尔召开"第三次最不发达国家问题会议"，此时的最不发达国家已增加到49个。世界上最穷的地区在继续扩大，平均每隔一年就要增加一个最不发达的国家。反向观之，近二十年来，全球经济有了巨大而辉煌的发展，全世界国民生产总值已达到约20万亿美元。据统计，现在世界上排名在前三位的最富有的三个人的财富，竟然超过了49个最不发达国家的国内生产总值之和。据1990年的文件披露，四十多个最不发达国家的债务已经高达700亿美元，每年仅付利息就几乎占这些国家收入的30%。而据西班牙《国家报》2000年文章的统计资料，现在世界上20%的最富的国家，消费着全球86%的产品，其余80%的人口，尽管代表着世界大多数的自然资源拥有量，其消费量却只占14%。全球第三世界国家的债务负担已经增加到了2.5万亿美元，消耗了它们出口收入的25%。

南北贫富差距越来越大，世界经济形成了结构性危机。由于世

① 李兆杰主编：《国际人道主义法文选》，法律出版社1999年版，第8～9页。

界经济相互依赖程度的加深，南方国家的贫穷将成为发达国家经济发展的严重障碍。有识之士早已指出，发达国家需要作更大的努力来帮助它们的欠发达的邻国，这不仅是出于利他主义的原因，而是由于像卡特（Carter）所说的“我们全都在一条船上”。除非作出更多的努力，否则南半球的问题必将会蔓延到北半球。以1997年开始的亚洲金融危机为例，它冲击到全球各地，人们无不担心世界经济危机的出现。①

（三）人口、资源与环境问题

世界人口在持续增长，由于受到文化知识、科学技术等条件的限制，人口增长最快的正是发展中国家和最不发达国家。据世界银行的资料显示，1992年世界人口为53亿，而且还在以每年9 300万人的速度增长。② R. 马尔萨斯（Robert Malthus）在他的名著《人口论》中早已发出警告，如果人口的增长得不到抑制，那么人口将会呈几何级数增长，从而导致人类对资源等生活必需资料的激烈竞争。由于人类共享的、惟一的地球上有很多资源属于不可再生的，一旦罄竭，后果不堪设想。目前，有限的地球资源不得不承受着养活60亿以上人口的重任。人口的无限增长，将进一步加剧粮食、供水、住房、交通、医疗卫生等方面的负担。

从制造业技术、能源技术、交通运输、医疗卫生等传统产业技术到现代核技术、生物技术、激光技术、航天技术、新材料技术、通信技术甚至微电子与计算机技术等，它们在促进社会进步的同时，也因为人类对其有意或无意地不合理滥用而给人类的生存环境造成危害。像今天在国际上普遍存在的海洋污染、海洋资源破坏、

① 参见梁西：《国际法律秩序的呼唤——“9·11”事件后的理性反思》，载邵沙平、余敏友主编：《国际法问题专论》，武汉大学出版社2002年版，第37~38页；潘抱存著：《中国国际法理论新探索》，法律出版社1999年版，第98~99页。

② 世界银行编：《1992年世界发展报告——发展与环境》，中国财政经济出版社1992年版，第25页。

森林破坏和生物多样性破坏、沙漠化、极地污染、臭氧层破坏、温室效应与气候变化、大气酸化、太空垃圾、核污染和危险废物及其转移等环境问题，可以说都是人类在过去几个世纪的行为积累的后果。

联合国秘书长安南在《〈21 世纪议程〉执行情况报告》中指出，世界上土壤退化影响了约 20 亿公顷土地，约占农业用地的 2/3；许多国家缺乏淡水，北非和西亚地区特别严重；11 000 个物种受到灭绝的威胁，其中 800 个物种已经消失，今后还有 5 000 个物种会受到威胁；1/4 的鱼类被过度捕捞，大西洋和太平洋部分地区已经达到最高捕捞限度；森林破坏以每年 1 400 万公顷的速度发展，大部分在发展中国家，非洲和南美最严重；全球一半的木材砍伐被用作燃料，其中 90% 在发展中国家；破坏臭氧层的气体排放量只有轻微下降，交通能源消耗每年增长 1.5%，此领域二氧化碳排放量今后 20 年还会增长 3/4；还有 20 亿人依靠生物能源。① 根据欧洲自然基金会统计，人类以每年 6% 的速度失去淡水生态系统，以每年 4% 的速度失去海洋生态系统。② 种种数据表明，地球环境正在从整体上日益恶化。随着全球化进程的逐步深化，最不发达国家和发展中国家与发达国家的贫富差别继续拉大，贫穷国家处境将更加艰难，发展中国家发展潜力也会下降，它们的环境水准必然不断滑坡。

当然，人类社会共同面临的问题并不仅限于以上三个方面，如难民问题、教育问题、恐怖主义问题、毒品问题、权力政治问题、全球化问题等也都是非常紧迫的，这里不再逐一列举和论述。

---

① 参见安南：《〈21 世纪议程〉执行情况报告》，转引自《人民日报》2002 年 1 月 30 日。

② 张乃根主编：《21 世纪的中国与国际法》，上海人民出版社 2002 年版，第 467 页。

第二节 全人类共同利益的价值内涵

"全人类共同利益"的中心词表面上看应是利益，但是在国际法学上具有重要意义的却是"全人类"这个概念。全人类共同利益的重要意义在于把整个人类作为一个整体，以国家或其他集合体为代表的人类活动应为人类整体谋求福利，或至少应限制有碍于全人类整体利益的人类活动，以全人类整体的利益为国际法的目的性价值取向。

一、全人类共同利益的范畴界定

全人类共同利益的含义应该有一般含义和特殊含义之分。从一般意义上讲，所有人类追求的美好事物，如和平、安全、自由、平等、生命、健康、发展等，都是包括在内的，这是一种大而化之的概念，其实质是把全人类利益作为人生存与发展的代名词，由于它所包含的内容过于宽泛反而扼杀了它的生命，使其不再是一个拥有特殊含义的概念和名词。在从国际法价值的角度来使用"全人类共同利益"概念这样一种特殊情形下，我们可以将其特定为：人类整体的生存与发展而不是单个人或民族、种族、国家的生存与发展所必需的利益。

全人类共同利益既不是某个单一国家的利益，也不是国际社会中各国利益的简单相加。关于人类社会有高于各自国家利益的利益，关于人类社会的利益可能高于各国利益之和的信念，已得到越来越广泛的传播。① 有很多问题，如外层空间和海洋的和平利用、臭氧层的保护、生态的保护、非殖民化、穷国的发展等，如果离开了全人类共同利益这个概念，是无法得到正确的理解和解决的。

加勒特·哈丁（Garret Hardin）最早发明的"公地悲剧"的隐

---

① ［美］熊玠著，余逊达、张铁军译：《无政府状态与世界秩序》，浙江人民出版社 2001 年版，第 187 页。

喻，是揭示全人类共同利益的极好例证。它描绘了一个开放的、属于一个群体中所有成员的牧场——这就是公地。作为一个理性人，每一个牧人都寻求他的以放养牲畜数量增加量来衡量的收益的最大化。把各部分效用加在一起，理性的牧人得出的结论是，惟一对他合理的事就是争取增加放养牲畜的数量——多加一头，再多加一头。这是分享公地的每一位理性牧人都会得出的结论。"悲剧就在这里"，哈丁写道，"每个人都被锁定在一个体制中，这个体制迫使他在一个有限的世界中无限制地增加他的放养（即利己主义）。在一个信仰公地自由使用的社会中，每一个人都追求他的最佳利益，毁灭是所有人趋之若鹜的目的地。公地的自由使用为所有人带来了毁灭。"① 以国家代替牧人，我们会发现同样的结局也会出现在国际社会中。受竞争性的自我主义的利益驱动，个别国家可能因为开发利用、生态污染或仅仅是忽视而摧毁现有的公地，如大气层中的臭氧层、动物和鱼类、森林和表土，并进而影响到其他的非公地资源。除了出于全人类共同利益考虑的共同行动，不存在保护这些公用资源的任何可能。

然而，正如国际法与国家不能完全割裂一样，作为国际法价值的全人类共同利益也无法与国家利益相割裂。

"整个来说，目前的国际法通过各国内法律秩序的中介，间接地使个人承担义务并授予其权利。国际法规范大多是不完全的规范，它们需要国内法规范来完成。国际法律秩序预定要有国内法律秩序的存在。没有国内法律秩序，国际法律秩序就会是法律秩序的不能适用的断片。因此，参照国内法是国际法规范意义中所固有的。在这一意义上，国际法律秩序'委托'国内法律秩序来完成自己的规范。"② 在21世纪的国际社会中，国家主权原则仍应是至

① 转引自［美］熊玠著，余逊达、张铁军译：《无政府状态与世界秩序》，浙江人民出版社2001年版，第189页。

② ［奥］凯尔森著，沈宗灵译：《法与国家的一般理论》，中国大百科全书出版社1996年版，第382页。

高无上的处理国际关系的基本原则，但是我们不应仅仅强调国家主权，而且还必须看到全人类的整体利益。由于主权对外是独立的，因而具有屏障外部力量对国家内政的干涉的重要作用。这种屏障作用使主权也可成为抵制全人类共同利益的理由，妨碍全人类共同利益保护协调机制的形成。主权对于国家独立的积极作用同时也可成为追求全人类共同利益过程中的消极因素。

关注国际社会的整体利益，为了全人类的共同未来携手进行国际合作、协调乃至必要的让步或牺牲自我的一定利益，而不是进行“你死我活”的斗争，是处理现实国际关系时必须予以考虑的因素，因为这样可能更有利于实现各国的根本利益。以欧洲一体化为例，虽然欧盟成员国间存在着差异、矛盾甚至冲突，但由于经济全球化趋势的发展及欧盟各国经济相互依赖程度的不断加深，特别是由于仅靠各国的力量已无法应付它们各自所面临的竞争与挑战，实行更高层次的联合或合作成为各国的共同需要，以至为此不惜作出一些让步和牺牲。① 国家在国际社会中常常体现出的“合群性”，是全人类共同利益得到保障的关键因素。

全人类共同利益的主体既然是全人类，接下来还必须解决以下两个相关问题：谁有权代表全人类共同利益？谁有权对于损害全人类共同利益的国家实施制裁？如果这两个问题不能得到公正合理的解决，个别国家很可能自封为全人类共同利益的代表者，假借维护全人类共同利益的名义，将其国内法或国家意志强加于其他国家之上，对其他国家的内政外交事务进行粗暴干涉，滥用全人类共同利益之名。

二、全人类共同利益的方法论依据

全人类共同利益可以通过采用一种新的国际法学研究方法——系统方法进行论证。换言之，系统方法是倡导全人类共同利益的重

① 郭玉军：《把握21世纪国际私法的发展趋势——评〈国际民商新秩序的理论建构〉》，载《法学研究》1999年第3期，第150页。

要方法论依据。所谓系统方法，是20世纪下半叶在现代生物学和物理学重大发现的基础上而产生的一种科学研究方法。

20世纪下半叶现代生物学和物理学的新发现表明，世界不能分解为独立存在的最小单位，它是一个复杂的关系网，同时是一个统一的整体，因此对世界的了解只能通过把握各部分之间的相互关系来进行，而不能孤立地看待问题。在这一认识的基础上，系统方法主张将研究对象作为系统加以综合考察，强调整体与部分、系统内各个部分之间的相互联系、相互作用。所谓系统，既可以是生命的，也可以是非生命的，它是一个内在统一的整体；系统通常表现为多层次的结构，每一层次由子系统组成，每个子系统相对于其他部分而言都是一个整体，相对于大的整体而言又是部分。以生命系统为例，从分子到细胞、器官、消化或神经等系统，到人，到家庭、部落、社会乃至民族，所有这些实体都可以被视为内在统一的整体，而相对于较高层次的实体而言又可以被视为部分。①

长期以来，人们一直把国际社会作为一个分裂为一个个独立主权国家的集合体而不是一个单一的整体来看待，国家是国际社会的基本组成部分，各国之间建立横向的平等关系。国际法的形成条件中有一个重要因素，就是平等主权国家间体制的建立。从历史上看，国际法形成之初的国际社会还只包含有限的国家主体，并非世界上所有国家都能成为国际法的主体，因而当时以"文明国家"标准来确定国家的国际法主体地位。最早形成"社会"的欧洲国家只承认欧洲基督教文明各国为国际团体（family of nations）的成员。后来，国际团体的概念逐步适用到欧洲之外，至19世纪末和20世纪初的两次海牙和会后，才将"国际团体"一词扩大为"国际社会"（society of nations）。经过两次世界大战之后，世界上相距甚远的各个地区性社会逐渐联结成了一个包括所有国家在内的普

① 参见张若思：《系统方法与国际法》，载《环球法律评论》2001年冬季号。

遍性的国际社会。① 但是，国际社会的产生没能打破以国家主权为基本原则的国际社会秩序的建构。

正如亚当·斯密（Adam Smith）告诉人们的，政治生活的第一要旨是其地域性。从根本上说，很难说服人们对身处的地域之外的所谓全球性问题施以多大关注。② 由于国家享有最高权力，国际法成为一套最低限度的共同标准，一种给各国提供基本秩序和可预见性的最低限度的保障。这是长期以来国际社会中存在的实际状况，与人类的正常需要一样被视为理所当然的，并得到了广泛的认可。传统国际法的实质是保障国家—社会作为一个个内在的封闭体系和相互关系中的领土所有者运转的最低法律必要，体现出显然的双边特征。③ 应该说，在人类社会科学技术尚不发达的时代里，把一个个单一的国家分别视为一个整体来对待，在国家主权原则的基础上仅在必要的如外交、军事、经济等领域里考虑整个国际社会的联系，是很有其合理性的，从实践看也确实取得了不错的效果。与以前相比，现代国际法已经在数量和质量上都发生了很大的变化，但是，它仍未摆脱表现为各国不干涉国际法上的他国主权范围内事项、以条约形式从事法律事务等特征的基本框架。

科技高度发达的今天，以国际社会（society of nations）为基础的共存时代的国际法或共处的国际法已经不再能满足新形势下的要求。如前所述，在很多领域产生的问题，已经不再是一个国家或一些国家自己的问题，也不再是一个国家即使是世界上最强大的国家能够独力解决的问题；即使是一个国家中发生的问题也不必然只与该国有关系，反而可能对其他国家具有重大影响，如一国国内武装

① 参见梁西：《国际法的基础与性质》，载邵沙平、余敏友主编：《国际法问题专论》，武汉大学出版社 2002 年版，第 2 页。

② ［英］约翰·迈克斯威特、爱德瑞恩·伍德里奇著，盛健、孙海玉译：《现在与未来——全球化的机遇与挑战》，经济日报出版社 2001 年版，第 23 页。

③ See B. Simma , From Bilateralism to Community Interest in International Law, in Hague Academy of International Law, vol. 6 (1994), p. 229.

冲突可能对邻国、本地区产生的经济、社会、生态等影响。人类科学技术能力的迅速发展，使地球变得越来越小，也使越来越多的人在这个日益狭小的空间中生活，国家间产生日益复杂的相互依赖关系，国家不再是一个个完全封闭的系统。于是有了一个新的“国际共同体”（international community），与通常的“国际社会”（international society）相区别。国际共同体观念是从一个新的视角来看待国际体系，要求国际体系的焦点由国家转向全人类，把人类整体作为一个系统对待，把国家视为有着千丝万缕的联系和日益紧密的相互依存性的人类整体之下的子系统。强调整体，强调其内在的相互关系，如存在于国家间的、民族间的、种族间的以及它们相互间的、人类与自然环境间的各种复杂关系，有助于重新确定国际法在新形势下的作用。

仅以环境问题为例。在国内层面上，由于环境资源权力配置不当而产生成本外部化，企业作为“经济人”多单纯追寻利润，而不顾环境后果；很多法律制度得不到贯彻执行，大多数依赖环境的普通民众无能为力；同时，由于国内地方经济保护主义，有些政府部门不是在改良环境，而是短视地放任企业从事破坏环境的生产。类似地，在国际层面上，有的国家片面地追求经济增长，使人民健康受到直接的威胁，未来的发展潜力受到严重的破坏。在国际社会中经常由于一些国家的不理性行为而出现只重视现在和强化某些国家集团的利益却忽略全人类共同利益的情况。由于从国内到国际，大量的有责主体都将片面的、局部的经济利益放到第一位，优先考虑自己的利益，所以造成了经济未得到实质改善，环境质量却又大幅下降的后果。① 这是生态系统的完整性与全球的主权分割之间的矛盾，它给我们提出了一个调整“整体与部分”间关系的问题。

---

① 何志鹏：《国际环境法的困境与出路》，载张乃根主编：《21世纪的中国与国际法》，上海人民出版社2002年版，第468页。

三、全人类共同利益体现的国际法本位观

法律的本位原是民法学的一种观念。在民法由近代自由资本主义民法向现代垄断资本主义民法的演进过程中，出现了从个人本位向社会本位的转变，加强了国家对个人的绝对自由的干预。社会本位的特点在于国家通过强调社会利益，对个人权利作出适度限制。20世纪以来，社会本位已经成为世界各国立法的主导思想和法律规范的主流。当然，这种意义上的社会本位虽然十分强调社会公共利益或准则，仍只是从一个国家自身的利益、需要和传统出发，是限于某一特定国家的“社会本位”。李双元教授把它称为“国家本位”以区别于“国际社会本位”，并指出，21世纪法律具有从国家本位向国际社会本位转化的趋势。①

国际社会本位观点的客观基础及其产生的必然性是由于21世纪国际政治、经济关系的变革及科学技术的迅猛发展，使人类面临许多共同问题。在许多问题不能由一国国内法自行解决的情形下，人类社会的国际合作与协调势必加强，孤军奋战可能会力量绵薄，杯水车薪，必须借助国际社会的通力合作与共同努力。所以国家主权观念将会有新的发展，国家行为应受到基于维持全人类共同利益而产生的国际法规范的制约，而在各国国内立法中必须采取一些共同的准则和共同的价值标准，不能仅仅基于本国、本民族的利益而肆意妄为。个人私权利的行使也必须遵守不损害第三人、不损害社会和国家利益、不损害全人类和整个人类生存环境的共同利益这一原则。② 我们可以注意到，上述的观点都是在国际民商新秩序理论建构中提出来的，国际民商新秩序无疑是国际秩序的一个方面，若仅以在这个特殊领域中产生的理论或原则去推论出国际法本位观的

---

① 参见李双元、徐国建主编：《国际民商新秩序的理论建构》，武汉大学出版社1998年版，第12页。

② 郭玉军：《把握21世纪国际私法的发展趋势——评〈国际民商新秩序的理论建构〉》，载《法学研究》1999年第3期，第142页。

变化，似乎难逃以点代面、以偏概全之嫌，但把它作为国际法本位观产生变化的证明之一却是未尝不可的。

国际社会本位提出了一个新思路，但它在含义上不是非常清晰，而且中文意义上的国际社会与哪一个英文词组相对应是个复杂问题。从近年来的一些国际法学者的研究看，很多人认为国际社会应当是体现一种较之以前的"society of nations"或者"international society"紧密得多的"international community"，即"国际共同体"。对于所谓"共同体"，凯尔森（Kelsen）说它"不过是调整个人相互行为的那个规范性秩序而已。'共同体'一词所指的只是某些个人的相互行为为一个规范性秩序所调整这一事实。认为个人是共同体成员这一陈述，只是一个隐喻性的说法、一个形象化的描绘，说明这些个人之间的各种特别的关系，即为规范性秩序所构成的关系。"① 由此来看，共同体是基于规范性秩序的存在而形成的，它尚且不能说是一个规范性秩序形成的前提。

国际社会中主权国家的存在，是长期以来存在的一个现实，也是在可预见的时间和空间中不太可能泯灭的一种现象。那么，"international community"，即国际共同体，它体现的是怎样一种利益呢？对这一问题的回答，可以是仁者见仁而智者见智的。人们既可以把它视为由国家构成的国际社会的利益体现，也可以视为由所有的自然人构成的全人类整体的利益体现。历史和现实已经表明，主权国家为了维护自己的国家利益，拥有迄今为止的所有个人、法人、机构、国际组织都不曾拥有的巨大权力，而它们非但没有能够解决人类的所有困难，反而在当代发生了越来越多的主权国家无法独力应付的严重问题。主权者在统治、管理和建设国家中仅为当代人谋福利的指导思想、主权者所遵循的简化论的治国方式、地球完整的生态系统与政治上"国家林立"的人类社会"分而治之"的对立，导致第二次世界大战以后日益明显的环境恶化状况，使人们不

① ［奥］凯尔森著，沈宗灵译：《法与国家的一般理论》，中国大百科全书出版社 1996 年版，第 205 页。

得不对国家这个利益主体日益感到怀疑。① 这也反映出，在应对这些问题的时候，强调构成国际社会的国家的利益已经显得力不从心。

第二次世界大战后累积起来的全球性变迁，已经改变了以国家为中心的现实，要求在国际关系上提供一种新的视野。② 也许跨越国界的阻碍，把地球上的最高级生物——人作为国际社会的构成者，将能够有助于这些问题的真正解决。作为万物之灵的人，因其高超的智慧而在地球上甚至在外空中发挥着举足轻重的作用，我们不能说人独力创造了这个世界，但是我们可以肯定地说人能独力毁灭这个世界。人类的发展与地球存亡息息相关。把全人类整体作为一个利益主体来对待，已经成为人类生存发展和人类文明演进的迫切需要。全人类共同利益的外延已经超过了人类利益本身而要求人类与其他生物间的共存。现行的建立在国家之间或当事方之间的关系上，并以国家间或当事方间的权利义务的平衡和对等为基础的现代国际法体系不能满足国际社会对于调整超越国家间或当事方间利益的更高层次的利益的需要。“我们已经进入一个国际法的时代。在这个时代，国际法不仅促进单个国家的利益，而且超越它们和它们的地方性利益，着眼于更大的人类的和行星的福利”。③ 具有历史意义的改变在静悄悄地发生：国际社会逐渐向共同社会、人类社会过渡，国际法逐渐向共同体法或世界法过渡。或许我们可以猜测，《联合国宪章》中开篇即将“我联合国人民”作为主语并不是无意之功。

总之，全人类共同利益体现的是国际共同体（international

① 参见王曦：《环境与主权》，载邵沙平、余敏友主编：《国际法问题专论》，武汉大学出版社 2002 年版，第 304 ~ 305 页。

② ［美］熊玠著，余逊达、张铁军译：《无政府状态与世界秩序》，浙江人民出版社 2001 年版，第 187 页。

③ 《国际法院盖巴斯科夫-拉基玛洛工程案卫拉曼特雷副院长的个别意见书》（中译文），载王曦主编：《国际环境法资料选编》，民主与建设出版社 1999 年版，第 664 页。

community）本位思想。

四、全人类共同利益的目的性价值属性

和平秩序、人本秩序和全人类共同利益三者共同构成国际法价值的重要内容。由于客观世界的复杂性及人的需要的多样性，法律价值也就呈现出多样性来。依据法律价值之间的关系，法律价值可以划分为目的性法律价值和工具性法律价值。人们的法律价值追求多种多样，每一种价值目标之间并不是同等重要的，有些法律价值是用以说明和体现某一法律价值的要求的，这时前者被称为工具性价值，后者被称为目的性价值。① 和平秩序、人本秩序和全人类共同利益在产生时间、存在的历史、具体含义等各个方面都很不相同，它们各自的重要意义也是不同的。当然，它们彼此之间存在着千丝万缕的内在联系。因此，全人类共同利益的目的性价值属性，是与国际法的其他价值相比较而言的。

我们知道，利益对法的产生和发展起着决定性作用，而各国利益方面的差异令不同国家对国际法有不同的期望，由此产生的国际法很大程度上是在经历合作与斗争的过程后最终成为各种利益和力量妥协、平衡的结果。因此，国际法很难完全体现出某个国家或某些国家甚至是绝大多数国家所要求的“正义”。

然而，世界正在发生变化，虽然法学家们很难抛弃传统国际法律理论中的国家主权论，但是必须看到，时代的发展变化必然深刻地影响到国际法理论的发展变化。正义是法律的最高追求。国际法发展的不完善以及它的弱法和软法特征决定了国际法的价值具有特殊性，但从总体上看，国际法具有法律属性，所以它的价值也应表现为正义。

由于秩序能表明各国在它们的相互关系中最起码的稳定性和可预见性，一直以来，和平秩序得到了各种发展形态中的人类社会的认可，即使是从事大规模对外战争或灭绝种族行为的国家，也无不

---

① 参见李龙主编:《法理学》,武汉大学出版社 1996 年版,第 94 页以下。

对它表示赞同。但是，和平秩序只是国际社会中的最低限度秩序要求。对于世界上的各国家来说，和平秩序更似一种客观结果。以第一次世界大战结束前的国际法为例，当时允许为求秩序而使用战争作为推行国家政策的工具，在国家间关系上国家可以凭借其绝对优势而有权对他国予以占领，通过时效、兼并、征服等方式取得领土，可以对外扩张建立殖民地，甚至使原本独立的主权国家沦为殖民地。这种以强权为本质的和平鲜有正义性可言。

在第二次世界大战后兴起的对人权的尊重和保护为国际法增加了正义的砝码，使国际社会关注在国内法中受到保护和尊重的自然人和自然人的集合体，例如种族、民族。人本秩序使国际法的正义色彩大为增加。

然而，无论和平秩序和人本秩序多么的重要，21 世纪的国际法如果没有全人类共同利益的价值追求，其正义性和时代的进步性无疑是残缺的。在新世纪里，由于人类科学技术的高度发达造成的全人类相互依赖性的增强和全人类共同面临的客观困境共同提出了新的要求：所有的国际法规则均必须受到全人类共同利益的制约，必须为全人类共同利益服务。全人类共同利益成为国际法的最终目的性价值，对和平秩序和人本秩序的追求能够很好地体现对全人类共同利益的维护。从某种意义上讲，全人类共同利益自身包含有和平秩序和人本秩序的内容。

第三节　全人类共同利益：正在“燎原”的“星星之火”

全人类共同利益是国际法的目的性价值，也即国际法的最高价值追求，人类只能无限接近但却永远无法完全达到。随着国际社会中全球化、一体化特征的日益增强，各国之间的联系和相互依赖性也在日益密切和增加。人们已经开始关注到全人类的共同利益，在国际社会中相应地出现了体现全人类共同利益的国际法律制度，如国际强行法规则、“对一切”义务、可持续发展等。也许我们称其为国际法律制度还为时过早，但是至少把它们作为国际法新的发展趋向或应有的新战略选择毫不为过。而且，在国际实践中，它们的确正在发挥着重要的作用，可谓正在“燎原”的“星星之火”。

一、国际强行法规则

现代国际法赋予国家以主权，“国家可以通过它们之间的协定并在协定范围内变更或完全取消国际法的大部分规则。然而，有少数规则却是不允许加以损抑的。”① 这些规则就是国际强行法规则或称为一般国际法的强制规范。国际强行法规则是国际法中比较新近的发展。

所谓强行法，又称为强制法、强制规律或绝对法，最早起源于罗马法上的“私人协议不能改变公法”的古训。国际强行法的理论萌芽于格劳秀斯的近代自然法学说。《维也纳条约法公约》第53条规定：“条约在缔结时与一般国际法强制规律抵触者无效。就适用本公约而言，一般国际法强制规律指国家之国际社会作为整体接受并公认为不许损益且仅有以后具有同等性质之一般国际法规律始得更改之规律。”很多人认为这是关于国际强行法的渊源。但是毕竟它只是《维也纳条约法公约》的一个条款，因此它只能在条约领域范围内得到适用。虽然在《维也纳条约法公约》缔结以前，已经有为数不少的国际法学家试图给予国际强行法一个明确的界说，但直至今日国际法学界还是难以确立一个公认的关于国际强行法的权威概念。于是，很多学者选择通过列举的方式来表述强行法的概念。《奥本海国际法》中认为，对于哪些规则具有强行法性质，还没有一致的意见，虽然可以按国际法委员会的意见具体列举强行法规则，包括禁止使用武力；对国际法上犯罪行为的禁止，对奴隶买卖、海盗行为或灭绝种族行为的禁止；人权的尊重、国家平等和自决原则，但强行法规则的全部内容仍然还要在国家实践和国

---

① ［英］詹宁斯、瓦茨修订，王铁崖、陈公绰等译：《奥本海国际法》（第1卷第1分册），中国大百科全书出版社1995年版，第5页。

际法庭判例中产生出来。①

“任何法律秩序，不可能只含有任意规则，可以由法律主体任意排除适用。认为主权国家有权将一切国际法规则以条约排除适用的理论，倾向于否定国际法的法律性质，这是同国际社会的客观实际和客观需要相反的。”② 因此，应该强调国际强行法的存在是毋庸置疑的，可是，学者们提供的国际强行法规则定义虽然各有所长，却无一被认为是全面和权威的，以列举的方式界说这一具有特别重要性的概念又很容易挂一漏万。那么，究竟应该怎样界说国际强行法规则呢？万鄂湘教授综合各家之长，主张国际强行法的概念应作如下表述：国际强行法是经国际社会作为整体接受为不得以任何行为背离，并以维护全人类的基本利益和社会公德为目的，具有普遍拘束力的最高行为规范。该概念集先前各定义之长，避已受抨击的各派理论之短，较为全面地概括了国际强行法区别于其他类似的法律制度的基本特征，并把强行法的渊源扩展至国际条约和习惯以外的从各国国内法体系中类比出来的一般法律原则，使国际强行法制度的发展得到了更加充实的基础。③ 而且，在这个定义中，我们可以看到，以维护对全人类最重要的公共利益和社会公德为主要目的是国际强行法的一个重要特征。

由于国际强行法制度所关涉的是对全人类最重要的公共利益和社会公德，因此国际社会对于违反国际强行法制度的行为给予彻底的否定。在联合国国际法委员会第 53 届会议 2001 年 11 月通过的《国家对国际不法行为的责任条款草案》中特别对违反强行法规则所产生之义务的行为作了规定。草案第 26 条明确规定：“违反一

① ［英］詹宁斯、瓦茨修订，王铁崖、陈公绰等译：《奥本海国际法》（第 1 卷第 1 分册），中国大百科全书出版社 1995 年版，第 5 页。

② 我国著名国际条约法专家李浩培先生语，转引自万鄂湘等著：《国际条约法》，武汉大学出版社 1998 年版，第 316 页。

③ 参见万鄂湘等著：《国际条约法》，武汉大学出版社 1998 年版，第 316～319 页。

般国际法某一强制性规范所产生的义务的一国，不得以本章中的任何规定作为解除其任何行为之不法性的理由。”对严重违背依一般国际法强制性规范承担的义务的行为，除须根据草案的规定承担相应的法律后果外，草案还特别要求各国应进行合作以通过合法手段制止该行为；任何国家不得承认该行为所造成的情况为合法，也不得协助或援助保持该状况。① 但是，“对全人类最重要的公共利益和社会公德”所具有的抽象性使人们难以确知国际强行法的保护对象，国际社会的复杂性更增添了全人类最重要的公共利益和社会公德的衡量标准的复杂性。对这个问题的解决，我们还须求助于《联合国宪章》的原则性规定以及未来国际社会中的实践。

二、“对一切”义务（obligation erga omnes）

在英汉词典中，“obligation”指的是“（道义上或法律上的）义务”。在拉丁文词典中，“erga”指的是“对（towards, against）”；“omnes 或 omnis”指的是“一切、每个或任何（all, every, any）”；“obligation erga omnes”指的是“对一切”的义务。王曦教授将“对一切”义务界定为：“各国公认的，为维护人类基本道德价值和国际社会共同利益所必需的，针对整体国际社会和明确事项的，依照国际法基本准则作出一定作为或不作为的绝对的国际法律义务。”② “对一切”义务同样把关注的目标指向了全人类

① 联合国国际法委员会第 53 届会议 2001 年 11 月通过的《国家对国际不法行为的责任条款草案》，载《北大国际法与比较法评论》（第 1 卷），北京大学出版社 2002 年版，第 242 页以下。

② “对一切”义务与国际强行法规则有一些明显的共同点，但它们是两个不同的概念，它们的区别主要表现在它们之间的从属关系上。国际强行法规则引起表现为国家的权利和义务的国际法关系，在这种权利义务关系中包括“对一切”义务，与之相应的是国家的有关权利。“对一切”义务的履行是对国际强行法规则引起的国际法关系的维护。参见王曦：《“对一切”义务与国际社会共同利益》，载邵沙平、余敏友主编：《国际法问题专论》，武汉大学出版社 2002 年版，第 285 页以下。

共同利益。

“对一切”义务是1970年2月5日国际法院在巴塞罗那案（Barcelona Traction Case）判决中首次提出并予以论述的。判决中认为，国际社会中有这样一种义务，它是一个国家对作为国际社会整体的义务，它的性质决定这是所有国家关切的事项；就所涉权利的重要性而言，所有国家可被认为对保护它们享有法律利益。这就是对“对一切义务”的最早界定。当人们开始关注和意图了解“对一切”义务的时候，才发现原来它并不是一个非常新鲜的事物。

首先，人们可以从《联合国宪章》的字里行间读出“对一切”义务。在战后国际社会要求各国实行高度自律、承担并切实遵守它们对于整体国际社会的义务的背景下，《联合国宪章》中的“序言”以及“宗旨和原则”部分规定似可理解为对国家的若干“对一切”义务的规定，只不过没有使用“对一切”义务这一术语而已。那么也就是说，以《联合国宪章》为标志的现代国际法从一开始就把保障和平、人权等人类的基本道德价值和国际社会的共同利益作为自己的最高宗旨之一，这为“对一切”义务的发展提供了重要的前提和基础。

其次，国际法院的法官们曾经多次对“对一切”义务作过论述，只是当时没有被重视和得到较普遍的接受。1949年科孚海峡案（Corfu Channel Case）中国际法院指出，人道主义的考虑是一项绝对的原则，它的适用不因具体情况的不同而改变，没有例外情况和相冲突的权利能够限制对人性的基本考虑。国际法院实质上以另一种方式表达出“通告”是一项“对一切”的义务。① 国际法院法官阿瓦拉兹（Alvarez）1950年在《关于西南非的国际地位的法律咨询意见》的反对意见书中写道：“由于新的国际法是建立在社会的互相依赖性的基础上，可能会发现在很多情况下国家负有义务

① 参见王曦：《“对一切”义务与国际社会共同利益》，载邵沙平、余敏友主编：《国际法问题专论》，武汉大学出版社2002年版，第271页。

但却不知道与这些义务有关的权利的受益者是谁。受益者是国际社会。”国际法院法官菲利普·杰瑟普（Phillip Jessup）1966 年在关于西南非案（第二阶段）的反对意见书中写道：“对于维护为国际社会的共同利益而制定的国际制度，国家可以具有国际法院所承认的一般利益。”①

1974 年，澳大利亚和新西兰在核试验案（Nuclear Test Case）中以“对一切”义务作为起诉法国的一个法律依据。我们可以从中归纳出“对一切”义务的特点：第一，具有绝对的性质；第二，反映“社会利益”（community interest）；第三，保护的是人类基本利益，如所有人的安全、生命和健康以及全球环境；第四，含有禁止性的内容；第五，不是针对某些特定国家的，而是针对“国际社会”的；第六，相关的保护权利为各国共同拥有之权利。②

1997 年，国际法院副院长卫拉曼特雷（C. C. Weeramantry）法官在关于多瑙河水坝案的个别意见中把“对一切”义务提升到整个国际法体系的高度来认识，是“对一切”义务理论上的一次升华。他认为，我们已经进入一个国际法的时代。在这个时代，国际法不仅促进单个国家的利益，而且超越它们和它们的地方性利益，着眼于更大的人类的和行星的福利。现行的建立在国家之间或当事方之间的关系上，并以国家间或当事方间的权利义务的平衡和对等为基础的现代国际法体系已经不能满足国际社会对于调整超越国家间或当事方间利益的更高层次的利益的需要。于是，以个体的公平和程序的合法为基础的规则可能是不充分的了。③

---

① 阿瓦拉兹和菲利普·杰瑟普的观点转引自王曦：《“对一切”义务与国际社会共同利益》，载邵沙平、余敏友主编：《国际法问题专论》，武汉大学出版社 2002 年版，第 272 页。

② 参见王曦：《“对一切”义务与国际社会共同利益》，载邵沙平、余敏友主编：《国际法问题专论》，武汉大学出版社 2002 年版，第 275 页。

③ 参见《国际法院盖巴斯科夫—拉基玛洛工程案卫拉曼特雷副院长的个别意见书》（中译文），载王曦主编：《国际环境法资料选编》，民主与建设出版社 1999 年版，第 664 页。

“对一切”义务概念和规则的出现，对现代国际法体系来说能起到一种弥补缺陷的作用，它体现着各国已经认识到但却仍然游离于各国家的政治利益需要以外的全人类共同的利益和价值。“对一切”义务的出现是国际法体系的一个重大发展和进步。在现代国际法发展的当前阶段，“对一切”义务主要有与侵略、灭绝种族、奴隶制和种族歧视四种国际罪行相关的义务。这是国际法院在巴塞罗那牵引公司案（Barcelona Traction Case）判决中列举的，也是诸多的国际法文件中的主题事项。人们一般认为与这四项相关的国际法义务已经成为国际习惯法规则。另外，国际法院在科孚海峡案（Corfu Channel Case）判决和尼加拉瓜案（Nicaragua Case）判决中提到的基于人性基本考虑的通告义务、在纳米比亚的法律咨询意见中提到的不承认违反国际法而存在的情势以及尊重人民自决权通常也被视为是“对一切”义务涉及的事项。至于其他的事项还不能确定为与“对一切”义务有关。我们期待着国际法上“对一切”义务范围的扩大，使全人类共同利益得到日益充分的体现。

“对一切”义务还需要得到国际法中的程序规则和实体规则的积极改进予以配合，例如，由谁来代表国际社会对“对一切”义务的履行进行监督？提起关于违反“对一切”义务的程序应该是怎样的？违反“对一切”义务应受到什么样的制裁？如何避免“对一切”义务的滥用？

三、可持续发展原则

由于传统发展模式既不利于实现当前人类社会与自然生态的和谐和平衡，又会影响甚至妨害后世人类的继续生存和发展，因此有必要在重新认识旧的发展模式的基础上，选择和确定新的发展模式。可持续发展（sustainable development）正是人类基于对以发达国家为代表的传统社会经济发展模式弊端的认识而提出的一种新型发展观。虽然可持续发展发源于国际环境和自然资源领域，但是，由环境和自然资源问题而引发的挑战已经形成为大量具有首创性的重要法律和制度，并最终成为一般国际法的一部分。①

所谓可持续发展是指，“既能促进人与自然的和谐一致又能保证后代的充分发展的永久潜力，既有利于社会、经济、生态等的全面发展又不损害国家主权的发展。它既是一个目标又是一项权利”。② 虽然可持续发展仍然存在着不明确、特征多变等特点，但是它却至少“被视为候选的新出现的国际法一般原则”。③ 目前，实现可持续发展已经成为全球的共识。

1987 年，布伦特兰夫人（G. H. Brundland）领导的世界环境与发展委员会发表题为《我们共同的未来》的著名研究报告，其中将可持续发展界定为：“既满足当代人的需要，又不对后代人满足其需要的能力构成危害的发展。它包括两个重要的概念：‘需要’的概念，尤其是世界贫困人民的基本需要，应将此放在特别优先的地位来考虑；‘限制’的概念，技术状况和社会组织对环境满足眼前和将来的需要的能力施加的限制。”④ 1987 年 5 月，第 15 届联合国环境规划署理事会通过的《关于可持续的发展的声明》中指出：“可持续的发展，系指满足当前需要而又不削弱子孙后代的满足其需要之能力的发展，而且绝不包含侵犯国家主权的含义。”这成为被广大发展中国家广泛认同的定义。而根据 1994 年国际自然和自然资源保护同盟及国际环境与发展研究所共同发表的《国家可持续发展战略手册》，“可持续发展意指促进和保持人类与生态系统的良好状态”，从而进一步将生态系统的状态纳入了可持

① See Alan Boyle and David Freestone, International Law and Sustainable Development: Past, achievement and future challenges, Oxford University Press, 1999, p. 8.

② 石磊：《可持续发展与现代国际法》，载《武汉大学学报》（社会科学版）2002 年第 4 期。

③ Ian Brownlie, Principles of Public International Law, Clarendon Press Oxford, 1998, p. 287.

④ 世界环境与发展委员会编著，国家环保局外事办公室译：《我们共同的未来》，世界知识出版社 1989 年版，第 19 页。

续发展所要考虑的范畴。

虽然发达国家和发展中国家对可持续发展仍然存在着权利论和目标论的争执，但是，“有一点应该肯定，可持续发展作为一种新型发展观，它带给人类的观念冲击不仅仅限于环境与发展问题所考虑的领域，应该说在某种意义上它是作为一个新型的世界观而将人类对自身和自然的认识引入一个新的境界”。① 这突出地表现在以下两个方面：

第一，可持续发展要求关注人类整体的利益，这里的“人类整体”中突出强调了曾经被人们忽略不计的人类未来世代。

第二次世界大战结束以后，国际社会将发展作为一个重要问题提上议程。前曾述及，国际社会和国际法律制度能够给予发展问题以关注，体现了对人类的组成分子的尊重，是国际法律制度以人本秩序为价值取向的重要标志。然而发展的最终目的无非是为了使人们得到较好的生活，但不顾一切的盲目发展只能带给人们短期的好处。工业文明在制造高物耗生活水平的同时，也制造了以环境危机为主线的一系列人类困境。全球性的酸雨、温室效应、臭氧层破坏、动植物物种的大量消失、森林植被的剧减等糟糕的情况纷纷出现并有恶化的趋势。未来世代人类的生存可能会因当代人类的行为而发生严重危机。潜移默化之中，当代人类也许会令未来世代人类失去生活的依赖。“国际法常常对正义表示关注，但是……主要是关于过去的或现在的国家间的关系。各国主张世代间正义的还比较少。”② 爱蒂丝·布朗·魏伊丝（Edith Brown Weiss）教授提示人们注意到将当今世代与未来世代联系起来的时际层面。她的世代间公平理论与相关的一系列地球权利和地球义务理论主要关注着当今

① 石磊：《可持续发展与现代国际法》，载《武汉大学学报》（社会科学版）2002 年第 4 期。

② ［美］爱蒂丝·布朗·魏伊丝著，汪劲、于方、王鑫海译：《公平地对待未来人类：国际法、共同遗产与世代间平衡》，法律出版社 2000 年版，第 30 页。

世代与未来世代的关系。

第二次世界大战结束以来，各国在国际法文件中开始表现出对未来世代人类福利的关心，明确了保护、增进当今世代与未来世代双方福利的原则和义务。《联合国宪章》开篇即指出，“欲免后世再遭今代人类两度身历惨不堪言之战祸”,① 已经体现出对未来世代和平利益的普遍关心。1972 年在瑞典斯德哥尔摩联合国人类环境大会上发布的《人类环境宣言》的前言中明确提出，“为了这一代和将来的世世代代，保护和改善人类环境已经成为人类一个紧迫的目标，这个目标将同争取和平、全世界的经济和社会发展这两个既定的基本目标共同和协调地实现。”在该宣言的第 1 条和第 2 条中，并再次明确，“人类有权在一种能够过尊严和福利的生活的环境中，享有自由、平等和充足的生活条件的基本权利，并且负有保护和改善这一代和将来的世世代代的环境的庄严责任”。“为了这一代和将来的世世代代的利益，地球上的自然资源，其中包括空气、水、土地、植物和动物，特别是自然生态类中具有代表性的标本，必须通过周密计划或适当管理加以保护。”② 此后，在有关联合国大会决议、国际条约和文件中也把对未来世代的关心纳入其中。

世代间公平主要包含三个基本原则。（1）要求各世代保护自然和文化遗产的多样性，这样便不会对后代人解决自身问题和满足自身价值观造成不适当的限制，而且未来世代有权享有同其以前世代相当的多样性。这个原则可以称为“保护选择”的原则。（2）要求各世代维持地球的质量，从而使地球质量在其留传给未来世代时状态不比其从前代继承时有所下降，并且其有权享有与前时代所享受的相当的地球质量。这个原则可以称为“保护质量”原则。

---

① 参见王铁崖、田如萱编：《国际法资料选编》，法律出版社 1986 年版，第 862 页起。

② 1972 年联合国人类环境会议《人类环境宣言》，载王曦主编：《国际环境法资料选编》，民主与建设出版社 1999 年版，第 666 页起。

(3) 各世代的每个成员都有权公平地获取其从前代继承的遗产，并应当保护后代人的这种获取权。这个原则可以称为“保护获取”的原则。世代间公平理论主张将所有的国家作为一个与国籍无关的集团，对未来世代负有世代间的义务。① 世代间公平更明确地将国际法保护的对象指向了生活在地球上的人类，而且是从对现有人类的关注扩展到对从前的、现在的和未来的所有人类，同时要求现在的人类整体对未来世代的人类整体承担相应义务，这是一种穿越时空的关切。它推动实现国际法从现在到未来的连接。

第二，可持续发展还要求关注人类与自然界的和谐。

可持续发展关注人类与自然界之间的和谐。《世界自然宪章》前言中说：“人类是自然的一部分，生命有赖于自然系统的功能维持不坠，以保证能源和养料的供应。”② 当科学技术日复一日地复杂和先进起来之后，作为“万物之灵”的人类越来越把自己当作世界的主宰者，认为自然界是为满足人类无止境的需要而存在的。人类既然是自然界的主人，当然可以随心所欲地改造自然界和征服自然界。于是为了无限地提高人类的物质生活质量，在全球范围内出现了因为人类的活动而导致的环境危机，如大气、海洋和陆地的污染，自然资源无止境地消耗和掠夺性的开发，动植物物种的逐渐减少等。自然界受到的破坏越严重，不论是当代还是未来世代的人类实质上都将濒临越严重的生存危机。

今天，人们已经认识到并且承认，人类是自然界的一部分，没有这个自然界，人类就不能生存，人类需要通过保护生物圈及其平衡来保护自己。从这个角度看，环境的每个组成部分不仅具有直接关系到人类的价值，而且还是一个相互关联的系统之中不可缺少的

---

① ［美］爱蒂丝·布朗·魏伊丝著，汪劲、于方、王鑫海译：《公平地对待未来人类：国际法、共同遗产与世代间平衡》，法律出版社 2000 年版，第 41 ~42、28 页。

② 王曦主编：《国际环境法资料选编》，民主与建设出版社 1999 年版，第 672 页。

要素，必须保护这个系统以确保人类的生存。尽管人类生存这个目标仍然是以人为中心，但人类却不再被视为居于自然界之外或凌驾于自然界之上的部分，而是与自然界相互联系、相互依赖的。① 人类与自然之间不是简单的利用和被利用的关系，人类要继续生存和发展下去必须承担起维护人类生存的自然环境的责任，必须学会合理利用和养护自然资源，保持生态平衡，与自然界和谐共存。

在这些尚且有待于进一步发展的国际法理论和实践的萌芽之外，我们不能忽略这样一系列事实，即当前国家之间在海陆空交通、外国人待遇、国际经济合作等领域已经形成大量成熟的做法，相关领域的条约、国际习惯组成了已经非常系统的国际法律部门和规则。这些每天都在被人们适用的规则对世界各国人民之间进行交往已经发挥了而且正在发挥着重要作用，对于全人类共同利益的维护也在直接或间接地提供帮助。对这些规则，我们同样应该给予应有的重视，切不可熟视无睹。

---

① 参见［法］亚历山大基斯著，张若思译：《国际环境法》，法律出版社 2000 年版，第 11 页。

第五章 国际法价值的实现

国际法价值的完全实现是一件极其遥远的事情，甚至在某种程度上可以说是一个永远不可能真正达到的目的。因为国际法的价值所体现的不是一个非常具体、非常具有可操作性的短期目标，它是抽象的而且具有指导意义和重大的主观性的，需要人类无限的和不懈的努力才能实现。在现实世界中，国际法价值的实现常常会因为某种思想意识、某个国家行为甚至某个个人行为而受到干扰。不过，既然国际法价值的实现意味着全人类福祉得到渐进式的体现，那么为此目的之实现，人类的确应当竭其心力而为之。

第一节 国际法价值实现的主客观条件

一、国际法价值实现的主观条件

（一）国家间体制的承认

国际法的诞生以两个条件为前提，一方面有多个同时并存的国家，另一方面，这些国家有建立在文化共性之上的彼此间的尊重。中世纪时皇帝与教皇双头统治的基督教世界王国的观念的存在，使人们不可能获得作为国家间法律前提的多数国家观念。经过漫长的历史发展，20 世纪初期，国际社会已经基本形成，中国、日本、波斯、土耳其等国家被接受为从前的“欧洲大家庭”的成员。在 1907 年的第二届海牙和平会议上，有 45 个国家应邀参加会议。“由此证明，目前的国际法共同体除了微不足道的例外，已包括了整个地球。"① 现代国际社会中形成的平等的国家间体制是国际法存在的前提。当一个国家以惟一"正统"自居时，其他国家就只能被视为"野蛮人"，这种情形之下的各国之间就难以互相承认对方拥有现代国际法基本原则所倡导的国家平等。如果没有多数国家的存在和对各国间平等地位的认可与尊重，国际法也就失去了它存在的依据。

对现存国家间体制予以承认是实现国际法价值最基本的主观因素。现代国际关系理论中有很多是完全或接近于否定国家间体制性质的，例如"世界政府"理论、"主权终结"理论等，都以全球化和一体化为依托宣扬国家主权过时论。也有的理论意图把现行的国家间体制复杂化，例如民族分离主义者要求以民族为标准，建立新的独立国家，这种理论的实施将直接导致国际社会中的国家数量无限制地增加。所有这些否定现存国家间体制的观点均存在着严重不妥，会导致对国际法律秩序的蔑视和破坏。"主权过时论"带给我们的重要问题包括：发达国家与发展中国家、大国与小国、强国与弱国之间如何在"世界政府"中得到平衡？是否将意味着某些国家的主权"过时"而某个或某些国家的主权扩张？民族分离主义带给我们的重要问题则包括：分离是否可以不计代价从而允许以包括使用武力方式在内的任何方式实现？分离是否必须得到母国的同意？母国是否有必须同意的义务？因此，在所有这些问题并未得到很好的解决的时候，对现存国家间体制的任何否定都不会有利于国际法的价值体系——包括和平秩序、人本秩序和全人类共同利益中任何一个的实现。

几千年人类文明所形成的民族、国家观念已经深入人心，这是所有人都无法忽略的一个重要事实。国家主权原则和不干涉内政原则等是现行最基本的国际关系准则，维系了第二次世界大战以来的

---

① 参见［德］拉德布鲁赫著，米健、朱林译：《法学导论》，中国大百科全书出版社 1997 年版，第 153 ~ 154 页。

国际秩序，维持了半个多世纪的国际和平，促进了人类社会的进步和发展。对国家间体制抱有怀疑或拒绝承认的态度，实际上是从根本上否定国家主权原则。古人云：“皮之不存，毛将焉附?”如果否定国际法的最基本原则，打破国际法律秩序的现有框架，那么国际法价值的实现就会成为无源之水，没有探讨和论证的意义可言了。

近些年来，国际关系和国际力量对比发生的重大变化，使西方国家感到国家主权原则和不干涉内政原则等已经成为实现它们战略目标进程中的法律障碍，于是提出“主权有限论”、“主权过时论”、“联合国宪章过时论”等，强力推行其价值观和意识形态。这些所谓的“理论”使以美国为代表的西方国家自以为有了充分的理由和借口，可以对其他国家的内政外交指手画脚，甚至动辄施以武力惩戒。以第三世界国家为代表的世界上大多数国家和人民对此都深为反感并表示反对。历史上无数的先例早已表明，以强力改变现存国家间体制不会得到世界各国的普遍赞同，它将带给人类的也只能是不尽的战乱和灾难。

虽然国际秩序的调整不可避免，国际法也一直在演变之中，但主权国家仍是国际社会的基本主体，多极化仍是世界总的发展趋势。① 承认这些，亦即承认现存的国家间体制，是真正的理性体现。当人们承认了现存的国家间体制之后，才能避免把更多的努力付诸改变国际体制的行动中去，理性地致力于国际法价值的实现。

（二）人类总体国际法律意识的提升

任何国际事件都可以从国际法和国际政治角度分别加以考察，只有当人们最终对现存国家制度的巩固取得一致的意见的时候，方

① 参见黄惠康：《世纪之交国际法发展演变的动态与趋势》，载《国际法与比较法论丛》（第1辑），方正出版社2002年版，第24～25页。

可完全以国际法为准则来加以评判。① 修昔底德（Thukydides）告诉我们，雅典人之所以最后决定点燃导致伯罗奔尼撒战争的导火索——违背雅典与斯巴达此前订立的停战条约，原因就在于“大家普遍认为，不管发生什么，和伯罗奔尼撒人的战争是不可避免的”。② 这种关于战争不可避免的观念，往往是导致战争的重要原因。英国政治学者菲利普·温莎（Phillip Windsor）说过这样的话：“每一场战争都是由国家发动的，但是战争的根源酝酿于民众之中。”③ 在我们已经把全人类共同利益作为国际法的目的性价值的同时，仍不能忽视不可避免地存在于人类社会中的利益竞争和冲突。这些利益竞争和冲突的存在，是人们不以国际法来权衡很多事情的重要原因。这与人们的国际法律意识有重要关系。

每个国家都在与他国交往和与他国寻求共同发展的同时，积极追求保留自身的利益，保持自身的先进性，这是只要有国家就必然存在的现象。在现代社会，这种利益的竞争和冲突在发达国家和发展中国家之间表现得最为突出。但不容忽视的是，即使是在发展中国家之间，也常常基于各自国家利益行事而导致利益冲突，如利比亚不支持制止方便旗制度，阿根廷反对商品综合计划等。④ 古罗马法谚告诉人们，个人与国家利益是休戚与共的，“背叛国家的行为，就如愚蠢的水手在自己所乘的船上凿洞”（Qui molitur insidias in patriam，id facit quod insanusmauta perforans navem in qua vehitur）。作为某个国家的公民，人们受到充分的爱国主义教育，对于祖国的

---

① 拉德布鲁赫在国际争端的解决方面也有相似的看法，参见［德］拉德布鲁赫著，米健、朱林译：《法学导论》，中国大百科全书出版社 1997 年版，第 158 页。

② 参见［美］小约瑟夫·奈著，张小明译：《理解国际冲突：理论与历史》，上海世纪出版集团 2002 年版，第 25～26 页。

③ ［日］入江昭著，李静阁等译：《20 世纪的战争与和平》，世界知识出版社 2005 年版，第 2 页。

④ 参见［美］斯蒂芬·D. 克莱斯勒著，李小华译：《结构冲突：第三世界对抗全球自由主义》，浙江人民出版社 2001 年版，第 83 页。

强烈归属感和荣誉感，通常会终身萦绕于他们的心中，国家利益会对他们的选择提供引领和指导，甚至会融汇于他们对子孙后代的教育中进而影响他们的子孙后代。

宗教教义对信仰该宗教的人们产生另一种影响，在某种程度上它淡化了人们的国际法律意识。面对世界大战，偶尔似乎有这样一类人，他们看不到战争的罪恶和灾难，而将自己作为“上帝重整世界秩序的一分子”，只去做男子汉应做的事情。① 传统的伊斯兰法以伊斯兰社会整体为基础，并认为通过吉哈特及其使者的努力，最终所有国家与民族都将融入伊斯兰社会。在伊斯兰教里，乌玛才是一切穆斯林的意识上的政治单位，教徒作为一个整体，即宗教群体得到了保护，非国家性质的人的集合占据了突出地位，国家对法律上的人的保护因此而被弱化。虽然今天的穆斯林国家与国际法律间的融合已经不可逆转，但是，至少要达成人权的共识还有很长一段路要走。②

在国家与个人、宗教与个人之间曾经长期存在的不成比例的对比使人们的国际法律意识被长期忽略，人的主观能动性未能得到积极的鼓励。换言之，由于人们已经习惯于将国家作为重要的国际社会行为体来聚焦，把国家作为国际法和国际关系的最重要主体，所以容易忽略个人和民间组织或机构的作用。但是事实上，个人和民间组织或机构在国际社会中的作用仍是非常重要的。

例如，关于红十字国际委员会和日内瓦公约产生的真正原因常常被认为是与国家对于战士和公民的或主动或被动的关心联系在一起的。但是，事实上“红十字国际委员会和公约产生的真正根源是一些具有道德使命的个人和精英网发挥了作用，这些人没有官职和政治权力，但他们能够利用精英网建立国际组织”。“国际关系

---

① ［德］拉德布鲁赫著，米健、朱林译：《法学导论》，中国大百科全书出版社 1997 年版，第 162 页。

② 参见［德］沃尔夫刚·格拉夫·魏智通主编，吴越、毛晓飞译：《国际法》，法律出版社 2002 年版，第 50～54 页。

领域占主导地位的国家中心论使国际关系学者很难认识到，没有正式政治立场的、无官方身份的个人会有重大影响。而且，由于现实主义把作为世界政治中一支重要力量的道德排除在外，因而，它对我们理解杜南特这类人的行为和他坚守的博大道德信念没有提供多少分析工具。"① 非政府间国际组织经过发展已经由20世纪初的一百多个发展到现在的数万个，其活动范围也从早期的集中于人道主义和宗教事务，扩展到目前几乎所有的人类活动领域。在某些特殊的情势下，非政府间国际组织甚至能够发挥政府间国际组织或国家都难以企及的作用。亨利·杜南特（Henry Dunant）这样的无官职的人的光辉业绩以及非政府组织的杰出贡献，为我们展示了在国际法价值的实现中作为人类成员的每个人能够发挥的重要作用，尤其是在当今世界各国日益重视国内的民主制度建设和尊重人权的背景下。

如果从总体上讲，人类成员能够提升自己的国际法律意识，那么当他作为选民时，他会选择有益于实现国际法价值的候选人作为国家领导人；当他作为士兵时，他会以国际法的价值衡量他的战斗任务；当他仅仅作为人类的一个成员、不具备任何其他符号时，他会以国际法的价值为依据对社会行为和现象作出他的评价。正确、理性的国际社会舆论由此产生，国际法的价值追求将得到更好的实现。

（三）特殊人群和特殊个人国际法律意识的提升

所谓特殊人群和特殊个人是指对国家对内对外的决策起主导作用、在国家中居于重要地位的人的集合或单一的个人。日本《东京新闻》2003年5月11日社论《世界进入动荡时代》中指出，"极端一点儿说，仅仅根据美国总统的判断，就能够攻打其他国家"。② 国家中的特殊人物在国际法价值实现中重要的特殊意义溢

① ［美］玛莎·费丽莫著，袁正清译：《国际社会中的国家利益》，浙江人民出版社2001年版，第102页。

② 《世界进入动荡时代》，载《参考消息》2003年5月13日。

于言表。

约翰·罗尔斯（John Rawls）将这种特殊人群或特殊个人称为政治家（statesman），以与政客（politician）相区分。罗尔斯认为，归纳表达组织良好社会的恒定条件及真正利益，那是学习哲学的人该做的事情。然而在实践中辨别出这些条件和利益，则要由政治家来做。政治家要比大多数旁人看得更深更远，并能够把握该做些什么。政治家必须正确把握这些，至少庶几近之，而后方能牢牢抓住优势。政治家本身不是一种职位，毋宁说是一种思想。政治家代表着人民的目标和责任，政治家要力求达致正义的和平的目标尽快实现，也要避免使得这种和平更加困难的因素。政治家与政客的主要区别在于：政治家瞩目于下一代人，政客则盯着下一次选举。政治家可以是总统、首相或其他高官，他们通过在职位上模范的作为和领导，体现其力量、智慧和勇气。他们可以在危急存亡之秋，领导自己的人民。一旦政治家有了官职，他们可能也会有自己的利益，但他们判断和评估社会的根本利益必须公正无私，不致因报复的激情而首鼠两端——特别在战争中更是如此。林肯之卓越的方面之一是他作为政治家的无私。①

政治家成为国家的领导者，是人们的愿望，但却不一定是历史和现实中的真实反映。于是，人们转而希望国家的领导者成为真正的政治家。然而，作为政治家的特殊人群和特殊个人除了应具有罗尔斯所强调的道德素质外，非常重要的还包括应提升他们的国际法律意识。客观条件的不充分性不能成为国际法价值无法充分实现的绝对理由，在较短时期内最充分地实现国际法价值的期望更多地应该寄托在政治家的推动和促进上。

从人类学研究的成果可以看到，人类社会同动物界事实上的差别只在于动物的活动在很大程度上是本能的，极少数是学习到的。相反，人的行为只在有限的范围里是本能的，大量的是学习得来

① 参见［美］约翰·罗尔斯著，张晓辉、李仁良等译：《万民法》，吉林人民出版社2001年版，第103～104页。

的。通过学习得来的行为在集团中就是文化，它是一个社会的成员表现和分享后天得到的行为方式的完整一致的总和。人类虽然具有很多种能力，但是受到有限的身体条件和物质世界的限制，人类的能力在实践中不可能是无限的。环绕着人类行为可能性的圆圈大不可测，而且充满矛盾，以致任何一种文化都难以运用其中的相当部分。因此，人首先需要的是“选择”。选择决不完全是偶然的，一旦一种文化在行进中，总有某些标准左右或影响着选择。这些广泛总结出来的标准掌握在一个社会的成员手中，作为衡量事物的本质和何为可取与不可取的尺度。霍贝尔（E. Hoebel）将这些标准称为“公规”，亦即法学家或社会学家通常所称的“价值”。① 在人们的学习过程中，把国际法纳入其学习内容中由此而显示出其必要性。从这个意义上讲，国际法的宣教是人类文明的传播。

但是，“在社会、经济或者政治的危急关头，人们就会制造机会使各种攻击性释放出来。如此一来，成为攻击对象的可能是政府、上层社会、邻居，也可能是与自己的宗教、语言、肤色和出生地不同的其他人。人只要觉得处境不好或感到不满足，就往往容易把原因归咎于他人，或者归咎于某个团体、阶级的全部成员或其他国家；甚至执政者也经常将他们没有很好地解决国内问题的责任转嫁到其他国家和政府的头上。”② “更加可怕的是，各国政府驱使整个民族和国家卷入同外国的宗教和意识形态的冲突。”③ 对于执掌了国家统治权的特殊个人或特殊人群来说，这些事情是其政治生涯中的一项项政治行为，只要能够维护其统治，这样的方法是值得一试的。有这样一句名言，权力容易导致腐败，绝对的权力导致绝

① 参见［美］E. 霍贝尔著，严存生等译：《原始人的法》，贵州人民出版社 1992 年版，第 7～13 页。

② ［德］赫尔穆特·施密特著，柴方国译：《全球化与道德重建》，社会科学文献出版社 2001 年版，第 252 页。

③ ［德］赫尔穆特·施密特著，柴方国译：《全球化与道德重建》，社会科学文献出版社 2001 年版，第 254 页。

对的腐败。一国的特殊个人和特殊人群常因其权力而漠视该国法律会导致腐败。在国际层面上，也许不会发生国家内部模式的腐败，但是淡漠的国际法律意识带来的灾难却有过之而无不及。

国际法价值的实现有赖于主观上提升国家中特殊人群和个人的国际法律意识，以增进其在国际法价值实现方面的主动性。违反国际法的行为是人做出来的，而不是抽象的集体——国家做出来的，加强人的国际法律意识对国际法的有效实施至关重要。纽伦堡国际军事法庭的判决书指出，"国际法对于国家和个人同时规定有权利和义务，这是很早就被公认的，对于破坏国际法的个人是可以处罚的"。"违反国际法的罪行是人做出来的，而不是抽象的集体（国家）做出来的，只有处罚犯有这样罪行的个人，才能使国际法的规定有效实施。"梅汝璈先生指出，要制止战争和侵略，必须从加重野心家及好战者个人的刑事责任着手。①

随着国际刑法的不断发展，可以看到国际社会对于一国国内的特殊人群或特殊个人的约束越来越多。近年来，国际社会中甚至出现了对国家领导人的公职行为进行刑事追诉的先例。② 然而，以国际层面的刑事责任来约束国内的特殊人群或个人，其本意并不仅仅在于制裁性的结果，更是以此提升他们的国际法律意识——承认国际法的法律地位，尊重各项国际法规则，依照国际法规则行事，以此促进国际法价值的实现。

二、国际法价值实现的客观条件

国际法的价值本身是个极具主观性的概念，但是它的实现却无法仅凭借主观条件的具备而达致。在各项客观条件中，国家间体制的存在是国际法价值实现的基本前提条件，而国际社会组织化程度的加深和国际社会共同危机的加剧则是国际法价值实现的催生剂。

---

① 梅汝璈著：《远东国际军事法庭》，法律出版社 1988 年版，第 22 页。

② 受到追诉的国家领导人如皮诺切特、米洛舍维奇等。

(一) 国家间体制的继续存在

国家间体制的继续存在是国际法价值实现的一个基本的客观条件，它能为实现国际法的价值提供适宜的空间，因为国际法的价值自身就是以国家间体制的存在而建构起来的。国家的存在是国际法产生的前提，一般来说，只有独立和自主的国家才具有享受国际法权利和承担国际法义务的完全能力，而且国际法的制定和执行也不能离开国家。所以，没有主权国家的存在，就不可能有国际法的存在。从这个意义上，我们可以最简捷地推导出国家间体制继续存在是国际法价值实现的客观条件之一。

根据马克思主义理论，国家是特定人类历史时期的一种社会现象。资本主义生产方式的高度发展将为共产主义社会的实现准备好各种物质条件。随着无产阶级革命的完成，人类社会将消灭阶级，于是作为阶级斗争的结果和维持阶级统治的工具的国家也将不复存在。但是，我们现在还无法预见世界范围的无产阶级革命将会在何时到来，以及国家会在何时消亡。既然民族国家在可预见的未来中将长期存在，目前谈论国家的消亡为时尚早，则国家间体制的继续存在并非妄言。

国际法的发展历程表明，对于物质领域而言，在世界上所有国家普遍具有实际控制力的领域之外最容易形成人类共同利益。从历史上看，罗马法中规定，海洋和空气一样是大家共有之物，不能被人独占。但是当罗马国家日渐强盛起来之后，罗马法的注释家们曾论证沿海国对毗连的水域有管辖权。随着航海技术的发展，从中世纪后半叶开始，欧洲各国开始宣布海洋的控制权。16 世纪以后，资本主义国家为了获得殖民地而争夺海洋，从而形成了较早时期的海洋制度。海洋不再被视为共有物。随着空间技术能力的发展，空气空间也已经成为国家的主权空间。目前，只有外层空间、公海、国际海底区域以及南北极等地区仍然具有人类共有物或人类共同继承财产的地位。这些地区的共同特点就是并非所有国家都具有开发和利用的能力和资金。即使把它们定位为共有物或人类共同继承财产，也只有某些国家能够享用其中的利益，这些国家不必吝于给予弱势国家一些名义上的权利。对于国家内部的物质利益则是无论发达国家或是发展中国家都坚决予以维护的。从这个角度，我们仍然可以发现主权国家消亡的路还很漫长。

那么，如何理解国际法的价值中包含的全人类共同利益这一内容呢？显然，把全人类共同利益纳入国际法的价值体系是全球化发展的必然要求。但是，“全球化”并不能简单地理解为“全球一体化”，它事实上意味着一种开放性和多元化的价值观。这种价值观强调全球化进程中政治发展的价值取向必须是多元共存，每个民族国家都在探索着一条符合自己情况的发展道路。① 以欧洲各国的思想意识形态、社会制度、宗教信仰、历史文化传统、社会发展程度等方面的共同性为依据的欧洲联盟，被认为是一体化程度最高的区域性国际组织，也仍然无法将各成员国的主权尽数吸收，辅助性原则如同一只“安全阀”，给各成员国主权提供了最后的保护。即使我们意识到全人类共同利益存在和保障的必要性，也“只能说人们对人类共同利益的关注和人类共同进步信念的加强，将会使得这些（国家间）妥协的产物更具有自然法的精神——更公平、更正义、更符合人类良知、更加贴近自然法在现实中不断发展延伸的内涵”。②

（二）国际社会组织化程度的加深

国际组织的起源可以追溯到19世纪早期。③ 进入20世纪特别是经历两次世界大战之后，其发展速度加快，国际组织的数量开始爆炸性地增长。据统计，各种影响较大的国际组织已达4000多个，其中政府间的重要组织早已超过500个，它们中90%以上是在20

---

① 周永坤：《全球化与法学思维方式的革命》，载《法学》1999年第11期。

② 华枫：《从美好的幻想到理性的追求》，载《比较法研究》2003年第2期。

③ ［德］沃尔夫刚·格拉夫·魏智通主编，吴越、毛晓飞译：《国际法》，法律出版社2002年版，第349页。

世纪50年代之后发展起来的。我们甚至可以把20世纪称为“国际组织的世纪”。① 国际组织的职权和活动已经涉及人类生活的各个方面。

国际组织的规模、重要性和职能不尽相同，也许不能对国际行为作出严格的规范，更不用说对某种国际行为的强制实施，但它们却能为多边宏观经济的监督和协调指明方向。它们也有助于建立和普及政治、经济领域内的主流价值、思想和偏好。② 实践中，国际组织通过对国家主权的“硬碰撞”和“软侵蚀”，对国际社会发挥重要的影响力。③ 联合国毋庸置疑地在国际社会中拥有的普遍的正统性和权威便是最好的证明。国际社会的组织化使国家主权的保留范围相对缩小，也使国际法的约束力增强。国际社会组织化程度的进一步加强将对国际法价值的实现发挥重要作用。下面从政府间国际组织和非政府间国际组织的角度分别进行分析。

20世纪，政府间国际组织在数量与多样性上爆炸性发展，其中国际联盟和联合国在成员的包容性和目标与活动的广泛性上最为复杂，其他组织有的以特定地区为中心，有的则把自己界定在某一政策领域或是国际活动的某一方面。尽管在成员身份、地理分布、功能、管理结构、资金来源等方面存在相当大的差别，但政府间国际组织已成为国际体系运行的中心。它们的功效有时可能是有限的，特别是在涉及安全冲突的地方，但它们已造就了制约或者至少限制国家行为和观念的心理上和制度上的框架。通过收集和分发数据，准备政策选择以及进行观点与人员的交流，这些组织提供了一个交换意见的论坛并且贡献了一个比较灵活的解决问题的环境。虽然它们的存在要归功于国家的决定并且其继续生存要依赖于国家，

① 梁西著：《国际组织法》，武汉大学出版社2001年版，第22页。

② ［澳］吉米·福尔克著，李东燕译：《主权的终结？——日趋“缩小”和“碎片化”的世界政治》，浙江人民出版社2001年版，第115页。

③ 参见曾令良：《论冷战后时代的国家主权》，载《中国法学》1998年第1期。

但国际组织有助于确定时间表和议事日程，并且推动了决策过程，这些过程本身获得了生命并且截然不同于其任何成员国的偏好与优先性考虑。全人类共同利益究竟由谁来代表？如果要给这个问题一个明确的答案，很多人考虑的都是联合国。这是政府间国际组织所具有的任何单独的国家所难以比拟的象征性的最佳明证。

非政府间国际组织的行为一般不受任何一个国家或国家集团的直接控制，它们的重要性不但在于它们鼓励对问题作出集体的而不是单边的反应，而且在于它们通过躲避、克服或者至少是弱化国家通常据以感知政治现实的领土棱镜而对一定问题进行重新解释，它们对构成世界体系的复杂的相互依赖性有直接贡献。这些国际组织，如绿色和平组织、大赦国际、地球之友等，增加了可以利用的国际沟通渠道并且造就了新的共同的社会化途径。它们都在不同程度地突破受到领土限制之国家所实施的政治的乃至自然的限制。一些非政府间国际组织无论从思想上还是从实践上，都致力于将人类关怀作为其最终归宿，而不是从国家利益出发看待问题，常常表现出“没有祖国，只有人类”，反对任何国家的危害国际生态环境等行为，主张全世界人民联合起来，为拯救面临严重生存危机、自由危机、发展危机与战争危机的地球共同努力。这些数目众多、成员广杂的非政府间国际组织，无疑正在将越来越多的“世界公民”的忠诚从国家转移到地球上来。

总之，非政府间国际组织通过占据与主权管辖范围的领土描绘形成鲜明对照的政治空间和决策领域而对政治范畴作重新界定。在这个过程中，它们确立了一个互动的框架，这个框架减小了自然的和法律的边界的重要性。①

国际组织对于国际社会而言的确具有非常重要的意义，它们能

① 参见［澳］吉米·福尔克著，李东燕译：《主权的终结？——日趋“缩小”和“碎片化”的世界政治》，浙江人民出版社2001年版，第177～178页；俞正梁等著：《全球化时代的国际关系》，复旦大学出版社2000年版，第243页。

够最大限度地为在主权控制之外的氛围中探讨国际问题提供机会和可行性。国际组织通过法律文件的制定、国际组织会议决议的形成、国际组织的司法活动、作为国际法主体对国际事务的参与、对国家主权内容的限制和挑战、对国家地位的冲击等，使国际法的价值得到了理论上的支持和实践上的回应。因此，从国际法价值实现的角度出发，国际社会组织化程度的进一步加强无疑是全人类热切的希望。

（三）全人类共同危机的加剧

社会学研究表明，所有社会成员的共同需要有两类，即工具性需要和表意性需要，社会学家相信，这是人们为什么形成群体的两个基本原因。一些群体满足工具性需要，由群体帮助其成员去做那些不容易单独完成的工作。另一些群体的形成主要是为了满足表意性需要，群体帮助其成员实现情感欲望，通常是提供情感支持和自我表达的机会。组织则是人们为了达到某一特定目标而结成的群体。①

在国际社会中，也存在着工具性需要和表意性需要，其中工具性需要表现得尤为强烈。自人类在地球上形成起，便开始了对自己生存环境中所有事物的探索。从本土到其他国家和公地，从地球到外空，从最初的浅薄到今天的深刻，人类超于万物的智慧得到前所未有的开发和利用，正在逐步走向更高水准的科技平台。在这个发展过程中，人们遭遇到各种各样的危机，但是这些危机的性质并不相同。从产生原因看，有的危机是人类自己引发的，有的危机则来自于自然界，也有的危机本源于人类却在自然界中形成。从解决方式看，有的危机是可以由一个国家自己独自解决的，有的危机则需要全人类的共同努力才能够解决。

早期发生的危机主要是依赖某一个国家的独力解决。即使这种解决方式是以损害另一国家的利益为特征的，各国通常对此表示认

① 参见［美］戴维波普诺著，李强等译：《社会学》（第10版），中国人民大学出版社、Prentice Hall出版公司1999年版，第178～179、189页。

可，国际社会中也并没有产生相关的禁止性法律规则。当国际社会的广泛性日益增加，国家所具有的伤害能力日益增强后，许多危机的解决不再能依靠对他国的损害而取得时，国际社会中出现了相关的禁止性规则，并且逐步建立起国际法体系。然而，国际法体系目前尚处于发展过程之中，距离成熟的国际法制还很遥远。国际社会中的主要主体——国家目前仍然可以在大多数情况下不必依赖全球性的合作而解决问题。客观上存在的国家间的不平衡是产生这一现实的主要症结所在。国际社会目前面临的共同危机，诸如恐怖主义、局部战乱、难民、南北矛盾、环境污染等，从实质上讲已经不再是某个国家可以单独应付得了，即使是如欧洲联盟这样高度一体化的国际组织也是无法独力解决的。但由于相信“超常的人很可能通过侵略而收获颇丰，在与其他人的相互克制或妥协中却所得甚少”,① 在国际层面上具有优势地位的国家仍然不愿意切实实现国际法的价值。可是，在全球性危机发生时，国家间却常常是能够接受并赞同在危机不存在时难以想象的合作。第二次世界大战期间，由于各国共同面临的法西斯轴心国家战争的威胁，使意识形态上尖锐对立的资本主义大国和社会主义大国也坐在了一起，结成了反法西斯同盟。而当二战一结束，这一同盟便很快解体。从这个意义上讲，全人类共同面临的危机继续的恶化，无疑是促进世界上各国通力合作以实现全人类共同利益的重要客观因素。

2003 年，一种新的传染性疾病——非典型肺炎突然爆发，引起世界范围内的恐慌和警惕，世界各国从经济、医疗技术等方面纷纷施以援手。有学者对当时的国际关系发展情况分析后指出：“非典不仅检验了我国的对外关系，一定程度上也增强了中国与国际社会的合作关系。非典还给中国提供了新的国际合作经验以及进一步

---

① ［英］哈特著，张文显、郑成良等译：《法律的概念》，中国大百科全书出版社 1996 年版，第 191 页。

融入国际社会的新环境。"① 再回顾"9·11"事件后国际社会在反恐问题上迅速达成的高度一致，不难看出其中原因均在于国际社会认识到这些事件已经构成对国际社会整体的重大威胁。随着国际社会中各国之间日益紧密的相互依赖性的发展，对具有"超常能力"的国家的能力提出了挑战。国家间的联系越紧密，意味着国家的易受伤害性日益严重，国家正在变得越来越脆弱。随着人类科学技术的进一步发展，地球变得越来越小。那些不能依赖损害他国利益而得到解决而且全人类又共同面临威胁的危机的加剧，将成为实现国际法价值的重要压力和动力。

第二节　实现国际法价值的途径——国际合作

一、国际合作的可能性和重要意义

合作（cooperation）是一个非常普遍、使用率极高的词汇，它的常见含义是"互相配合做某事或共同完成某项任务"。② 在英文中，它一般有三个含义，即为共同的目的而协力工作、愿意一起工作、支持和协助。③

无论是和平秩序还是人本秩序或全人类共同利益的实现，国际合作都是最重要的途径。这几乎是一个人所共知和不言而喻、不证自明的国际共识。国际合作的主体可以是国家，也可以是个人或其他组织。表面上看，我们似乎完全可以忽略国际合作的主体，因为无论是发生在什么样的主体之间的合作，只要是真正的"合作"，对于国际法价值的实现都会有所裨益。但是，跨国公司、各国巨富

① 参见阎学通：《非典检验中国对外关系》，载《环球时报》2003 年 5 月 23 日第 15 版。

② 《现代汉语词典》，商务印书馆 1996 年版，第 509 页。

③ 《朗文现代英汉双解词典》，现代出版社、朗文出版（远东）有限公司 1993 年版，第 312 页。

以经济收益的多寡为标准确定或否定自己的合作对象被认为是人之常情，道德的规劝力量在这里没有充分的存在空间，用道德感化使其放弃追求利润和收入为常规的道德观念所不齿。对于国家来说，事情就不再是同样的情形了。从更为广大和宽宏的道德出发，与其他国家进行合作的客观上的可能性使这种要求具有了合理性。发生于国际法主体间的国际合作最为重要，对国际法价值的影响也最为重大，尤其是其中发生在国家之间的合作，成为重中之重。

囚徒困境（Prisoner's Dilemma）理论可以很好地解释国际合作的理论依据。如果国家之间不存在交流、信任，那么国际社会中各国家之间的关系就与处于困境之中的囚徒非常相似。博弈论研究显示，在一次性博弈中，由于各博弈方决策时只需考虑眼前利益，根据博弈中理性行为者利益最大化的原则，通常不能期望博弈方会考虑对方的利益得失，只要能实现自身的最大利益，博弈方是不惜相互“欺骗”乃至“伤害”的。在重复博弈中，各方关心的不是某一次博弈的结果或收益，而是博弈重复进行后的总体效果或平均收益，并且各次重复之间存在着相互影响和制约。在多次博弈的情况下，参与者可以通过观察对方所采取的策略和博弈的结果而获得某种信息，随着信息的传递，合作的可能性会大大增加。① 反过来，国际合作无疑能弥补国家之间的交流欠缺和信任度的低下，避免出现国际社会中的“囚徒困境”。

实践中进行国际合作的重大障碍是国家利益。根据沃尔兹新现实主义的观点，无政府状态阻碍各国间的合作，因为在一个缺乏中心的体系中，体系成员并不考虑它们是否都可获益，它们只关心谁会获益更多。正是各国对“谁获益更多”（即相对获益）这一问题的格外关注阻碍了合作。但是，国家利益不是绝对概念，国家不一定总是绝对地从国家利益出发来处理国家间关系。否则，人们很难理解众多国家对国际法院的支持。对于一个在国际社会中拥有国家

---

① 参见倪世雄等著：《当代西方国际关系理论》，复旦大学出版社 2001 年版，第 309 页。

主权的独立国家来说，接受审判等于同意接受由第三方来决定本国的命运。“无论从精神上还是从本质上看，这都与自主冲动的单边主义本质背道而驰。”① 但是，仍然有国家愿意接受国际法院的强制性管辖权，对这一问题的回答是，“显然各国认为依赖于一个公正的第三方的决定要比其他选择更好，因为其他选择可能意味着冲突陷入僵局或被迫诉诸自卫”。② 而且，在国际法禁止使用武力或以武力相威胁的前提下，此时失败的一方更容易向其国内支持者作出解释，这个结局当然要强于通过外交手段直接向对方屈服。综合这些情况，对国家相对获益的关注就难以立足了。

可以看出来，在实践中，国际社会中的各国家为了实现各自的利益会进行合作以创立一整套行为规范，这一创立行为或通过条约或通过惯例得到实现。各国对建立秩序的迫切要求，导致它们为创立国际法规范和体制进行合作，以确保按模式化行为行事所能获得的利益。在国际法框架内国际关系的确定性提高的情况下，对所获利益本身和相互获益的平衡的关注，取代了对相对获益的关注。国际法体制将国际关系从一次性交易转变成了一种反复不断的游戏。在这一游戏中，当前的损失可以由将来的获益来弥补。因此在对未来的预期中，更可能形成合作。

国家能够接受不均衡收益使国际合作成为可能。国家间通过协商、谈判、签署条约等方式，力图在它们之间建立起各种利益的平衡。但是，绝对的平衡在绝大多数情形下只是一种追求，很难得到真正的实现，国家经常面对的是两国或多国间不均衡的收益事实。实践证明，国家通常是能够接受那些并不严重的不均衡收益事实的。而且，有一些很特殊的例子可以证明，即使是在收益非常明显不均衡的情况下，国家有时也是能够接受的。例如，面对被普遍认

---

① ［美］熊玠著，余逊达、张铁军译：《无政府状态与世界秩序》，浙江人民出版社 2001 年版，第 102 页。

② ［美］熊玠著，余逊达、张铁军译：《无政府状态与世界秩序》，浙江人民出版社 2001 年版，第 103 页。

为是对西方国家有利的《1987年中程核武器条约》，不均衡的收益并没有使戈尔巴乔夫（Gorbachev）放弃合作，拒绝签署条约。①

国际合作是国家间关系的一种动态显示。记得我国著名经济学家厉以宁教授在一次讲座中提到“走钢丝”和“站钢丝”的不同，“走钢丝”的人是处于运动之中的，在运动之中可以最好地协调身体，寻求平衡，而“站钢丝”的人则因其静止不动而难得平衡。把这个道理放置于国际社会中，会发生非常相似的效果。国家间通过合作，可以达到这样几方面的目的：

第一，国际合作增加彼此之间的了解从而增加彼此之间的信任度。“独居小楼成一统”式的闭关锁国使国家之间失去了相互交流和沟通的渠道，这种欠缺无疑导致国家之间的猜忌和疑虑加重，增加国家在经济发展、安全防御等各个领域中决策的盲目性，由此而来的信任度下降更会直接引发国家之间的敌对感。

第二，增强彼此之间的相互依赖性。相互依赖性越强，意味着国家相互间的易受伤害性越强，这反过来又进一步地提出国际合作的要求，使国际合作的迫切性得以提升，从而形成一个国际合作的良性循环。

最后，促进全人类的共同发展，维护全人类共同利益。国际合作与国际敌对或国际对立相对应，包含着法律、政治、经济、军事、文化等方面的内容。通过国际合作，可以避免战争和武装冲突，创造全人类所热望的和平的国际环境，可以提升人的生活质量，使人权得到保障。在处理全人类共同面对的危机方面的合作，则是对全人类共同利益的支持和保证。

总而言之，国际合作对于国际法价值——和平秩序、人本秩序和全人类共同利益——的实现具有重大意义，是国际法价值实现的最佳途径。

---

① 参见［美］熊玠著，余逊达、张铁军译：《无政府状态与世界秩序》，浙江人民出版社2001年版，第41～49页。

二、21世纪国际合作的要旨

国际合作的重要意义深深地打动了现代世界中的各国，关于国际合作的共识实际上已经得到了世界各国的支持和赞扬，没有哪一个国家曾经明示过拒绝国际合作。联合国大会1970年10月24日通过的《关于各国依联合国宪章建立友好关系及合作之国际法原则之宣言》更直接表明，“各国不问在政治、经济及社会制度上有何差异均有义务在国际关系之各方面彼此合作”。然而，不附加任何解释的国际合作赋予人们宽广的想象空间，各种模式的国际合作纷纷粉墨登场，关于国际合作模式的观点也络绎不绝。作为国际法价值实现途径的国际合作具有非常直接也非常明确的目的，即实现国际法的价值——和平秩序、人本秩序和全人类共同利益。从这个意义上讲，平等和扩大受益方构成21世纪国际合作的基本要旨。

（一）平等

平等是正义的重要内涵之一。“为正义而斗争，在许多情形下都是为了消灭一种法律上的或为习惯所赞同的不平等安排而展开的。”① 亚里士多德甚至认为平等是正义的基础。② 在国际合作中，平等依然是一个非常重要、不可或缺的因素。如果欠缺了平等这个重要因素，国际合作将演化成为国际控制或国际霸权，实现的将是实力主导之下的国际秩序，这样的国际秩序距离实现全人类共同利益的目标将越来越远。

从既存的法律规则看，国家之间的平等是无需任何质疑的。

---

① ［美］E·博登海默著，邓正来译：《法理学、法律哲学与法律方法》，中国政法大学出版社1999年版，第291页。

② 亚里士多德将正义划分为分配的正义和矫正的正义，分配的正义要求按照均衡平等的原则将世界上万事万物公平地分配给社会的全体成员，矫正的正义则是当平衡的正义遭到破坏时按照均等的原则加以重建或恢复。虽然亚里士多德对于平等的理解囿于当时的客观环境还限于平等的人受平等的对待，但是我们依然可以从中看到他的正义观是以平等为基础的。

“平等是国际法的延伸。”① 随着1648年《威斯特伐利亚和约》的生效，欧洲三十年战争所造成的领土变更得以调整，罗马帝国统治下的大批城邦国家获得了独立，荷兰和瑞士成为主权国家，新教国家脱离了教皇的绝对约束，领土主权概念趋于加强，国家平等原则获得了欧洲各国的承认。在国际社会中，国家依国际法拥有平等的地位，这是近代以来的国际秩序的重要特征。“主权是国际法律秩序的基础；现行法律秩序的出发点在于国家主权原则。”② 但是，在缺乏“中央权威”的国际社会中，“权力分配不均是国家间关系中一个具有普遍性的主要因素”。③ 从古至今，这种状况实际上从未得到改变，即使在国际社会中已经把国家主权原则作为国际法的基本原则之后，实践中国家之间的平等仍然远远没有达到。

1917年十月革命之前，国际社会中不平等主要体现在这样几个方面：首先，在所谓欧洲基督教“文明”国家与亚非国家之间的不平等。“19世纪中叶帝国主义列强侵入远东，以炮舰政策迫使中国、暹罗（泰国）、朝鲜等国签订不平等条约，强行通商，设置领事裁判权。此后，殖民掠夺又相继扩及非洲等地，使众多国家沦为强权瓜分的牺牲者。这些国家在不平等条约的法律形式下被纳入传统国际法的效力范围，但传统国际法的主权原则并未适用于这些弱小国家。”④ 其次，甚至在所谓“文明国家”的狭小圈子内，不文明的自助手段和承认战争或使用武力不受法律约束，使不平等成为不变的事实。国际社会成了一个由掌握小国生杀之权的少数大国

① ［英］詹宁斯、瓦茨修订，王铁崖、陈公绰等译：《奥本海国际法》（第1卷第1分册），中国大百科全书出版社1995年版，第275页。

② 法国学者巴德望（Basdevant）语，周鲠生著：《国际法》（上），商务印书馆1981年版，第175页。

③ See O. Schachter, International Law in Theory and Practice, Martinus Nijhoff Publishers, 1991, p. 5.

④ 梁西主编：《国际法》，武汉大学出版社2000年版，第28页。

控制的等级社会。① 这种形式上的平等和事实上的“等级体制”的存在，使国家之间的关系中自由竞争多于国际合作。

虽然现代国际法在实现国际社会成员的平等主权方面取得了一些丰硕成果，但是国际秩序中这种大国控制的等级体制仍在继续。“和平与发展这两大课题至今一个都没有解决，天下仍很不太平。”② 在全球化背景下似乎日益浓烈的国家间相互依存的美丽图景背后，是发达国家和发展中国家之间相互依存程度的明显不对称性。这种不对称性的重要体现之一就是对全球公共资源的占有和利用上的严重不对称，以及由此导致的政治军事力量不对称。在传统的争夺方式——占领别国领土已经行不通的今天，西方战略家把眼光集中到不受各国主权控制的公海、太空、南极、全球环境、信息空间等其他资源发挥作用的基础与平台上来，通过控制它们进而控制各国的政治经济，弱国在信息通讯、文化、国防等领域严重依赖强国，形成了各国间相互依存关系中的高度不对称结构。单极化世界将是这种不对称结构的极端形式，也是现代世界秩序的最大危险。

不同的发展水平、不同的国家实力，使国家间法律上的平等在国际实践中难以真正实现。有实力的国家在对待其他国家时常常偏离建立平等国家间关系的轨道。例如，有关国家和政府对其他国家的制裁虽然表面上是以对方侵犯人权为理由进行的，但却明显地产生出另类的印象。“当美国的指责很有针对性地指向中国和伊朗，而没有指向以色列或沙特阿拉伯时，这种印象便更加强烈。显然，正是美国的政治利益决定着该指责谁和不该指责谁。”③ 当国家把实力作为行为的依据，把自己的实力许可范围视为自己的行动范

① 参见余敏友：《以新主权观迎接新世纪的国际法学》，载《法学评论》2000 年第 2 期。

② 江泽民：《在庆祝中国共产党成立八十周年大会上的讲话》。

③ ［德］赫尔穆特·施密特著，柴方国译：《全球化与道德重建》，社会科学文献出版社 2001 年版，第 255 页。

围，坚决地执著于自己的权力与地位时，它便不再寻求其他国家的理解和合作。① 并且，它将转而把自己的意志强加于其他国家，在国际社会中追求具有绝对优势的、凌驾于其他国家之上的霸主地位。这种严重的事实上的不平等一经产生，为实现全人类利益的国际合作就成为镜花水月式的虚幻景观了。由此，通过我们对国家之间不平等的证伪，国际合作以平等为其要旨的必要性和重要性得到了进一步的证实。

至于平等应该包含的内容，《关于各国依联合国宪章建立友好关系及合作之国际法原则之宣言》已经给予明确，应该包括：(1) 各国法律地位平等；(2) 每一国均享有充分主权之固有权利；(3) 每一国均有义务尊重其他国家之人格；(4) 国家之领土完整及政治独立不得侵犯；(5) 每一国均有权利自由选择并发展其政治、社会、经济及文化制度；(6) 每一国均有责任充分并一秉诚意履行其国际义务，并与其他国家和平共处。

（二）扩大受益方

“扩大受益方”是从受益主体角度来评价国际合作的标准。这一提法与和平共处五项原则中的“平等互利”一脉相承。因为“平等互利，是在传统的平等原则基础上发展起来的一项新原则。其新意就在于：它更强调国家间的真正平等，即真正的平等应该是与互利相联系的，形式上的平等不一定是互利的，而只有互利的平等才是真正的平等”。② 但是，仅强调合作方之间的相互受益只能保障有限的国家之间平等合作，对实现国际法的价值来说，扩大受益方的范围，尤其是国家能够在主观上把扩大受益方作为行为的目的之一，才更具重要意义。

那么，国际合作是否应该考虑第三方的利益呢？美国著名的国际政治学者汉斯·摩根索（Hans Morgenthau）认为，“只要世界在

---

① 最典型的例子如：美国退出《京都议定书》、退出与前苏联签署的《反弹道导弹条约》。

② 梁西主编：《国际法》，武汉大学出版社 2000 年版，第 62 页。

政治上还是由国家所构成的，那么国际政治中实际上最后的语言就只能是国家利益”。① 虽然他的观点有忽视国际法作用之嫌，但却可以从中看到国家利益是各国对外政策的目标制定和国家行为方式及内容的出发点和归宿。每个国家的国家利益都包括保障国家的生存、维护国家的制度、促进国家的发展和保卫国家的特性这四个层面。因此，各国具有国家利益是一种普遍的现象，但每个国家的国家利益又具有各自的特殊性。如果国家之间具有相似的或者互补的国家利益，则国际合作容易形成。国家间的冲突利益则会削弱国际合作的基础。② 根据“互利”的要求，在各式各样的国际交往中合作方应该做到互相有利，而不能以损害对方的利益来满足自己的要求，更不能牺牲或榨取对方的利益。即使国家之间的利益相互冲突，互利也仍然是国家间平等的要求。

国际合作可以是双边合作，也可能是区域性的或跨区域性的多边合作。平等主权国家之间通过签署条约方式进行国际合作是非常普遍的方式。正如契约一样，条约只在缔约者之间才有约束力，对第三国既无损，也无益。1969 年《维也纳条约法公约》第 34 条、第 35 条和第 36 条分别规定，“条约非经第三国同意，不为该国创设义务或权利”；“如条约当事国有意以条约之一项规定作为确立一项义务之方法，且该项义务经第三国以书面明示接受，则该第三国即因此项规定而负有义务”；“如条约当事国有意以条约之一项规定对第三国或其所属一组国家或所有国家给予一项权利，而该第三国对此表示同意，则该第三国即因此项规定而享有该项权利。该第三国倘无相反之表示，应推定其表示同意，但条约另有规定者不

---

① 俞正梁等著：《全球化时代的国际关系》，复旦大学出版社 2000 年版，第 51 页。

② 关于国家利益参见俞正梁等著：《全球化时代的国际关系》，复旦大学出版社 2000 年版，第 52 页以下。

在此限。"① 这些规定与国家主权原则相一致，也符合国家在条约关系中不可能不经其同意而受条约拘束这一条约法的基本原则，并且与稳定国际关系的目标也是一致的。但是，有一个问题我们不能不加以考虑，即并未给第三国创设义务和权利的条约、经第三国明示接受的给该第三国创设义务的条约等所有不违反《维也纳条约法公约》的条约，可能会给其他国家带来不利影响，尤其是可能会给全人类带来不利影响。

1969 年联合国秘书长吴丹（U Thant）指出："我不愿意显得过于危言耸听，可是，根据我作为秘书长所能掌握的资料，我只能得出结论说：联合国的成员们也许还可以有 10 年的时间，在此期间内大家必须权衡轻重，放弃以往的争执，开展一种全球性的合伙关系运动，抑制武器竞赛，改善人类环境，遏制人口剧增，并为促使人们致力于事业发展提供必要的契机。如果这样的全球性合伙关系在今后 10 年内不能形成，我很担心我所提到的那些问题势将发展到惊人的程度，致使我们无法控制。"② 所有这些问题至今仍未得到解决。虽然国际合作已经在各个层面被提起，但有的国家仍然以一己之私为标准在国际合作中追求自身利益的最大化，对对方的利益则视而不见，对对方的科技无知、经验欠缺等暗自窃喜甚至故意促成。合作者若能够本着尊重彼此的利益并使合作各方形成"互利"已经殊为难得。虽然建立在互利基础上的国际合作已经很值得珍惜，但对于实现以国际共同体（international community）为载体的国际法的价值来说，却仍嫌不足。

"人类"成为法律术语和法律主体已经有近 60 年的历史了。由于全人类共同面临的问题和危机的增加，"人类"可能在更多的法律领域中成为主体。譬如在现代国际法中占据重要地位的和平、

① 《维也纳条约法公约》，载王铁崖、田如萱编：《国际法资料选编》，法律出版社 1986 年版，第 754 页以下。

② 俞正梁等著：《全球化时代的国际关系》，复旦大学出版社 2000 年版，第 222 页。

战争、发展、环境、人权等领域，各国无一例外地都面临着防止战争、维持和平、反对恐怖主义、控制人口、增进发展、合理使用资源等任务，所有这些问题的解决都与全人类当前的利益紧密相关，并且也决定着全人类共同的未来利益。只有考虑人类整体利益的国际合作才是解决问题所必须的。既然目前尚无经过明示授权对人类具有合法有效代表性的机构或组织，在各种形式的国际合作，尤其是国家之间的合作中，把人类利益纳入考虑范围最为切合实际。正是从这个意义上讲，国际合作的要旨之一是在合作方之外增加受益方——人类。

扩大受益方是国际社会中的一次法律与道德升华，也是寻求真正实现国际法价值的重要推动因素。“囚徒困境”所具有的哲学意义表明：处于某共同情境中的各方如果能够作出适度牺牲与自我约束，遵守有利于他们共同利益的协定，那么将会获得双赢的结果。相反，各方如果不肯作自我约束，追求其自身的最大利益，必将使包括自己在内的各方都遭受巨大的损失和灾难。将“囚徒悖论”引入国际社会中来的结论就是，如果世界各国都互不信任，不受某种共同契约的限制，仅从本国利益最大化出发，其结果必然是导致包括其自身在内的全世界的巨大灾难，甚至导致人类灭亡。① 在世界各国间建立全球规模的信任机制，以求同存异为基础，以全人类为受益方，以国际法律制度为表现形式，使各国都自觉接受国际法的约束，依国际法办事，如有违反，则受法律的制裁。不期然之中，这与所谓国际社会中“从身份到契约”的运动趋势正相契合。

第三节 国际法价值实现的展望

国际法价值的实现是全人类的深深企盼。然而历史事实同时在告诉人们，世界的发展和变化并不是向同一个方向进行的，也不是

① 参见鲁品越：《产业结构变迁和世界秩序重建——历史唯物主义视野中的世界秩序》，载《中国社会科学》2002 年第 3 期。

只有一个变化趋势可言。第一次世界大战结束的时候，全世界都渴望不再发生战争，渴望一个和平的生存环境，可是事实与人们的期望恰恰相反，在不到20年的时间里，爆发了第二次世界大战。孔慈（J. Kunz）说过："人类精神活动之历史，其对整个世界与生命及对特殊问题之态度，显与摆锤之不断摆动相同，由一种态度摆动至相反之态度……往往在第一种态度达到其最高峰值前，可能已显暂时衰竭。"① 国际法价值的实现将不会是一帆风顺的过程。而且，人们目前也还无法确定究竟最终会以怎样的形式完成它。或许对于人类而言，当前最有把握的事情是渐进的努力和追求。

一、与国际法价值实现相关的重要理论

西方的国际法学发展速度极快，与国际法价值实现相关的理论也很多。不过，涉及国际法价值实现的未来图景，最重要的便是世界主义观点了。笔者对贝茨（Beitz）的观点非常感兴趣。贝茨把世界主义（cosmopolitanism）分为两种，即制度上的世界主义（institutional cosmopolitanism）和精神上的世界主义（moral cosmopolitanism），前者是指世界政治结构应当重组并创设某种世界政府；后者则与制度无关，涉及的是证明或评价制度、实践或行为方向的基础。他对后者具有倾向性，认为它表达了对把世界在某种程度上视为一个独立物的热望。② 很多国际法理论实质上都对实现国际法价值的未来可能性进行了大胆的推测，但是总体上来讲，并没有超越贝茨所言的这两种模式。在各种理论中，笔者挑选了能够最好地反映这两种模式的世界法和万民法理论，与读者共同展望未来。

（一）世界法

世界法是指普遍适用于人类社会或整个世界的共同法或普遍

① ［美］孔慈著，王学理译：《变动中之国际法》，台湾"商务印书馆"1971年版，第96页。

② Chris Brown, Justice and International Order, in International Justice, by Tony Coates, Aldershot Burlington USA: Ashgate, 2000, pp. 39-41.

法。它与世界政府紧密相联，世界政府则通常是一个统一的政治体制，在全球范围内由一个中央政府正式行使合法权力。

世界法不是国际法的世界化。国际法的世界化是世界法形成的基本前提。国际法的世界化早已完成。“自15世纪以至第一次世界大战结束，国际法之内容及生效之地域范围，曾有巨大之发展。在国际法之生效地域范围方面，有美国及拉丁美洲各共和国之成为国际社会分子，其后复有澳大利亚及纽西兰等其他国家之加入，上述各国，均属西方文化基础。国际法地理上扩充至欧洲以外后，复又扩充至西方文化以外……国际法原本为基督教西欧‘区域性’之法律，殆已生效于全体国家，不论其在何洲，何种宗教、文化、种族等等。国际法已转成世界化。”① 完成了世界化的国际法继续发展，这个发展历程在目前已经显得艰辛而起伏。

国际法的世界化令人们产生更多的遐想，世界法是其中最为典型也最引人注目的一个。不过，世界法观念的发展比之国际法的世界化要早得多。从中世纪到现代，欧洲曾经有过由罗马法、教会法与商人法构成的具有普遍意义的法律，即共同法（jus commune）。当时，整个欧洲，从波兰到葡萄牙，从西西里到爱尔兰，都在讲授这种共同法。它作为一种推理方法得到运用，并且，在欧洲尚不存在国家法的那个时代里，这种共同法对极为分散、极为复杂的地方法律的解释起到了指导作用。

19世纪，各国着手编纂自己国家的法典，这一法律国家化过程第一次遏制了普遍主义。之后，在法律国家化的进程中又产生了比较法，比较法再次唤醒了普遍主义者的梦想。1900年，在世界博览会召开之际的国际代表大会上，比较法学者齐集巴黎，设想建立一种以“文明国家”之共同原则为基础的“文明人类的共同

---

① ［美］孔慈著，王学理译：《变动中之国际法》，台湾“商务印书馆”1971年版，第12页。但孔慈认为：“国际法之扩展至全世界，纯为历史现象。国际法将来是否仍能生效，既无保证，是否能永久保持其全世界生效性，亦无保证。”

法”。同一时期，中国大法学家沈家本也在考虑中国法律与西方法律的融合问题。两次世界大战搅乱了20世纪上半叶，也标志着对普遍主义的再一次猛烈遏制。第二次世界大战中发生了各种由“文明国家”实施的系统地损害人的尊严和毁灭人类的行为，而这些国家的法律对此不能加以制止，有时甚至为这些行为披上合法的外衣。“在紧迫之中带有悲剧性的氛围里，持久和平的梦想再度萌生。似乎只有再一次经历极端苦难与恐怖，才能从此种倒退中出现一种世界法的可能性。随着各种危险的全球化日益增加，这种可能性便成为紧迫之需要。”① 我国比较法学者在比较法学研究中也看到了世界法这一前景。“纵观世界历史的轨迹，我们很容易看到，人类社会事实上也还是一步一步地向着人类一统的大方向前进。”因此，“比较法学意义深远的、最为重要的作用是以令人信服的科学方法解释所有法律秩序中的一般原则，为一种普遍的、放之四海而皆准的法律秩序来寻求科学的基础，质言之，建立一种没有民族国家界限的普遍法学。并且通过这种普遍法学，逐步为最终实现不同法律秩序下的法律规则乃至超国家的法律统一创造法源和法学的条件。”②并得出结论，世界共同法或普遍法是人类社会最高行为规范的实在形式。

我们姑且不谈论世界法这一构想究竟科学与否。③ 把世界法与国际法相比较，可以看到世界法的生效空间是不再受到国家制约的人类生存空间，这个空间不再以国界为标志而被分割。世界法的产生要求以全球有统一的立法、行政和司法机关以及其他机构为前

① 参见［法］米海伊尔·戴尔马斯—马蒂著，罗结珍、郑爱青、赵海峰译：《世界法的三个挑战》，法律出版社2000年版，第2~3页。

② 米健：《从比较法到共同法——现今比较法学者的社会职责和历史使命》，载《比较法研究》2000年第3期。

③ 关于世界法、共同法的构想并未得到一致的认可，仍是一个值得商榷的问题。例如，《比较法研究》2003年第2期又刊登了另一篇文章《从美好的幻想到理性的追求——评米健“从比较法到共同法”一文质疑新共同体法说》。

提。无论在哪一类学者看来，他们都认为世界法所追求的是人权得到保障、战争得以制止、世界经济发展等，改变当前的种种不如人意之处，建立一个理想的“可居住之世界”①。从这个意义上讲，世界法实质上也具有实现国际法的价值的特点。

然而，必须注意到世界法已经不再是国际法，与国际法相比，世界法已经发生了太大的异化。世界法已经改变了国际法以国家主权原则为基本原则这一最重要特征。虽然，国际法所追寻的价值取向在世界法的范畴内仍然不失其重要性，但是那也只能说和平秩序、人本秩序和全人类共同利益转而成为了世界法的价值。

（二）万民法

在21世纪即将来临的时候，著名法理学家罗尔斯先生通过《万民法》表达了一个年近八旬仍不懈思考的老人对于这个动荡世界的善良希望。罗尔斯的“万民法”思想与世界法的单一世界政府构想非常不同，他更愿意在各种假定条件基础上，最大限度地贴近现实，构想一个并不统一的社会世界，或将其简称为“现实的乌托邦”(罗尔斯语)。② 虽然罗尔斯声称他的《万民法》一书既不是一篇国际法论文也不是国际法教科书，但是在罗尔斯的勾画中，重笔描摹的政治氛围后面清晰地显露着对和平、人本秩序以及全人类共同利益的深切关注。该理论确实让人们看到了国际社会发展的前景和国际法价值实现的可能结局，而且与国际社会发展现状、人们的可预期未来以及全人类在国际法中寄予的道德期望更为贴近。这与罗尔斯当初将他的正义理念引入国际社会中来的出发点相吻合。

“万民法”，原名是拉丁文的jus gentium。jus gentium来源于罗马法，原意是指在非罗马公民之间或罗马公民与非罗马公民之间适用的法律。后来，格劳秀斯（Grotius）用它来称呼他所讲的国际

---

① 米海伊尔·戴尔马斯—马蒂语——笔者注。

② 关于罗尔斯教授的万民法观点参见［美］约翰·罗尔斯著，张晓辉、李仁良等译：《万民法》，吉林人民出版社2001年版。

法，即适用于国与国之间的法律。在20世纪90年代初，罗尔斯已经开始考虑其正义理论在各民族之间关系上的某种跨文化的扩展和应用问题。1999年，罗尔斯正式出版了体现其国际正义思想的《万民法》（The Law of Peoples）一书。他自己认为，他使用的“万民法”一词源于传统的 jus gentium，系指运用于国际法与实践之原则与准则中权利与正义的一种特殊政治总念。因此，“万民法”不是指所有人、所有民族法律的共同部分，而是指处理各“人民”、各民族相互之间关系的政治—道德原则。万民法将国内体制的正义自由理念，扩展到“人民社会”中去，或者说，把“作为公平的正义”扩展到国际法中。

罗尔斯万民法思想的一个前提是，我们对我们社会的希望系于这样的一点，即相信世界社会将准许合理正义宪政民主制度作为合理正义人民社会之成员而存在。在罗尔斯看来，并没有单一可能的万民法，万民法是一系列的合理法律，它们满足所有他谈论的条件和标准，并使得确定法律特殊性的人民代表满意。万民法的适用领域是不一定完全摆脱国际社会特征的“人民社会”，即在相互关系当中遵循万民法的理想与原则的所有人民。这些人民不是受制于一个而是多个政府，他们有自己的国内政府，该政府或者是宪政自由民主制，或者是满足了如和平、生存、基本的人权和法治条件的某些非自由平等社会、宗教等级制社会等非自由然而合宜的政府。它们可以一起达成一项共识，形成一种民族国家之间的“重叠的一致”，平等交往，和平共存。人民的代表将要保持自己社会的平等与独立。在人们的组织和松散联盟的运作当中，不平等被设计来满足人们的多种目的。在这种情形下，较多或较少的人民会准备付出较大或较小的贡献，而相应接受较多或较少的回报。

万民法的主体并不是国家，而是人民。合理的万民法，必须能够为各种合理的人民所接受；它必须在他们中间保持公平，必须在形成其合作的更大框架方面具有效力。至于何谓人民，罗尔斯指出，人民包括自由人民和合宜的人民，“人民”一词意味着强调其道德特征及其体制合理正义或合宜的本质。人民与国家不同，它不具有传统的主权。

罗尔斯的万民法特别倚重于“自由人民”的高水平素养。自由人民有三个基本特征：服务于其根本利益的合理正义宪政民主政府；由穆勒所谓“共同感情”结合起来的公民；最后是道德的本性。自由人民与国家间的一个差异在于正义自由人民将自己的基本利益限于合理要求的范围以内。至于“合宜的人民”，罗尔斯假定的例子是理想化的伊斯兰人民，罗尔斯称之为“卡赞尼斯坦（Kazanistan)”。卡赞尼斯坦的法律体系并没有规定政教分离，伊斯兰教是受人尊奉的宗教，只有穆斯林才能在政权中占据高位，并影响着政府的主要决定与政策。但是其他宗教依然受到宽容，实践中其他宗教信仰者除不能占有政治及司法较高职位的权力以外，无须恐惧及丧失大部分民权，这些少数群体一直是社会忠诚的臣民，他们也未曾遭到武断的歧视，或在公共及社会关系当中被穆斯林视为低人一等。卡赞尼斯坦的统治者并不去追求帝国和疆土。罗尔斯认为，卡赞尼斯坦一类的社会乃是我们在现实中所能希冀的最好的社会。

从国际法的历史与实践当中，罗尔斯推论出万民法的原则应该包括：(1) 人民要自由独立，其自由与独立要受到其他人民的尊重。(2) 人民要遵守条约与承诺。(3) 人民要平等，并作为约束他们的协议的各方。(4) 人民要遵守不干涉的义务。(5) 人民要有自卫的权利，除为自卫之外，无权鼓动战争。(6) 人民要尊重人权。(7) 人民在战争行为中要遵守某些特定的限制。(8) 人民要有义务帮助其他生活于不利条件下的人民，这些条件妨碍了该人民建立正义或合宜的政治及社会体制。把这些原则的内容与现代国际法的基本原则相比较，应当说相去不远。当然，这些原则也会为人民间各种形式的合作联合体与联盟提供空间，但是罗尔斯并不肯定将形成一个世界国家。同时，他也不认为目前现实主义者所谓的国际无政府状态将永远延续下去。他希望近代以来人们对改良社会制度所建立起来的信心和商业社会倾向于和平的特点，将有助于带来一种“出于满足的和平”。

二、义务先定论的引入

实现国际法的价值是一项艰巨而且迫切的任务。在这个没有一个明确和具体答案的问题面前，人们也许只能小心谨慎地渐近于它。可是，该任务的迫切性给人们留下的时间不是足够的，人们没有充分的时间去形成一个美轮美奂、无可挑剔的构想之后再去着手实施它。在我们已经了解了法学家们的前瞻性论述之后，我们仍然希望能够提供一种理论方法或途径，使国际法的价值能够在最基本的程度上得以实现。于是，有了把义务先定论①引入国际社会中来的想法。

（一）义务先定论的内容

任何由无序状态转变为有序状态的系统都要依靠一定的约束条件。国际社会也是如此。简单地说，国际背景下的所谓义务先定论，就是要求国际社会中的行为主体遵守有关的行为规则，把按照既定的行为规则去行事视为它们在现实国际社会中的义务。对每一个行为主体在现实国际社会中所享有的权利和自由而言，这种义务具有先在性，而它们所享有的自由和权利相对这个义务而言，则具有逻辑上的后生性。

马克思说："没有无义务的权利，也没有无权利的义务。"②权利和义务是法律的基本内容。权利与义务在结构上是对立统一的，在功能上是互补互促的。而从量的规定性看，无论是同一主体既享有权利又履行义务，还是一部分人享有权利，另一部分人履行义务，一个社会的权利总量和义务总量是对等的。"如果既不享有权利也不履行义务可以表示为零的话，那么权利和义务的关系就可以表示为以零为起点向相反的两个方向延伸的数轴，权利是正数，义务是负数，正数每展长一个刻度，负数也一定展长一个刻度，而

① "义务先定论"这一概念源自于张恒山所著之《义务先定论》，该书1999年由山东人民出版社出版，但是在具体含义上已经脱离了原文。

② 《马克思恩格斯选集》第2卷，人民出版社1972年版，第137页。

正数与负数的绝对值总是相等的。"① 但是，从价值的意义上来说，权利和义务之间存在着地位上的差别，有主要与次要、主导与非主导之分，这就有了所谓权利本位和义务本位的划分。法律以权利为本位或以义务为重心归根到底是由时代的法律精神和法律的价值取向所决定的。② 人们很难在未设定任何前提和背景的情况下以抽象的理论论证解决权利本位和义务本位的争执，但法理学上确实一直存在着权利重心和义务重心的争执。义务重心说是义务先定论在法理学上的依据。

所谓"义务重心说"的含义是，法作为社会控制、规范手段，主要通过义务性规范来实现自己试图达到的目的。也就是说，当法的价值目标确定之后，或者说，在阶级社会里，统治阶级意志明确之后，立法者应将侧重点、注意力放在法的义务规范以及违反这些义务规范所要招致的不利后果的精心设定上，以便使法具有可操作性。当法律意图保护的某一社会关系受到妨碍、侵害时，司法机关可以根据法律的规定追究妨碍者的责任，使该社会关系得到保护。义务重心说以这样一些客观事实为依据：在不考虑任何约束条件的情况下，社会的基本成员是倾向于任意行为的人。这些倾向于任意行为的人有着生存、生产、发展自身的共同需要，并由此而结成人类社会，即各种关系的有机组合体。这是一个庞大的自控系统。其自控的目的是：安定、发展。其自控的形式是，一方面表现为由社会产生出的管理组织控制社会；另一方面表现为社会成员通过一定的方式对管理组织加以控制。前者为原控机制，后者为反控机制。于是，人类社会又成为这种原控与反控机制并存的互控系统。③ 这

① 徐显明主编：《公民权利和义务通论》，群众出版社 1991 年版，第 65 页。

② 关于权利与义务的关系参见张文显主编：《法理学》，法律出版社 1997 年版，第 120～124 页；李龙主编：《法理学》，武汉大学出版社 1996 年版，第 196～198 页。

③ 参见张恒山著：《义务先定论》，山东人民出版社 1999 年版，第 11～12页。

个自控系统中的控制机制主要是通过人们履行义务以实现管理。如果把“倾向于任意行为的人”换成倾向于任意行为的国家和其他行为体，呈现的是一个更加错综复杂的国际社会，在这里原控机制缺乏，导致反控机制的极端不成熟。这时，尤其需要强调的是国家履行其义务，而不是无限地、积极地行使权利。

义务先定论的可行性还可以从义务论与目的论相比较所具有的特点和优势中得出。法哲学上认为，所谓义务论就是把针对人的行为而作出的道德义务判断看做更基本的、更优先的。它认为对人及其品质的评价最终要依赖于对他的一系列行为的评价，善恶的价值判断最终要归结为行为的正当与否，而行为的正当与否，则要看该行为本身所固有的特性或者行为准则的性质是什么。目的论则认为，人的一切行为都是有目的的，都是要达到某种结果的。我们可能确定某种（或几种）“好”为最根本的“好”，为最高或最终的价值，那么，我们就可以根据这一根本的“好”来规范我们的行为，来确定什么行为是正当的，什么行为是不正当的。① 与目的论相比较，义务论表现出对在终极价值追求指导下设立的行为规范本身更为有力和纯正的弘扬，它强调行为规范本身的崇高性、绝对性和纯洁性。义务论显然对人们的行为构成了比目的论更为严格的限制，有些行为（如帮助穷人的盗窃、保障多数人利益的对少数人权利的侵犯）也许能通过目的论的关卡，但却不能通过义务论的审查。虽然目的论具有使行为本身与人类的终极价值追求发生积极联系的优点，但其极端则可能走向完全“以目的证明手段”，从而导致社会的混乱。

达致权利与义务的平衡是法律的正当和理想境界。人类的科学技术日益进步，但至今仍未发明能够精确衡量真理的仪器或试剂。人们为了尽最大可能地寻求真理，不得不在要求严格遵守规则的义

① 参见何怀宏：《正义原则的优先性（三）——正义原则对功利原则的优先性》。http://article.chinalawinfo.com/article/user/article_display.asp?ArticleID=20319 2003 年 5 月 18 日访问。

务论和追求符合规则价值取向之结果的目的论之间徘徊，由此也形成了法学界的各种思潮。但在今天的国际社会中，事实已经表明，义务论所具有的特点与目的论相比更有显然的优越性，这是义务先定论引入国际社会中来的重要原因。应该特别指出的是，义务先定论只是强调相对于权利和自由而言义务具有先在性，义务先定论并不否认权利义务平衡或对等的观念。

（二）引入义务先定论的原因

权利与义务是一对紧密相关的概念。在国际层面上，一个国家的权利构成另一国家或多个国家甚至所有其他国家的义务。国际法的重要作用之一就是它以法律形式把国家在国际交往中的权利和义务确定下来，并以此来评价国家的行为。至于国家权利和国家义务孰为国际法之重心，则难以一言以蔽之。国际社会的发展形态与背景、国际法价值观的发展对国际法的重心转换有重大的影响。

回顾国际法的形成时期，可以看到当时国际法主要是由禁止性规定构成，如要求交战双方必须进行宣战、战争中禁止使用某些种类的武器、禁止杀害特定情形的人。古代国际法对国家义务予以关注，强调国家在国际社会和国际关系中应该恪守来自于自然法的禁止性规定，与当时国家间松散的联系和国家间战争的残酷性相适应，相对简单的禁止性规定已经足够。

以威斯特伐利亚公会为标志的近代国际法阶段，随着新兴资本主义的兴起，为了摆脱本国的和外国的封建势力和神权统治并在全世界追逐最大利润，西方国家开始强调国家拥有主权，要求国家拥有非常广泛的权利。国家主权概念盛行于18世纪，这也是当时自然法理论所承认的。因为人格化的国家被认为跟人一样享有自然权利，而国际法的主要任务是保护这些权利。特别是鼎兴于19世纪的实在法观点，更是以纯粹的国家主权观念为前提的。当时国际法的区域性特征为此提供了宽容的便利条件。可以看到，当时人们提出了国家主权原则主导下的独立权、平等权、战争权、公海自由权、领土先占权、拥有殖民地的权利等。当欧洲资本主义国家进入垄断资本主义阶段，伴随着对国家至上、国家利益、民族利益的强调，强国的绝对主权观开始恶性膨胀。可以说，这一时期是以国家争取权利为特征的阶段。

两次世界大战对国家权利领域和范畴提出了疑问。现代国际法规定国家拥有主权，即处理自己对内对外事务的独立权和最高权。国家主权的最高性和独立性使国家产生任意行为的倾向性。国家的行为可能性因这种任意行为的倾向性而变得纷繁复杂。辅之以国家行为能力的极度增强和提高，世界各国尤其是西方发达国家提出更多权利要求的可能和实践都在日益增长。在国家的各种要求中，有的可以成为国家权利的要求，有的则不能成为国家权利的要求。鉴于国家行为的可能性之多是不可预知和纷繁复杂的，国际法很难以肯定方式从正面逐一列举国家的正当行为并予以授权。比较切合实际的是与其相反的一种方式，亦即在承认主权国家可以凭借主权自由选择行为的前提下，规定主权国家必须作为或禁止作为的义务。在国际关系中，国家义务包括两个部分，即国家对其他国家承担的义务和对国际社会整体承担的义务，前者如不干涉内政、互不侵犯等，对于国际社会来说并不陌生。后者如禁止侵略、禁止种族歧视和种族灭绝等，则是在 1970 年国际法院对“巴塞罗那牵引公司案”所作的判决中第一次出现于正式的国际法律文件中。

选择对国家义务进行明确具体规定的方式与国家主权虚无观是绝不相同的。在第一次世界大战结束以后和第二次世界大战结束之后的 20 世纪 50～60 年代，国际社会中都曾出现过否定主权的思潮，认为国家主权是造成国际社会无政府状态和国际法无法发挥作用的根源，是“危险的、陈腐的、荒谬绝伦的、具有破坏力的政治教条”。冷战结束以来，西方出版物上不时出现“主权终结或主权消亡”之类惊世骇俗的“高论”。近些年来，美国“新干涉主义”的出现及其在前南斯拉夫等地区的表现以及地区性金融危机对世界各国经济的冲击，最近联合国大会上发展中国家与发达国家之间围绕主权与人权的大辩论，西方学者与传播媒介正在广泛炒作的“自由国际主义秩序”和“全球市民社会”的新概念，以及信息与网络的全球化等，都不同程度地从不同的角度涉及对国家及其主权的冲击与挑战。①

记得周鲠生先生曾经说过，在国际社会里所需要的不是各个国家更多的自由，而是加强它们之间的联系；不是强调它们的权利，而是多着重它们相互之间的义务。不可否认，现代国际法中国家主权作为国家权利之总和在表现形式和内容等方面发生了变化。但是，国家主权是对国家在其相互关系中主张某些权利和不受限制的行动自由的客观事实的抽象化。作为一个国际法律术语，它并非是国际法的赋予，而是作为国家行使主权的结果得到了国际法的接受。国家义务与国家主权之间并不矛盾。将义务先定论引入国际法并不是要否认国家拥有主权，而是强调国家主权的内容和行使方式等须以遵守国际义务为基础，国家义务约束着国家主权的适用范围，制约国家将其主权行使到极致。

三、义务先定论的国际实践——国家的自我克制或国家履行义务重要性的重申

国际社会中国家间的相互依存性决定了国家主权的相对性，全人类共同利益更要求适当限制国家的主权。义务先定论重申国家履行义务的重要性，能够使限制国家主权、追求全人类共同利益具有更好的操作性。在国际实践中，义务先定论的重要体现就是国家的自我控制。

国家本身是一个有着任意行为倾向性的主体，在国内社会中得到称赞和支持的道义约束在国际社会中却通常被忽视，因为有太多的国家利益、民族利益充斥于国家意识之中，对各国家政府来说，国家至上、国家利益至上、民族利益至上的理论和实践都是获得国内选票、取悦国内民众的重要筹码。冷战结束以来，国际社会中虽然出现了主权过时论、主权危机论、主权多元论等重新考虑主权概念的思潮，但是无论是民族自决权的频繁使用、国际组织通过对国

① 余敏友：《以新主权观迎接新世纪的国际法学》，载《法学评论》2000年第2期。

家主权的“硬碰撞”和“软侵蚀”表现出来的职权异常膨胀，还是国际法其他方面的新发展，都未能从根本上动摇国家主权构成国际关系的基础和国际法的核心之神圣地位。国家主权的神圣性是国内社会和国际社会的基本结构所决定的。只要这个世界还是“国际”的社会，只要调整这个社会的法还属于“国际”的法，主权将永远与国家联系在一起。但是国家主权却不可推至极端。① 于是，产生了限制国家主权的需要。

限制国家主权是全人类共同利益所必需的，也是国际法律制度存在的前提。国际法维持国际社会的正常运转，使国际社会具有秩序和稳定性。国际法通过限制政府的行为从而提升各国家的独立与安全，而且一国可以由此而达到使其他国家按其设想的那样去行事这一结果。不过，所有这些通过法律和协定而得到的利益都是有其代价的。为了提升自身的独立与安全以及领土的不可侵犯性，也为了约制其他国家政府的行为，一国必须接受对其自身的行为的相应限制。② 那么，应以什么样的方式来限制国家主权呢？这是人们评价国家主权相对性的重要依据。西方发达国家和发展中国家的理论和实践对限制国家主权有着显然的不同。西方国家比发展中国家更热衷于“主权终结”、“主权消亡”之类的说法，尤其热衷于以实力为背景的对他国主权的干扰。处于弱势的国家则希望国家主权成为它的最后一道防线。即使西方国家希望在其他非同类国家中复制西方的意识形态和其他特征以期改变它们，许多国家却不愿意成为它们的复制品。所以限制国家主权的方式必须以尊重国家主权为前提。

---

① 参见曾令良：《论冷战后时代的国家主权》，载《中国法学》1998年第1期。

② Henkin, How Nations Behave-Law and Foreign Policy 29-30 (2d ed. 1979), in International Law and World Order: A problem-oriented coursebook, by Burns H. Weston, Richard A. Falk, Anthony D'Amato, West Publishing Co., 1990.

进入21世纪以来，作为世界上惟一的超级大国，美国积极奉行单边主义，其种种行为，尤其是发动阿富汗战争和伊拉克战争，显示出改变既存国际法律秩序的意图。美国的“先发制人”战略构思，对自第二次世界大战以来就已经得到确认的许多基本原则，如国家主权原则、不使用武力或以武力相威胁原则、不干涉内政原则等带来致命的冲击。改变国际立法的意图本身并不违反法律，但是以违反现存法律的方式去改变法律在国际社会中产生的影响将远远超过国内改朝换代所引发的暂时无序，尤其是在国际社会越来越强的全球化趋势下，以及主权国家在国际社会中占据着无与伦比的主导地位的情况下。国际立法是国际社会全体国家协调意志的体现。不论是如何强大的国家，它自行改变国际立法的结果只能是因其违反国际法而受到谴责甚至惩罚。美国发动伊拉克战争引发的反战浪潮和德国、法国、俄国等国家的反对即是明证。对冷战后此起彼伏的民族自决要求，美国学者也发出这样的呼声：“世界社会的目标应该是防止国家的分裂；如果这不可能，也应以对公共秩序造成最低破坏的方式来处理。”① 从这个意义上说，国家，尤其是其中的世界强国，把国际义务放在第一位，严格克制自己的行为非常重要。

当人们说国际法是“原始的”、“不完善的”的时候，他们的意思并不仅仅是针对国际法的制定而言的，他们更多的是指向国际法的实施方面。国际法的实施与国内法的实施同样包括这样两个途径，即法律主体的自觉遵守和权威机构以强力监督执行。国际社会中统一最高立法、行政和司法权威机构的缺乏，使法律主体的自觉遵守成为国际法实施的最重要途径，权威机构以强力监督执行则会因其“权威”与“强力”的欠缺而演变成为国际社会中的强权统治。国际社会的干预理论和实践对此给予了强有力的阐释。谁来干预，谁有权干预，谁有力量干预？这是关于干预合法性的重要问题。西方学者对此径直回答说，有权进行干预的是“负责任的”

① The ASIL Proceedings, 1994, p. 43.

有实力的国家。然而，“历史证明，干涉，即使是依据联合国宪章的国际干预，少成功事例。‘不干涉’才是国际法的原则，也是对国家主权的限制。”① 这样，强力监督执行的不确定性便把国际法主体自觉遵守国际法律规则的优势显现出来。

国家遵守国际法，尤其是履行国际法所规定的国际义务，对于国家来说，可能意味着对国家实力许可范围内可获得利益的主动放弃。然而，由于“超常的人很可能通过侵略而收获颇丰，在与其他人的相互克制或妥协中却所得甚少”，② 国家通常都具有突破国际法律义务的冲动，而强大的国家则具有付诸实践的更大冲动和实力。因此，我们常常看到国家违反国际义务的现象似乎也就不足为怪了。国际社会的平行式结构决定了只有彼此尊重国家主权，才能使国际社会少一些战争与冲突，多一些和平与安全；才能少一些强权与敌意，多一些平等与合作。当全球化如火如荼地展开之际，很多学者都已经发现，各国之间众多协议和条约的达成恰是建立在国家之间的平等、容恕基础之上，国际组织所拥有的越来越充分的权利恰是源自于成员国对本国主权的自主限制。

实践证明，即使在相互极端对立的情形下，国家仍然可以通过自我克制实现国际合作与和谐。1972 年美苏两国签署的《反弹道导弹条约》中规定了许多为双方所同意的自我克制举措。例如，美苏双方同意，除非基于第 3 条的规定，双方将不为保卫任何地区而布置反弹道导弹系统。在第 3 条中，双方保证各自只能设立两个反弹道导弹系统；并且对这两个发射场及其组成部分的规模也作了限制。另一个双方同意的自我克制举措是，在开发或试验核武器中，对什么是被允许的和什么是不被允许的，作了具体说明。还有一项双方同意的自我克制举措是，宣称在将反弹道导弹系统或其部

① 程晓霞：《干涉与“国际干预”：国际法的变与不变》，载《法学家》2002 年第 5 期。

② ［英］哈特著，张文显、郑成良等译：《法律的概念》，中国大百科全书出版社 1996 年版，第 191 页。

件转让给其他国家时不超过事先设定的限制。这里，两大国用自我克制举措来消除转向囚犯困境中“背叛”的诱惑，双方保证以某种指定的方式合作，确定了有关双方今后继续合作的内容。①

西方学者提出对未来国际秩序的三个预想方案：增强目前的集体安全体制，建立具有超国家权威和广泛责任的世界联邦或建立有预防冲突功能的新国际组织。但是，他们认为其中第一种是危险而且没有希望的。② 这个观点令我们很难接受。人类历史上曾经有过多次对国际秩序的安排，这种安排不是一蹴而就的，新秩序的出现常常与国际社会中的重大转折有密切联系。第一次世界大战和第二次世界大战的经验教训是形成以《联合国宪章》为基础的现代集体安全体制的重要原因。目前以《联合国宪章》为基础的国际集体安全体制，虽然确实存在着诸多弊端，但是完全抛弃它是不现实的。建立具有超国家权威和广泛责任的世界联邦和有预防冲突功能的新国际组织将意味着国际社会的重新洗牌，导致国际社会中新的无序状态。虽然，也许经过变革之后可能带来更好的社会结构，可能更好地带给人们以福祉，但这仅仅是一种可能。

从人道主义的角度讲，任何人没有权利为了一部分人获得幸福而命令另一少部分人承受痛苦的代价。当美国以未来伊拉克人的幸福对其发动伊拉克战争进行美化的时候，我们却无法漠视在这场战争中伊拉克人遭受的家破人亡的痛苦。伊拉克人的痛苦是现实的，美国政府提供的美好未来还只是一种可能（这种可能成为现实绝大部分还要依赖于伊拉克丰富的石油资源）。而日本已经开始修正法案，为日本自卫队在海外使用武力开辟道路。日本要提升对外扩张所需要的军力并不困难，它拥有先进的技术和充裕的资金，只要

---

① ［美］熊玠著，余逊达、张铁军译：《无政府状态与世界秩序》，浙江人民出版社 2001 年版，第 49 页。

② Maurice Bertrand and Daniel Warner, A New Charter for a Worldwide Organization? Kluwar Law International, 1997, p. 9.

突破了法律的约束，就可以为所欲为。① 强国打破现行法律体制的冲动和实践将给世界带来的恶劣影响已经初露端倪。尊重既有国际法律框架并对国家行为进行自我克制，重申履行国际法律义务的重要性，才是国际法价值实现的现实且具有操作性的途径。

① 军报评论：《日本通过“有事法制”是极其危险信号》。http://cn.news.yahoo.com/030607/72/1nc27.html. 2003 年 6 月 10 日访问

第六章　中国的国际法价值观

在前面的五章中，笔者已经对国际法的价值作了论述。应该说，所有这些论述既力图反映国际法及其价值的历史发展轨迹，也承载着人类对于未来国际法及其价值取向的美好向往。但是，在人类没有摆脱以国家为生存的重要单位、主要以边界来划分国家管辖权范围这一现实之前，国家利益的诱惑会使国家之间发生国际法价值观念上的冲突。国际法价值的研究无法掩盖国际社会中的种族中心主义。① 因此，有必要从国别角度探寻单个国家的国际法价值观。

第一节　国际法价值观的含义

如果说国际法是国家之间意志的协议，那么国际法价值观则是一国意志的反映。国际法价值观是价值观和法的价值观的属概念。《中国大百科全书》是这样解释价值观的：价值观是社会成员用来评价行为、事物以及从各种可能的目标中选择自己合意目标的准则。价值观通过人们的行为取向及对事物的评价、态度反映出来，

---

① 所谓种族中心主义是指这样一种倾向，即用自己的文化标准来衡量其他文化，并很自然地认为自己的文化是对的，而其他文化是错的。参见［美］戴维·波普诺著，李强等译：《社会学》（第10版），中国人民大学出版社1999年版，第77页。

是世界观的核心，是驱使人们行为的内部动力。①

社会学上认为，价值观通常是充满感情的，它为一个人的行为提供正当的理由。关于价值观与行为的关系，主要有两种理论：一种理论认为价值观决定行动，基本价值观在个人生活的早期就已被接受。一旦价值观形成，它们就成为个人行为选择和态度形成的指南。反对意见则更关注行为在创造价值观方面的重要性，认为价值观是一种事后的解释，通过它们，社会已存在的习俗就变成一种需要的产物。综合来说，有理由认为价值观与行为是相互作用的关系。价值观取决于行为，行为又决定于价值观。②

价值观涉及社会生活的各个领域，法的价值观是人们对于法的价值的认识。法的价值观包含着人们对特定价值的感性认识和理性认识两大部分。法的价值观在法律中意义相当重大。例如有学者认为："宪法之所以重要，是因为……宪法包括了一些全世界都信仰的价值观念和规范。"根据不同的标准，法的价值观可以分为个人法的价值观—群体法的价值观—社会法的价值观、法的价值心理—法的价值理论、立法价值观—执法价值观—守法价值观等。③

从国际法的法律性质上讲，国际法价值观无疑应具有法的价值观的相同含义。但是，国际法的特殊性决定了国际法价值观的特殊性。与一般法的价值观相比，一个国家所具有的国际法价值观对国家具有更重要的意义。虽然具有特殊地位的个人或集团的国际法价值观可能会对一个国家的国际关系实践产生重要的影响，但是这种重要性还远远不能与一个国家所具有的国际法价值观相提并论。国际法价值观与应然和实然的国际法价值都不能完全的契合。在国家的外交实践和国际交往历程中点滴积累起来的行为模式、一个国家

---

① 《中国大百科全书》（第 4 卷），中国大百科全书出版社 1998 年版，第 2327～2328 页。

② 参见［美］戴维·波普诺著，李强等译：《社会学》（第 10 版），中国人民大学出版社 1999 年版，第 69～70 页。

③ 卓泽渊著：《法的价值论》，法律出版社 1999 年版，第 117～121 页。

的传统文化沉淀会令这个国家产生并坚持自己所认可的、他国明确反对或不予支持的价值观，这种价值观反过来对国家的行为又会产生重大指引作用。即使是在美国这样的实行总统竞选制度的国家，其国际法价值观在历届政府中也呈现出明显的继承性。

但是，国际法价值观在具有民族性和继承性的同时，也具有人类性和变异性。人类性是法律文化的共性，“不管为哪一个民族所最初创立的法律文化，都具有为世界人民所认同、接受的一面……任何一种法律文化都应当在本土法律文化民族性的基础上，吸收世界各国法律文化人类性的因素，从而达到法律民族性和人类性的统一”。① 国际法价值观一旦形成，就会具有相对的稳定性，即使受到外来国际法价值观的冲击或碰撞，也不会立即发生改变，这也是所谓法律文化的惰性决定的。然而，法律文化的惰性也并非绝对的事物，“随着时代的推移和变化，某种法律文化会逐渐丧失其存在的合理性，并在与外来法律文化的冲突中自我扬弃，重新构造”。② 因此，国际法价值观仍是人类可以改变和选择的。

法国社会学家布迪厄（Pierre Bourdieu）说：“从事社会科学研究的学者们在权力场域中所处的被支配地位，以及社会科学研究对象的特有性质，都决定了社会科学不可能保持中立的、超脱的和无政治意义的立场。它永远不可能达致自然科学所具有的那种无可争议的地位。这一点的证据就在于：社会科学总是不断地面临各种形式的抵制和监督（来自内部的决不少于来自外部的），威胁着要蚕食它的自主性。”③ 国际法研究者若要兼得理论与实践之功，他就不应该是超然于物外的。探寻中国国际法价值观是一个中国国际法

---

① 赵震江、付子堂著：《现代法理学》，北京大学出版社 1999 年版，第 251 页。指导法律实践活动的价值基础是法律文化的精神内核，参见该书第 250 页。

② 赵震江、付子堂著：《现代法理学》，北京大学出版社 1999 年版，第 252 页。

③ ［法］布迪厄等著，李猛、李康译：《实践与反思——反思社会学》，中央编译出版社 1998 年版，第 53 ~ 54 页。

研究者的职责所在。

第二节 中国国际法价值观的历史演进

如前所述，国际法价值观是行为的依据，但有时又取决于行为本身。对于中国曾经体现出的国际法价值观，我们无法给予一个简单的回答，因为自国际法被引入以来，中国已经历了多个不同的时期。通过对历史发展情况的分析，我们可看到，在每一个时期，中国的国际法价值观都深深地打上了时代的烙印。

一、17世纪中叶至19世纪60年代

几千年中，在中国传统世界秩序的范围内，任何国际法都是不可能存在的。① 近代国际法被正式介绍到中国来是在19世纪中叶，亦即西方国家以武力打开中国门户之后差不多20年的时候，但是事实上，早在17世纪中叶，中国已经开始与近代国际法有了一些接触。第一次接触可以说发生在1662～1690年清朝和荷兰的关系中。荷兰人在商谈中提到了“万国法”和“一切君王的习惯”。但是，这些都是当时的中国人尤其是中国帝王所不了解也不可能接受的。

清朝官员对于平等国家信守一个共同交往法典从而组成一个社会的概念没有什么印象，他们坚持自己的传统，努力维护中国式世界秩序和它的朝贡制度。《中俄尼布楚条约》是这个时期的重要例外。这个条约是中国与外国之间的第一个近代条约。对于清朝来说，缔结条约的目的是通过与俄国成立条约关系，对俄国加以严格约束，以保障中国边疆不受外来攻击。为达成条约，中国第一次放弃了视俄国为贡国的传统态度，派代表团到中国领土之外去谈判，而且平等和互惠被提出为万国公法的主要原则。结果是，条约不仅

① 对于春秋战国时期的中国是否存在国际法萌芽或是否可以将当时的规则和惯例视为准国际法，王铁崖教授认为是个值得思考的问题。参见王铁崖著：《国际法引论》，北京大学出版社1998年版，第364页。

在内容上是平等的，而且在条约的写法、签字、盖章、交换等方面都是平等的。然而，所有这一切并不是说康熙皇帝已经接受了国际法以代替他的世界秩序概念。他并没有打算使尼布楚条约成为他未来进行一般对外关系特别是缔结条约的先例。从官方和非官方记载看，1689 年后的 150 年间都未再涉及国际法。

1839 年，林则徐到广州禁烟，为求"知己知彼，百战不殆"之功效，试图获取关于"夷邦"的情报，以作为取缔鸦片和停止英国商人进口鸦片的手段，他发现国际法之中有可用之处。魏源在他的《海国图志》一书中，记载了当时翻译法泰尔（Vattel）著作《万国律例》的有关段落。然而，这些译文并没有为当时事态的发展带来什么有利的影响，林则徐的禁烟最终以鸦片战争的爆发和中国的失败而结束。于是，"中国对国际法的兴趣消失了，在二十多年内，再没有任何有关国际法的说法"。①

从康熙皇帝同意在近代国家主权平等原则的基础上与俄国签订尼布楚条约，以及条约中出现的相互承认对方为主权国家、两国国家元首处于平等地位等规定看，康熙皇帝和当时的清朝官员至少已经注意到了一些国际法关于国家主权平等的原则和一些有关国际条约的缔结方面的原则。甚至有学者认为在 1648 年左右，马丁教父曾经开始将苏阿瑞兹的国际法著作译成中文。② 然而，所有这些虽然已经撩开了中国人关于国际法的无知之幕，清朝上至皇帝下至官员却没有意识到国际法的重要性。他们不仅仅是不重视国际法，对绝大多数人而言，他们甚至根本不屑于去学习和认知。1793 年，乾隆皇帝对英国访华特使马戛尔尼（Lord Macartney）说："天朝物产丰盈，无所不有，原不借外夷货物以通有无。"③ 这就勾画出此时中国对欧洲式的文明国家间关系的潜意识抗拒——不接受。国际

---

① 参见王铁崖著：《国际法引论》，北京大学出版社 1998 年版，第 373～377页。

② 参见王铁崖著：《国际法引论》，北京大学出版社 1998 年版，第 369 页。

③ 杨泽伟著：《宏观国际法史》，武汉大学出版社 2001 年版，第 415 页。

社会意识和平等国际关系意识的缺乏，令清王朝抱守它的传统思维定势，极力维护以中国为中心的中国式世界秩序。后来费正清评论道，“北京拒在平等条件上交往直至它在不平等条件上被无理勒索”。①

总的来说，在这个时期里，中国虽然对国际法不是处于完全的无知状态，但至少是非常不系统的，而且在实践中也只是偶然地因循国际法行事，当然也就无所谓国际法价值观的存在。

二、19 世纪 60 年代至中华人民共和国成立之前②

19 世纪 60 年代，中国与各国间的交往越来越多。中国成立了第一个专司外交的机构——总理衙门，国际法也被正式、系统地介绍到中国来。丁韪良翻译了美国国际法学家惠顿的《国际法原理》一书，汉译名为《万国公法》。时任兵部尚书兼总理衙门大臣的董恂为《万国公法》所写之序言中称：“今九州外之国林立矣，不有法以维之，其何以国。”中国人所得到的印象是“大约俱论会盟战法诸事，其于启衅之间，彼此控制箝束，尤各有法。”在 1864 年，由普丹战争引起的一个外交事件——普鲁士在中国内洋扣留丹麦船舶事件，为总理衙门适用《万国公法》中所包含的国际法内容提供了机会。第一次使用国际法使一件可能成为严重事件的外交纠纷得到顺利解决，使总理衙门的高级官员相信国际法是有些用处的。在上奏清廷时说：“臣等查该外国律例一书，衡以中国制度，原不尽合，但其中亦间有可采之处……”但是，中国方面对国际法仍是半信半疑的。他们不相信国际法是支配国家之间关系的原则和规则，认为它的用处只是在于利用它作为“制服领事官”之法或“用储之以备筹边之一助”。总之，对于中国，国际法是外来的，与中国“体制”不合。如果采用它，就意味着放弃中国式世界秩序和破坏朝贡制度。它被疑为一种陷阱。强硬派斥责温和派为

① 王铁崖著:《国际法引论》,北京大学出版社 1998 年版,第 383 页。

② 本标题下所引用的历史文献内容引自或参见王铁崖著：《国际法引论》，北京大学出版社 1998 年版，第 378 页以下；章百家：《改变自己影响世界——20世纪中国外交基本线索刍议》，载《中国社会科学》2002 年第 1 期。

“破坏儒家传统的罪人”。

不可否认的是，这时国际法知识在中国得到了不断的扩展。清朝高级官员和外交家们的观点表明他们已经意识到国际法的重要价值之所在，并力图使用它来处理国际关系，维护国家主权。李鸿章对国际法有深刻印象，他说：“公法者，环球万国公共之法，守之则治，违之则乱者也。”薛福成曾称“泰西有万国公法一书，所以齐大小强弱不齐之国而使有守之准绳”。郑观应在其所著《易言》36 篇本的第一篇“论公法”即论及国际公法，称：“而各国籍以互相维系，安于辑睦者，惟有万国公法一书耳。其所谓公法者，非一国所及而私，法者，各国胥受其范。”又称：“公法者，彼此自视其国为万国之一，可相维系，而不可相统属之道也。”改革派人士认识到中国面临几百年来的最大变局，除急起直追地学习西方军事技术之外，还必须改变传统的与外国打交道的方法。因此，他们主张，中国应实行和平方针，以“忠、信、笃、敬”作为对外政策的基本原则，寄希望于通过遵守条约和按照国际公法行事来保护国家利益。

然而，幻想很快被打碎了。接踵而来的打击使清政府的对外政策指导思想陷入一片混乱。当时的国际实践也表明，西方国家并没有把中国作为与它们具有平等法律地位的一个独立主权国家来看待。西方国家并不希望中国以国际法原则为基础与它们进行平等的交往，它们只希望中国遵行“条约必守原则”，通过与中国签订不平等条约来得到更多的利益。残酷的事实使中国国际法学者和外交家们对国际法有了更清醒的认识。在《盛世危言》的“公法”一篇中，郑观应说：“虽然公法一书久共遵守，乃仍有不可尽守者。概国之强弱相等，则籍公法相维持，若太强太弱，公法未必能行也。”他的结论是：“由是观之，公法仍凭虚理，强者可执其法以绳人，弱国必不免隐忍受屈也。是故有国者，惟有发愤自强，方可得公法之益。倘积弱不振，虽有公法何补哉？”薛福成也说，“然所以用公法之柄，仍隐隐以强弱为衡，颇有名实之不同”，因此“治者于是以叹公法之不足恃也”，“泰西之讲公法者，发言盈廷，非说理之不明，实所利之各异……于是办交涉者不过借口公法，以曲徇其私”。可见，当时中国对于国际法的极端失望之情绪。

1911年的辛亥革命推翻了中国长达两千年之久的帝制，燃起了中国人恢复民族尊严的希望。然而，中国清王朝留下的积弊和积贫积弱的状态不可能一下子改变。中华民国南京临时政府确立了两项重要目标，即争取世界主要国家对中华民国的承认和支持与使各国逐步免除强加给中国的不平等条约。孙中山希望，随着新国家的建立和发展，“清代辱国之举措，与排外之心理”，将会“一洗而去之”。但是，这两项目标全部落空。尤其是在中国收复国家权力、废除不平等条约方面遭受重大挫折。其中，最突出的事件是1919年中国代表团在巴黎和会上的失败。

在一系列国际会议上中国遭受的挫折，对中国人产生了强烈而持久的震撼。这些失败打碎了许多中国人对“国际正义”尚存的一丝信念。20世纪中华民族追求的目标——独立和统一，首先是恢复国家主权，在这个时代才开始作为一种普遍的意识渗入社会政治生活的。由于19世纪的中国丧失了那些属于国家的最基本的权利，以至于在20世纪一半的时间里中国人所追求的，只是他们在19世纪所失去的东西——民族的独立、尊严和国家领土、主权的完整。第二次世界大战期间，中国在太平洋战争爆发后对日、德、意战争宣告中声明与这些国家订立的一切不平等条约从此无效。在中国外交部的动议下，1941年开始了与美英两国关于取消它们在中国的领事裁判权的谈判，其后于1943年1月11日签订了条约，其中取消了美英两国的领事裁判权、使领馆和使馆卫队、租界、特别法院等影响中国主权的权利。在这两个条约之后，不平等条约制度终于开始瓦解。中华人民共和国的成立最终敲响了不平等条约制度的丧钟。

虽然国际法并不能保障中国取得它所渴求的独立和主权，但是这一时期国际法在中国得到了长足的发展，出现了一批国际法学者和国际法学著作，中国对国际法价值的认识随之逐渐提高。

三、中华人民共和国成立后至改革开放前

中华人民共和国成立后，就确定了独立自主的和平外交政策，

并始终不渝地奉行这一政策。而且，新中国对于来之不易的国家独立极为珍视，绝不容许任何国家染指中国的内政和外交。因此，在国际社会中维护中国的国家主权成为中华人民共和国建立之后的重要目标。从新中国对外关系的发展角度，我们可以看到这个时期被划分为这样三个阶段："一边倒"时期、"反两霸"时期和"一条线"时期。通过下面的分析我们可以发现，在这三个时期中，中国在适用国际法来处理国家间关系方面常常受到不利客观环境的制约。

中、苏、美三方关系的发展迫使新中国采取了倒向以苏联为首的社会主义阵营的"一边倒"政策。从历史上看，解放战争期间，美国支持国民党政府反共打内战，而苏联则给予中共许多战略性的支援；1947 年，冷战全面爆发，以美苏对抗为核心的两大阵营对立格局已经形成。1948 年几乎同时发生了两个危机：柏林危机和苏南危机。在这种险恶的国际形势下，美国坚持敌视中共和即将诞生的新中国的政策，企图通过缔结一系列的双边和多边军事同盟条约，在中国和亚洲建立一个新月形的军事条约链，用来包围中国和镇压亚洲各国反对帝国主义、争取民族独立的斗争。1951 年 8 月 30 日美国同菲律宾签订了《美菲共同防御条约》，同年 9 月 1 日，美国与澳大利亚、新西兰签订了《澳新美安全条约》，9 月 8 日，美国与日本签订《美日安全条约》。此后，美国又于 1953 年和 1954 年同李承晚和台湾当局缔结了《共同防御条约》。随后，在美国主导之下又建立了"东南亚防务集团"，把中国作为主要敌对目标。美国对中国采取的军事威胁、政治包围、经济封锁等种种手段，使中美关系成为影响中国国家安全的主要问题。在美国的压力下，大多数西方国家无法与新中国发展正常的国家间关系。可以说，美国成为中国融入国际社会过程中的最大障碍。①

中国实施"一边倒"政策，成为当时社会主义阵营中的一员。

① 参见俞正梁等著：《全球化时代的国际关系》，复旦大学出版社 2000 年版，第 262 页；何春超主编：《国际关系史》（第 2 版），法律出版社 1986 年版，第 147～148 页。

由于社会主义阵营本来就是建立在以苏联“老大哥”为家长的一种大家庭氛围中，提倡的是以意识形态为基础的兄弟之情，导致社会主义阵营中整体缺乏国际法律观念。例如，对于社会主义阵营的新加入者，社会主义阵营成员通常忽略法律角度的关注，而仅以意识形态作为惟一的标准。虽然社会主义阵营的存在对社会主义国家国际地位的提高、打破帝国主义的封锁等方面产生了积极的影响，但是由于过分突出了苏联的作用导致加深了一些社会主义国家对苏联的依赖，为苏联的大国主义、大党主义的进一步发展提供了客观条件。苏联先后抛出了“有限主权论”、“国际分工论”和“社会主义大家庭论”，以一国利益代替无产阶级国际主义，忽视其他社会主义国家的独立与主权、差别和特点。在社会主义阵营内部，如果要以国际法的基本原则为依据与苏联进行交往，就会引起苏联的强烈不满和相应的严重后果，苏联甚至不惜使用武力手段进行干涉和压制。如二战结束后的苏南冲突以及50年代波匈事件中的苏波、苏匈矛盾，都是典型的例子。苏联在对待社会主义国家间相互关系和各国共产党之间的关系问题上坚持的大国主义和大党主义，进而发展成为民族主义和霸权主义，以苏联领导人的名字命名的“勃列日涅夫主义（The Brezhnev Doctrine）”就是一个非常典型的表现。① 这与中国所坚持的和平共处五项原则如水火般不能相容，最终导致中苏两个最大的社会主义国家关系恶化。在苏联的压力下，东欧大部分社会主义国家相继中断了同中国的正常的国家关系。英国学者阿库斯特（Akehurst）在他的著作《现代国际法概论》

---

① 1968年，对于苏联入侵捷克斯洛伐克事件，勃列日涅夫声称：“每个社会主义国家的主权都不能与社会主义的世界利益和世界革命运动的利益相悖。”Louis Henkin, International Law: Politics and values, Martinus Nihoff Publishers, 1995, p. 118；所谓勃列日涅夫主义意味着，如果一个社会主义国家的社会主义和共产主义结构受威胁（甚至受国内群众运动的威胁），其他社会主义国家有权干涉以维护该国的社会主义和共产主义结构。[英] 詹宁斯、瓦茨修订：《奥本海国际法》第1卷第1分册，中国大百科全书出版社1995年版，第324页。

(1978年英文第8版）中这样评价道："当我们谈到共产主义的国际法学时，首先想到的是苏联学者们所表述的观点。至于其他东欧国家的学者，就他们的理论研究而言，一直是趋向于追随苏联人的意见（当然，南斯拉夫则与他们有一些区别)。中国学者也一直效法苏联，不过有着重要的差别，特别是关于战争不可避免性的问题。然而，中国关于国际法的研究相对说来似乎是不发达的。"①

20世纪50～60年代末是中国奉行"两个拳头打人"的外交政策的时期。由于美苏两个超级大国由僵硬对抗开始向又妥协又对抗的方向转化、两大阵营的分化以及中苏结盟关系走向破裂，中国被迫同时既要反美又要反苏。因此，自中华人民共和国成立直至20世纪60年代末这个特定历史期间内的特殊情势决定了中国在与美国、苏联打交道的时候，主要目标都是维护国家主权的独立和领土完整，维护国家的安全。

从整体上说，二战结束以后形成的以美苏为代表的资本主义和社会主义两大阵营对立的局面，没有给国际法的发展和适用提供良好的空间和氛围，两个超级大国在各自的阵营范围内都推行霸权主义政策，要求阵营内其他各国的顺从。因此，尽管中国一直谋求在互相尊重主权、平等互利原则的基础上与苏联交往，但无论中苏在亲密的结盟期间还是在后来的敌对关系中，它们之间都未能真正地适用国际法来调整彼此之间的关系。从中国与西方国家间的关系来看，虽然国际法本来就是发达的西方国家之间的一种法律制度，但由于中国长期与以美国为首的西方国家处于对立状态，客观上更使得中国缺乏合适的大量适用国际法具体规则的良好背景环境。

尤其是在1957年至20世纪70年代末，"'国际法'这个专业被禁止，取而代之的是'对外政策'"。② 1966年开始的"文化大革命"期间，极左思潮泛滥，对以和平共处五项原则为基础的中

① ［英］M·阿库斯特著，汪瑄、朱奇武等译：《现代国际法概论》，中国社会科学出版社1981年版，第20页。

② 潘抱存著：《中国国际法理论新探索》，法律出版社1999年版，第1页。

国国际法价值观产生了极大的冲击、干扰和破坏。当时一度产生了否定和平共处五项原则的论调，将和平共处五项原则归结为“三降一灭”① 加以批判，代之以“支左反修”、“斗字当头”的“革命”路线，以意识形态和社会制度划线，决定国际交往时的亲疏好恶。宦乡先生对这一时期的国际法学研究状况总结道，建国以来在相当长的时期内，由于虚无主义、取消主义以及封建主义残余的影响，特别是在“十年动乱”期间，由于“四人帮”的反动路线与封建锁国主义的摧残，国际法的科学研究工作不断受到干扰和冲击，长期处于停顿和萎缩状态，理论队伍日渐缩小，专业理论被弃置一边，使我国的国际法学水平落后了，倒退了。② 不过，国际法学研究的缺乏并未意味着研究的中断，当时在外交部工作的许多专家还能坚持研究，而这一时期的外交实践对国际法的应用也有许多成功之处。

而且，在与第三世界国家之间的关系中，中国更加明显地表现出与国际法基本原则的契合。中华人民共和国成立后，在对外关系方面开始着手解决历史遗留下的与周围国家间的边界问题及其他问题。自 1953 年 12 月 31 日起，中国政府同印度政府代表在北京进行关于印度同中国西藏地区的关系问题的谈判。周恩来总理在当天会议上提出，谈判的任务是根据互相尊重领土主权、互不侵犯、互不干涉内政、平等互利、和平共处五项原则来解决两国业已成熟的悬而未决的问题。1954 年 4 月 29 日中印两国签订的《关于中国西藏地方和印度之间的通商和交通协定》，在序言中正式确定以该和平共处五项原则作为指导两国关系的原则，并认为“在它们与亚洲以及世界其他国家的关系中也应该适用这些原则。如果这些原则不仅适用于各国之间，而且适用于一般国际关系之中，它们将形成和平和安全的坚固基础。”同年的 6 月 25 日和 29 日周恩来总理访

① 指投降帝国主义、投降修正主义、投降各国反动派、扑灭世界革命。

② 参见宦乡：《为创建新中国的国际法学而努力》，载《中国国际法年刊》（1982 年），中国对外翻译出版公司 1982 年版。

问印度和缅甸，发表的中印、中缅联合声明中都确认了和平共处五项原则。周恩来总理提炼的和平共处五项原则最后表述为：互相尊重主权和领土完整、互不侵犯、互不干涉内政、平等互利和和平共处。

中国倡导和坚持和平共处五项原则的基本出发点是：大国小国，强国弱国，富国穷国，都应该一律平等，互相尊重，友好合作，和睦相处。各国走什么样的道路，选择什么样的社会制度，应由各国人民自己决定，任何外国都无权干涉。中国最初推行和平共处五项原则的重要作用在于突破美国遏制和孤立中国的政策，寻求对外关系的普遍发展。但是，和平共处五项原则不仅全面地反映了中国对外关系中的长期诉求，而且是对传统国际法的一些民主和进步的原则的坚持和发展，是对传统的国家主权原则的深化和发展。因此，从20世纪50年代中期开始，和平共处五项原则成为中国对外交往中的重要原则。① 1982年和平共处五项原则被明确载入中华人民共和国宪法。

和平共处五项原则是第二次世界大战后民族独立运动蓬勃发展的时代产物，它言简意赅地概括出新型国家关系的总体特征，逐渐得到亚非各国的普遍拥护和赞同。该五项原则是互为前提、互为条件、相互联系的一个有机整体，缺一不可。可以说，和平共处五项原则也是国际法基本原则的另一种形式的表述。和平共处五项原则的提出和运用，对亚洲和世界的国际关系发展产生了深远的影响。②

值得一提的是，中华人民共和国在成立之初就面临着许多的国际法问题，如承认和继承问题，条约的废、改、立问题，国籍问

---

① 中华人民共和国第一届全国人民代表大会第一次会议上的政府工作报告中指出，“我们也认为上述和平共处的五项原则，应当同样适用于我国同锡兰、巴基斯坦以及亚洲其他国家的关系之中和一般的国际关系之中”。直至第四届全国人民代表大会第一次会议上的政府工作报告中，仍指出“我们愿意在和平共处五项原则的基础上同一切国家建立和发展关系”。

② 参见何春超主编：《国际关系史》（第2版），法律出版社1986年版，第141～143页。

题，在国际组织中的权益问题等。因此，1949～1960 年之间，我国一些院校开设国际法课程，并且结合我国外交实践，在借鉴苏联国际法学，同时也注意欧美国际法学的基础上，编写了体系比较完备的讲义和参考资料。

四、改革开放以来

改革开放以来，中国开始大量参与国际政治、经济、军事、文化等各种交流活动，客观上为中国创造了适用国际法的有利环境。中国以维护国家主权为首要任务，以和平为根本，以发展为追求，渐进发展，直至在中国共产党第十六次全国代表大会上明确提出“主张顺应历史潮流，维护全人类的共同利益”。

以 1978 年召开的中共十一届三中全会为标志，中国进入了改革开放时代，中国对外关系全面发展。事实上，对于中国来说，20 世纪 70 年代初随着中美关系正常化进程的启动，中国融入现代世界体系的进程也已经同时被启动。20 世纪 70 年代初，苏联在大国主义思想和霸权主义野心的驱使下采取的咄咄逼人的战略进攻态势，给中美合作带来了契机。当时中国领导人开始改变过去在国际上以意识形态划线、以阶级划线的做法，及时实现中国国际政治角色的转换，从国家利益等新的思维角度来考虑问题。在中美关系正常化的过程中，中国与日本、西欧、澳大利亚、加拿大、新西兰等国家和地区的关系也得到全面发展。如果没有这样一个承上启下的转折，很难设想“文革”结束后中国能迅速而顺利地实行改革开放并广泛参与国际事务。其后，伴随着改革开放进程的加快，中国日益深入地融入国际社会中来。

对外开放基本路线的宣传和贯彻客观上为促进内容广泛的国际法学说的逐步形成提供了契机。曾在 20 世纪 50 年代流行的把从前苏联搬来的那套狭隘的党派性和阶级性原则以及政府的对外政策作为教学理论来运用的情况逐渐被改正。西方国际法学家评价中国在联合国中的表现时说，当新中国“完全参与联合国等国际组织的活动时，它所表现出来的克制态度，着实令我们大为惊讶”。①

中国国际法学者开始认识到国家利益需要国际法的保障，而且国内法制可以保证对外政策的可行性和连续性，也就是说对外政策必须有法制系统的理论建设。在粉碎“四人帮”后不久，邓小平同志即在一次讲话中强调了“大力加强对国际法的研究”的紧迫性。② 其后，无论是在科学研究领域还是在对外关系实践领域，国际法在中国都得到了越来越多的重视。在中国提出“依法治国”并写入宪法之后，以国际法作为国际交往中的基本准则已经成为中国“依法治国”的重要引申性要求。

从改革开放以来的中国国际法实践活动，我们已经可以对中国的国际法价值观予以分析和解读了。下文将对当前的中国国际法价值观进行具体的分析。

第三节　当前中国国际法价值观的主要内容

一、中国承认国际法的效力，并愿意遵守国际法各项原则和规则

在与其他国家的交往过程中，中国始终承认国际法的效力。中国主张国家间应以体现现代国际法基本原则和精神的和平共处五项原则为依据发展相互关系，在实践中奉行独立自主的和平外交政策。中国认为应以公认的国际法原则为基础，通过和平手段解决争端和危机，以多边形式解决全球和地区问题；应以公认的国际法原则为基础，建立多极、公正和民主的国际秩序；各国应建立合理的相互关系，实现和谐共存。在2003年5月27日签署的《中华人民共和国与俄罗斯联邦联合声明》中，四次明确提出“以国际法为

---

① ［英］诺塞琳·希金斯著，叶兴平、田晓萍译：《变迁的国际体制中之国际法》，载《外国法译评》2000年第3期。

② 参见潘抱存著：《中国国际法理论新探索》，法律出版社1999年版，第2页。

基础”。[①] 对于签署的条约，中国坚持“条约必守”，认真负责地履行条约义务。这方面的例子不胜枚举，下面仅以中国在核武器的使用方面的重要实践为例，但求管中窥豹，见其一斑。

中国始终坚持为和平目的利用和发展核能力以及防止核战争的立场。自1964年成功爆炸第一颗原子弹以来中国就一再声明，中国有限次数的核试验和拥有少量核武器完全是出于自卫的目的，是为了打破核大国的核垄断和核讹诈，我们在任何时候、任何地点都不首先使用核武器，并且保证不向无核武器国家和无核武器地区使用核武器，中国现在不称霸，将来也不称霸。中国主张所有有核国家都能这样做。中国愿同世界各国共同努力寻求实现核裁军的合理途径和措施，逐渐实现消灭核武器的目的。而且，中国为和平利用的目的发展核能。在核政策方面，中国不仅自己为和平目的利用和发展核能，还支持核能在全世界的和平利用，愿意促进核能在工业、农业、人民健康等方面的应用和为国际合作做贡献，造福于人类。

中国的核政策与美国有着天壤之别。2002年12月10日，布什政府公布了《反击大规模杀伤性武器的国家战略》，其中指出，如果美国本土、美国驻海外部队以及美国的朋友、盟国遭到大规模杀伤性武器的袭击，美国将保留使用包括各种手段在内的压倒一切的力量进行反击。这一新战略提出了三个支柱：（1）用反扩散来反击大规模杀伤性武器的使用；（2）加强不扩散以反击大规模杀伤性武器的扩散；（3）今后果敢应对大规模杀伤性武器的使用。三个支柱以攻为主，首先强调的是打击力量，其次是合作防范，再次是积极应对，以减弱大规模杀伤性武器可能带来的损害。同年三月曝光的美国国防部《核态势评估报告》列举了使用核武器的三种可能：一是打击能够抵抗常规武器攻击的目标；二是对敌方的核武器、生化武器的攻击实施报复；三是应对突发性的军事局势变

① 《中华人民共和国与俄罗斯联邦联合声明》，载《人民日报》2003年5月29日。

化。从布什的新报告内容看，美国政府放弃了卡特政府 1978 年作出的承诺，即“美国不对非核国家使用核武器，除非这些国家与拥有核武器的国家联合起来进攻美国或美国的盟国”。①

二、中国对利用国际仲裁和司法程序解决国际争端持谨慎态度

中国始终坚持以国际法原则和规则作为处理国际事务的基本准则，无论是在正常的国际交往中，还是在特殊事件发生的情况下，都是如此。中国长期以来一直奉行的独立自主的和平外交政策，严于律己的内敛的外交模式，都是最好的说明。在国际社会发生特殊事件时，中国也很好地遵循着国际法的相关原则和规则。以对美国为首发动的伊拉克战争的态度为例，中国并没有因为美国的劝告和与美国相关的商业利益而放弃国际法原则。中国的立场非常明确，认为尽管萨达姆政权存在很多问题，也应由伊拉克人民自己来决定，不应由美英联军用赤裸裸的武力来解决。此外，在中国驻南斯拉夫大使馆被炸事件、银河号事件、中美撞机事件等实践中，中国都以国际法原则与规则为依据维护国家主权。

中国注重通过直接谈判等方式协商解决国际争端，但是除在有些对外贸易议定书中规定依一定的仲裁方式解决有关贸易合同的争端外，在一般对外条约中没有载入任何仲裁条款。1962 年中印边界冲突发生后，中国严词拒绝了印度关于进行某种国际仲裁的提议，认为：“中印边界争端是涉及两国主权的重大问题……它只能通过双方直接谈判求得解决，决不可能通过任何形式的国际仲裁求得解决。”20 世纪 80 年代后期，中国对以仲裁方式解决争端问题的政策有所调整，在贸易、经济、科技等非政治性的国际条约中，中国开始同意载入仲裁条款。1971 年中华人民共和国在联合国的合法席位恢复后，翌年中国政府宣布“不承认过去中国政府 1946 年 10 月 26 日关于接受国际法院强制管辖权的声明”。另外，中国

① 参见《美国威胁动用核弹》，载《环球时报》2002 年 12 月 16 日第 16 版。

从未与其他任何国家订立过将国际争端提交国际法院解决的特别协议，对中国签署、批准和加入的国际公约中带有提交国际法院解决争端的条款，几乎无例外地作出保留。迄今为止，中国尚未向国际法院提交任何争端或案件。① 虽然国际法院或国际仲裁机构主要是以国际法原则和规则来处理各国提交的争端，但是中国对于依赖第三方进行争端的解决还是持保留态度。这种保留态度与中国在国际交往中遵守国际法的实践和承诺显得不太对称，然而两者却异乎寻常地和谐共存于中国的对外实践中。

三、中国尤其重视国家主权原则，以维护国家主权的完整和统一

在与其他国家的交往中，中国严格奉行国家主权原则，不仅重视本国的国家主权，而且尊重其他国家的主权，决不对其他国家的主权进行侵略和干涉。

中国在解放前饱受帝国主义的残酷践踏，沦为半殖民地半封建国家，深知主权维系着国家的生存，因此为恢复失去的主权进行了长期百折不挠的斗争。自中华人民共和国成立以来，无论是当年强化与苏联为首的社会主义国家间的联系，还是强化与第三世界、周边国家的联系，其重要标准和目的都是为了维护国家主权的独立、完整和统一，这是中国长期以来锲而不舍的追求。

中国的主权观念与美国非常的不一致。确切地说，美国并无完整的主权概念。在它看来，主权原则作为国际法的准则，涉及的只是独立于外部权威的道德尺度和理想的行为规范。只承认各国法律上的平等，而缺乏功能上的平等。尊重主权原则对它的本国利益构成严重的威胁。② 美国 20 世纪 80 年代的出兵巴拿马、实行特别

---

① 参见杨泽伟著：《宏观国际法史》，武汉大学出版社 2001 年版，第 445 ~ 446 页。

② 侯猛：《美国的国际法价值观：评述美国当代的国际法观——兼论国际法解释》，载《法学杂志》1997 年第 6 期。

301 条款、指责别国人权状况乃至于发动伊拉克战争等，都体现出赤裸裸的强权。中国在国际交往中，一贯恪守国家主权原则，从不以大欺小、恃强凌弱，与世界各国在体现国际法基本原则和精神的和平共处五项原则基础上进行往来，坚决奉行独立自主的和平外交政策，把对武力的使用限制在自卫范畴之内。而且，和平共处五项原则正是把互相尊重主权和领土完整作为基础，其他各项原则都是主权原则的具体实施。

四、中国希望改善现行国际法，建立国际政治经济新秩序

中华人民共和国成立以来，中国在与其他国家的交往中，在处理诸多重要国际问题的过程中，在国际法的发展方面积累了宝贵的经验并且作出了自己的贡献。众所周知，中国与印度、缅甸共同倡导和平共处五项原则作为国际关系准则，迄今和平共处五项原则已经成为国际法基本原则的组成部分。再如，我国采取“一国两制”的方针，通过和平谈判的方法，正确处理了历史遗留下来的香港、澳门问题。“一国两制”这个原则不仅处理了香港、澳门问题，而且在国际法上提供了和平解决争端的范例。此外，我国在一系列国际法问题上，如对承认、继承、国籍、领土、条约、使领馆制度、和平解决争端等方面，都有新的创造，对国际法的发展作出了贡献。然而，“目前的国际法还不是很完善，其中还未完全肃清帝国主义、殖民主义遗留下来的影响，还有强权政治的成分，有待于进一步改进”。① 中国希望建立公正合理的国际政治经济新秩序。

中国长期以来一直支持和促进建立公正合理的国际政治经济新秩序。江泽民同志在中国共产党第十六次全国代表大会上的报告中明确指出国际新秩序的具体内容，即“各国政治上应相互尊重，共同协商，而不应把自己的意志强加于人；经济上应相互促进，共同发展，而不应造成贫富悬殊；文化上应相互借鉴，共同繁荣，而

① 王铁崖：《进一步推动国际法在中国的发展——江泽民主席关于国际法的讲话读后感》，载《中国国际法年刊（1996）》，法律出版社 1997 年版。

不应排斥其他民族的文化；安全上应相互信任，共同维护，树立互信、互利、平等和协作的新安全观，通过对话和合作解决争端，而不应诉诸武力或以武力相威胁”。并进一步提出维护世界多样性，提倡国际关系的民主化和发展模式的多样化。2003 年 5 月，胡锦涛主席再一次指出，在历史跨进 21 世纪的今天，中国主张建立符合世界各国人民利益和愿望的国际政治经济新秩序，维护世界持久和平、促进共同发展。中国主张国际关系民主化，各国平等参与国际事务，通过协商解决共同关注的国际问题。中国主张尊重公认的国际法和国际关系基本准则，维护联合国的权威和处理重大国际问题的主导地位。公正合理的国际政治经济新秩序，应该以相互安全为前提，以均衡发展为基础，以公认法理为保障，以对话合作为手段，以共同繁荣为目标。①

第四节　影响中国国际法价值观的主要因素

价值观是人们对社会存在的反映，人们所处的自然环境和社会环境，包括人的社会地位和物质生活条件，决定着人们的价值观念。② 中国国际法价值观的形成和发展主要是由中国的传统文化和中国在国际社会中所处的地位决定的。

一、中国的传统文化

儒家文明与基督教文明、伊斯兰文明、犹太文明相并列。儒家思想不仅是汉代以来两千多年里中国传统社会的主流意识形态，还构成 15 世纪以来整个东亚意识的重要组成部分。以儒家文明为特

① 《胡锦涛出席上海合作组织成员国元首第三次会晤并发表重要讲话——就上海合作组织的发展方向和国际形势等重大问题阐述了中国的立场》，载《人民日报》2003 年 5 月 30 日。

② 《中国大百科全书》（第 4 卷），中国大百科全书出版社 1998 年版，第 2327 ~ 2328 页。

征的中国传统文化在世界文化历史中拥有重要的地位，它对中国国际法价值观的形成已经而且正在发生着重要影响。

(一) 伦理主义型法律文化为特征的中国传统法律文化

中国传统法律文化是伦理型法律文化，也是世界上最为发达的农业法律文化之一。儒家法律思想是中国传统法律文化的历史底蕴，它的主要特点是，以“天人合一”、“内圣外王”、“中庸之道”为哲学基础；主张以伦理为中心建立宗法制度，宣扬“三纲五常”；崇尚“人治”，要求皇权至上；确认“刑不上大夫，礼不下庶人”的等级特权思想；主张“德主刑辅”，轻视法律的作用，漠视个体权利的保护等。①

初入欧洲人眼帘的中华帝国除了它的规模之大、人口之多，宛如“把整个欧洲统一在一个君主之下”，令欧洲人深感诧异外，还有一点同样让他们震惊，那就是尽管幅员辽阔、人口众多，可是用来统治的只是道德训诫，而非强力。② 梁漱溟先生说过，中国是伦理本位的社会。中国人以礼法来安排伦理名分以组织社会。对中国传统社会而言，历经两千年治乱相随，社会的本质大抵变化不大。儒家讲礼法并列。所谓礼法并列，其实就是法律的礼俗化、伦理化，儒家的伦理理想体现在中华法系上，便是对家族与阶级的强调与重现。儒家视法律为礼俗的辅助，两者都是借以维系一个有等差、有秩序社会的手段。汉武帝罢黜百家、独尊儒术之后，历代不但礼法、礼律并称，礼书与法典并列，礼教与法律关系密切，而且在审判决狱上，更受董仲舒《春秋》断狱的影响。虽然在礼治德治为主、法治为辅的原则之下，儒法两家思想趋于折中调和，但是尊德礼而卑刑罚，礼先法后（礼者禁于将然之前，而法者禁于已然之后）必也使无讼乎，仍是读书人出仕的理想境界。

---

① 赵震江、付子堂著：《现代法理学》，北京大学出版社 1999 年版，第 255～256 页。

② [美] 乔万尼·阿瑞吉、贝弗里·J·西尔弗等著，王宇洁译：《现代世界体系的混沌与治理》，三联书店 2003 年版，第 246 页。

中国文化传统中“家国意识”浓厚，即“国”是放大的“家”、“天下”是放大了的“国”的想法，是一种权力的“同心圆”方式的理解。这种想法把普天下的公共权力看成是一种围绕一个最高权力中心的不由分说的排序和座次，是人与人、集团与集团之间的实际“等级”。在人与人之间的关系中，儒家伦理正立足在家庭（家族）成员间的关系上，以家族为其依凭的基本单位，然后一步步扩而充之，修齐治平，亲亲而仁民，仁民而爱物，所有的人际关系都希望纳入同样的关系原则下，甚至人与自然的关系也不例外。费孝通先生的“差序格局”理论，正刻画出一个以自我为中心，建构出可伸缩的社会关系圈，当以家为我群时，家外的人属他群，如此一圈圈扩大出去，一表三千里，然后便是四海之内，皆兄弟也，似乎普天之下皆为我群，与自己同隶属一个共同群体之内。儒家以礼乐作为实践五伦的手段，正如瞿同祖先生所说，礼是维持群体社会分化的，而乐则相反，藉音乐以激起大家的共同意志，维系社会团结。其中尤以礼为重要。

中国传统法律以及法律观念的局限性也因此而产生。范·德·史布莲克（van der Sprenkel）的研究显示，无论（中国）国法或民俗法律，强调的都是维护群体的秩序与和谐，而非个人正义与权利的发扬。和谐被视为不易的真理，冲突是不好的，如果冲突不能避免，最好也能迅速和解，让和谐的秩序重新恢复。与群体秩序为重相关的便是，弱者常常得不到保障。儒家伦理影响下的社会规范，基本上有很强的一致性，情、理、法皆不外其规矩节度，法律列于最末。于是必然导致了中国人厌上法庭，视兴讼如蛇蝎。可见，中国法律文化传统中鄙视法律、反对法律等疏离性的心态是有其存在之原因的。①

（二）儒家多元主义的价值观

儒学在其发展过程中不断地吸收融合了道家、法家、阴阳家以

---

① 参见林端著：《儒家伦理与法律文化：社会学观点的探索》，中国政法大学出版社 2002 年版，第 4 页以下。

及后来的佛教、道教思想和实践，最终得到了极大的丰富。即使在成为国家意识形态以后，儒家思想也并未使其他思想形态销声匿迹。儒学和佛教、道教长期在中国社会中并行不悖，明代以后，伊斯兰教和基督教也开始与儒学互有吸收。儒学始终是在与其他思想传统的融合互动中产生和发展的。因此，多元主义价值观是儒学的一个基本特征。孔子“和而不同”的思想不仅是儒家用以处理人与人之间关系的准则，也同样适用于不同的思想传统、民族和国家之间。所谓“和而不同”，就是在保持自身主体特性的前提下尊重其他个体各自的特性，与不同的个体和谐相处，既不屈已从人，也不强人从己。到了宋明时代，儒学中的这种多元主义思想进一步发展成为“理一分殊”的思想。所谓“理一分殊”就是认为世界上虽然存在着统一性的法则，但是不同的思想传统、价值信仰都可以是这种统一性的不同表现形式。① 儒家这种“包含式的区别”的思想与实践，这种既此且彼、既相同又相异的可能性，对于今天全球化兴起之际世界各国的包括法律在内的各种交流，无疑将会产生非常积极的影响。

（三）美轮美奂的终极境界

中国悠久的文明中记载的大量人类思想精华，如“先天下之忧而忧，后天下之乐而乐”，“己所不欲，勿施于人”等，无不体现出精神境界之高尚。中国传统文化中的世界大同是“求一”思维、整体思维，追求社会一体化和思想大一统。中国的大同思想理想色彩浓厚，虽不存在现实可操作性，但就理想境界而言却是有终极意味的感人画面。而且，偏重整体利益是中国传统思维中最重要的概念之一。中国人期望“我为人人”蔚然成风，但对“人人为我”的可能性深感怀疑，——在国内社会是这样，在国际社会也是这样。在人类发展的终极理想方面，中国是远远高于欧美国家的。

相形之下，西方的均势思想对于权力的运用和制约来说是极为务实的、可具体操作的构思，但对比中国式感人的“天下一家”

---

① 彭国翔：《儒学多元主义的价值观》，载《世界知识》2003 年第 9 期。

境界而言，则有公开对立、不够和谐的气息。西方的组织原则与中国的基本原则（如“和平共处五项原则”）比起来杂音太多，私心也太多，兼顾利益时没有明确对整体利益的偏重。中国人指责美国利用国际组织、控制国际组织，是说美国式的原则具有两面性，有虚伪的一面或欺骗的一面，但这却正是西方人所谓“兼顾的方式”，让中国人很难理解和接受。美国人则认为中国式的整体思维或大同理想美则美矣，但毫无实际意义。他们认为中国人或中国政府表达自己的意见或理想时总是显得过于单一和模糊笼统。例如谈到国际文化之间的交流，费孝通提出“美人之美，各美其美”；乐黛云提出中国自古讲究的“和而不同”、“并育而不相害，并行而不相悖”；张立文提出以和生、和处、和立、和达、和爱为五项原则的“和合学”。这些类似的说法境界很高，体现了全人类的共同理想，但缺乏具体操作方法和可行性。①

二、中国在国际社会中的身份和地位

就社会和群体而言，由于人员的更替和环境的变化，社会或群体的价值观念是不断变化着的。传统价值观念会不断地受到新价值观的挑战，这种价值冲突的结果，总的趋势是前者逐步让位于后者。② 在中国国际法价值观的形成和演化过程中，中国在国际社会中的身份和地位始终是发挥了与中国传统文化同样具有重要意义的因素。

（一）1842 年以前的中心大国和亚洲大国身份

在传统的以中国为中心、由周边国家拱卫而成的东亚国际关系体系中，中国的大国地位是无与伦比的。

秦始皇统一后的中国虽然有时国家分裂为几个部分，但是每个

① 参见潘一禾：《中国外交的“路径依赖”和思维定势反思》，载《杭州师范学院学报》2002 年第 1 期。

② 《中国大百科全书》（第 4 卷），中国大百科全书出版社 1998 年版，第 2327～2328 页。

部分都主张对整个国家的控制，因此帝国一直被维持了下来，在中国与周边国家之间的关系上，形成了一个以中国为核心的松懈的国际社会。这就是所谓以中国为中心的世界秩序。中国世界秩序的基础是文化，而不是政治。由于参加的成员大部分是在不同程度上承继了中国文化，它们形成了一个与世界上其他大文化地区不同的文化地区。在这个世界秩序中，中国和其他国家的关系不是属于国际的性质，而是伦理的性质；缺乏主权和平等的观念，而是按照孔子的仁义及以父子、夫妻和君臣三纲为依据的学说发展起来的。这种关系反映这样一种特殊的家庭关系：中国像一个父母，要求周围国家像儿女一样予以尊重和服从。

几千年来，在中国传统世界秩序的范围内，任何国际法都是不可能存在的。从本质上看，中国世界秩序是中国文化的扩展。它的组成一方面是作为中央权力的中国，占有以文化优势为基础的优越地位；另一方面是附属成员国，它们在不同程度上从属于中央权力。所有愿与中国发生接触的国家，必须是顺从的、服从的，它们必须接受自己的低卑地位和“中央王国”的优越地位。中国长期以来不认为自己是西方意义的国家，更不是民族国家。它长期以来是一个文化单一体，而世界秩序被认为是中国文化的延伸。这种传统的概念使得中国在其与欧洲人第一次接触而其孤立被武力冲破时，很难理解西方世界的多国体系。

中国古代的“中央大国”观念和富庶繁荣的大国形象很好地结合在一起，但是中国之大之强并没有持续激发统治者对外侵略和扩张的野心。传统上，中国在与其他国家进行交往的时候是以朝贡制度为核心的。中国方面的主要目的并不是为了征服和统治，而是为了防卫和安全。皇帝利用朝贡制度把周围国家作为“外藩”来保护自身不受蛮夷的攻击，维护中国作为“中央国家”的安全和不可侵犯性。① 朝贡制度的重要特征是：其一，它通常是不以武力为基础的。只在例外的情形下使用武力，使用武力的目的是平定这

① 参见王铁崖著:《国际法引论》,北京大学出版社 1998 年版,第 370 页。

些国家的叛乱。在许多情形下，被侵入后的国家不是被合并于中国，而是建立起特殊关系，重新被置于伦理上的从属关系的基础之上。在其与中国的关系中它仍然保持独立自主的地位。其二，中国对贡国一贯采取不干涉和不统治的政策。

在与周边国家间的关系上，中国以朝贡制度确认和维护以中国为中心的世界秩序，这种朝贡制度对于贡国方面而言所获得的利益更多。它们的统治者由于皇帝的册封而使统治合法化，因而在人民面前提高了他们的威信。它们受到帝国的保护而防止外国的侵略，而且还可以在遭受自然灾害时请求援助。由于朝贡，贡国从帝国皇帝那里得到丰盛的赠品，皇帝赐予的赠品往往比贡品更多和更为贵重。更重要的是，它被允许与中国进行有利的贸易，在进贡时，往往给予贡使以一些特权，使随从的商人得以在边界和京城进行贸易。古代中国皇帝在以朝贡制度为核心的对外交往中，所追求的通常既不是征服或战争，也不是外交或商务。以举世闻名的郑和下西洋为例。1405 年至 1433 年之间，郑和带领远征队七次到东南亚海域和印度洋，远征队规模壮观，船队访问的四十多个国家之中有许多派遣使节跟随中国舰队来到中国，列为贡国。七次远征，事前无提示，事后也无悔言。①

曾纪泽评价说："要之，公法不外情理两字；诸事平心科断，自与公法不甚相悖。至于中国之边徼小国朝贡之邦，列对深仁厚泽，乃有远过于公法所载者。西洋人询诸安南、琉球、高丽、暹罗、缅甸之人，自能知之。"② 悠久的儒家文明在东亚乃至更为广泛的区域内得到传播和接受，使中国可以仅以"情理"来对国家间关系"平心"进行处断。无论是从文明的角度，还是从国家的富庶繁荣的角度或从国家疆域之广博来看，中国都不失为时代中的

---

① 参见王铁崖著：《国际法引论》，北京大学出版社 1998 年版，第 365～373页。

② 李恩涵著：《曾纪泽的外交》，台湾精华印书馆 1966 年版，转引自王铁崖著：《国际法引论》，北京大学出版社 1998 年版，第 382 页。

一个泱泱大国。在这个时期，中国没有产生在法律约束下与其他国家进行交往的需要，因此当然不屑于对国际法予以关注。

（二）1842 年（南京条约的签订）到 1947 年（不平等条约的解除）之间体现为半殖民地半封建制社会特征的不平等地位

面对列强在东亚的扩张，朝贡制度曾在一定程度上成为中国与各邻国共同反抗外来侵略的媒介。随着鸦片战争的战败，中国的朝贡制度无论在理论上还是在实践上都被粉碎了，中国失去了传统的周边屏障。之后，中国的地位变得朝不保夕。在中日甲午海战之后，日本一跃成为亚洲头号强国，中国的大国地位完全消失，从此陷入低谷。可以说，在中国进入国际社会之后，就在现代国际关系体系中处于屈辱、从属和孤立无援的地位。鸦片战争后的中国，与西方国家签署了大量的不平等条约。这些不平等条约剥夺了中国作为一个与西方国家具有平等地位的主权国家发展国际关系的权利。

与西方世界国家主权观念产生的背景不同，中国人的国家主权观念是从日益加深的民族危机中萌生出来的，中国人对国家主权观念的理解也与洗刷民族耻辱、挽救民族危亡、渴求独立自主的意识紧密联系在一起。中国刚踏入新的国际社会就一下子被抛到了最底层，找不到任何盟友，找不到任何足以自卫的手段。在两种国际体系交错的过程中，强烈的反差使中国人的心理失去了平衡：自豪感与屈辱感、仇外与媚外、向西方学习先进与抵制西方影响长久地、矛盾地共存于中国人的心中，交替起伏，因时而异。在外部环境的巨大压力下，中国人被迫接受了现存的国际秩序，也开始按照社会达尔文主义的规则进行生存竞争。但是在心灵深处，中国人却始终认为这个秩序是不公正的、不合理的。被侮辱与被损害的切肤之痛，使中国人期待着能够打破它和改造它。

（三）意识形态上的社会主义国家地位

1949 年 10 月 1 日，中华人民共和国宣告成立。从意识形态上看，新中国政府明确宣布中国建立的是社会主义制度，是一个社会主义国家。选择社会主义道路，意味着加入了当时的以苏联为首的社会主义阵营。当时，苏联的国际法学对中国国际法的教学和研究产生了重大影响。

由于当时全面学习苏联，中国又没有自己的国际法教材，因此所用的讲义与教材多从苏联翻译过来，或者是按照苏联著作的体系、内容和观点编写的。这种情况导致中国国际法学界对一些重大的国际法理论和实践问题的看法几乎与苏联一致。苏联社会主义国际法理论的传入，对中国国际法的科研和教学工作起到一定的促进作用。但是，由于照搬苏联模式和受教条主义的束缚，在一段时期内，中国对国际法和国际法学缺乏全面、深入和正确的了解与认识，以致中国国际法理论从一个极端——“倒向西方”走向另一个极端——“倒向苏联”，仍然没有多少自己的特色。国际法学发展受到很大限制。1949～1960 年，中国刊物和报纸发表的国际法论文约 60 篇，其中有关国际法性质与体系问题和批判资产阶级国际法学的约占 55%，以国际关系或中国对外关系中出现的问题为题的约占 30%，其他约占 15%。①

阿库斯特（Akehurst）总结认为，“共产党关于国际法的观点”的一个显著的特点是强调主权，强调国家的优越地位，对于真正的共产主义者来说，世界政府的概念是一种异端，因为只要各国具有不同的统治阶级，就很难设想它们会放弃自己的主权；真正的世界社会只能出现在国家和法律消亡时出现的共产主义社会。② 仅从对事物的客观表述角度看，我们无法否认这曾经是而且迄今也仍然是中国国际法的主流观点。在相当长的时期内，我们在国际关系中非常强调阶级性。在国家之间的交往中，我们比较强调从阶级立场上来看问题，强调阶级斗争和无产阶级专政，运用阶级分析方法来分析一切问题，并且在国际社会中积极倡导反对霸权主义的国际斗争。

① 参见杨泽伟著：《宏观国际法史》，武汉大学出版社 2001 年版，第 455～457 页。

② 参见［英］M·阿库斯特著，汪瑄、朱奇武等译：《现代国际法概论》，中国社会科学出版社 1981 年版，第 21 页。

改革开放以来，中国正在努力建设成为有中国特色的社会主义国家。我们依然坚持社会主义的国家制度。作为社会主义国家，中国仍将继续坚持和平共处五项原则，维护和平，反对战争，反对一切形式的霸权主义。虽然同时我们也在学习和改革，包括学习西方值得我们借鉴和学习的先进文化，但是西方很多国家仍然把中国视为异己，对中国存有疑虑和抱有偏见，甚至对中国持排斥态度，成为中国参与国际事务和进行国内各项建设的一股较大阻力。

（四）经济上的发展中国家地位

1974年，毛泽东提出关于三个世界划分的理论。虽然中国并不排斥与资本主义国家的交往，但无论在理论上还是在实践上，中国都坚定地站在第三世界的立场上。

改革开放以来，从经济实力的角度，我们把自己定位为发展中国家。在实践中，中国以发展中国家的身份参与国际事务，在捍卫自己利益的同时表达广大发展中国家的愿望。中国入世历尽艰辛的主要原因之一也在于中国主张以发展中国家的身份加入世界贸易组织。

中国与发展中国家之间不仅仅具有人均生活水平方面的相似性，而且从心理因素上看，中国与所有发展中国家一样也有着深深的受害者意识。日本学者大沼保昭对此作了客观的评价：“（欧美及日本的侵略和帝国主义政策）这些事实激起中国人民的反感、憎恨，使其受害者意识根深蒂固。类似对欧美诸国和日本的过去及当今政策（从CIA①的颠覆政府企图到对独裁政权军事、经济、政治支援，石油企业在西亚拥有的巨大所有权及所带来的经济掠夺，形式多种多样）的种种反感和憎恶，或多或少是发展中国家共同所有。还有，发达国家在尚无外来人权侵犯批判的时代，依仗暴力完成了自身的国民统一过程，今天，它们的政府和NGO②却站在‘人权先进国’的高度，一味地批判发展中国家的人权侵犯。这无

① 即美国中央情报局——笔者注。

② 即非政府间国际组织——笔者注。

法不引起发展中国家政府指导层强烈的抵制。”① 一直站在发展中国家立场上的中国对现存国际法律制度的各种主张都与此息息相关。

但是，中国的发展中国家地位具有特殊性。中国诚然是一个发展中国家，但是一个非常特殊的发展中国家。中国经济持续多年高速增长，在世界经济、贸易总量中占的比重已经非同一般。以国内生产总值（GDP）计算，2004 年中国以 15.99 万亿元在世界经济排行榜上居第六位，超过意大利。中国在世界上的影响已相当大，尤其是在外贸、接受投资、外汇储备等方面。② 中国与西方各发达国家的经济之间，与以它们为主体的世界经济、贸易和金融及其体制之间的互相依赖迅速增进，达到了“稠密”或接近“稠密”的程度。另外，中国在世界和区域性国际政治中的作用也越来越重要，其中有些是关键性的，而且中国还是具有举足轻重地位的联合国安理会五大常任理事国之一。

当前在国际社会中，中国的地位显得非常微妙。中国自己认为自己是最大的发展中国家，但是西方很多国家却认为中国已经是准发达国家。未来几十年，中国可能会逐渐地以一个半发达、比较发达国家的身份，或者是正在进入发达国家的身份，来看待世界上的很多事务。③ 这一发展趋势对中国未来的国际法价值观将会产生重要影响。

---

① ［日］大沼保昭著，王志安译：《人权、国家与文明》，三联书店 2003 年版，第 8 页。

② 外电评价说：“一个在 3 年前还不被央行行长、经济学家和权威人士放在眼里的经济体刚刚超过了英国、法国和意大利，跃居世界第四强。这不但前所未有地降低了七国集团的重要性，也在一夜之间扩大了中国的全球影响力。”见《世界经济发生深刻变化的信号——彭博新闻社评中国修正 GDP 数据》，载《参考消息》2005 年 12 月 22 日。

③ 参见时殷弘、张沱生、章百家、王逸舟：《中国走近八国集团》，载《世界知识》2003 年第 13 期。

第五节　中国国际法价值观的展望

国际法与国际政治是两个不同的概念。国际法目前不可能完全取代国际政治或与国际政治完全结合，甚至在可预期的时间范畴之内也是不可能的。或许我们可以换言之，国际法不是万能的。但是，在对国际法努力地进行创新和修改的同时，我们却仍须给予应有的尊重和遵守，也必须在国际法的基础上维护国家利益。从这个前提出发，让我们来共同展望中国的国际法价值观。

一、确认中国在国际法律框架内建设国际关系

约翰·罗尔斯认为，现代社会有3个最基本的价值目标，即“效率、公正和稳定”，在政治哲学的范畴内，“稳定具有头等的重要性”。现代民主社会，必须且只能建立在“公平正义”的基础之上，长治久安才有可能。对于中国来说，这是一个很好的告诫。它提醒我们在法律的框架范围之中建立公平和追寻正义。

中国越来越多地参与国际事务，在已经毫无疑问地具有了区域大国身份的前提下，正在向世界性大国方向发展。我们必须看到，在国家之间的关系中，外交手段虽然很重要，但是其作用毕竟有限，国家地位主要还是依赖于国家的实力。国家间激烈的实力竞争中，任何国家有机会取得优势都不会放弃，因此为抵消这种竞争所可能造成的不良后果，国家在增强实力的同时，还必须求助于国际法律制度，还必须重视发挥国际组织和国际规范的作用。国际法律制度可以在一定程度上为国家的正当行为提供良好的活动空间。国际层面上的法律制度对国内的法制建设也将发挥积极的作用。

意识形态是中国与世界舞台上的主要角色之间的重要不同，也是西方国家在中国进一步发展的进程中设置障碍的一个重要原因（当然不是惟一的原因）。彻底地改变意识形态并转而追随西方是不必要的，也是我们不能接受的。那么，中国如果能够在一个相对客观的背景框架中与之相处，便能够获得诸多的便利以谋求国家的

发展。既然建设有中国特色的社会主义国家并不排斥而是追求依法治国，我们就可以也完全应该在国际层面上以国际法为基础去发展国际关系，处理国际事务。

在国际法律框架内建构国际关系，也是中国国际地位变化的要求。即使从目前来看，中国已经开始牵涉到如何对待发展中国家的问题。我们与发展中国家确实有很多共同利益和共同情感，但是现在中国的巨大发展和发展中国家本身的显著变化，导致现在的时代与毛泽东主席当年提出三个世界的划分理论时已经大有不同。今天我们仍然要和发展中国家发展良好的关系，但是另一方面，我们发现越来越多的困难可能正来自发展中国家，例如朝鲜核问题。再例如，我们与发展中国家经济的竞争性（如与墨西哥、巴西、土耳其以及东南亚国家在纺织品方面的竞争）。因此可以说，就有些问题而言，与中国在国际上具有更多共同利益的反而往往是发达国家。而且前已述及，当前已有很多西方国家认为中国已经是准发达国家，欧盟不断减少中国产品的普惠制待遇即是一个明显的例证。未来几十年，中国可能会逐渐地以一个半发达、比较发达国家的身份，或者是正在进入发达国家的身份，来看待世界上的很多事务。① 在更加广泛的范围内把国际法律制度作为行为的依据和客观标准，使行为具有良好的可预期性和稳定性，是包括中国在内的国际社会共同进步的重要标志。这或许对人对己都会发生短暂的阵痛，但是与长远目标相比较，这种改变依然是值得的。

对于确认中国在国际法框架内建构国际关系，中国实际上有着很高的起点，只是我们常常是把它放在政策领域范围之内。例如，对于国家民族利益与人类总体利益问题，中国共产党十二大报告明确指出，“中国民族利益的充分实现不能离开全人类的总体利益”。在国际实践中，中国政府本着“对国际社会负责任的态度”行事。尽管 1997 年亚洲金融风暴给中国的对外贸易和国民经济的增长带

① 参见时殷弘：《根据具体情况来决定怎样做》，载《世界知识》2003 年第 13 期。

来了不小的压力和影响，但中国并没有像某些国家那样采取货币贬值政策，以推动本国的出口贸易。中国承诺保持人民币不贬值，降低了整个国际社会面临金融危机的风险，得到了国际社会的一致好评。中国政府的“对国际社会负责任的态度”也可以说是“全人类总体利益原则”在中国政府处理国际问题时的具体运用。

二、积极参与国际法的制定和修改

确认在国际法律框架内建构国际关系，并不排斥积极参与和从事国际法的制定和修改活动。恰恰相反，确认在国际法律框架内建构国际关系将推动中国在国际法律的制定和修改过程中发挥更重要的作用，拥有更广泛的发言权。国际法不是不可以改变的，我们可以在遵循现代法学理论的前提下，结合新的实践要求，对现行国际法律规则予以变更和完善，以期建立公正合理的国际政治经济新秩序。

西方国家一直以来是国际舞台上的主角，而且以它们的经济、政治、军事等各方面的实力为依据掌握着国际法制定与修改的主动权。中国希望以一个“负责任大国”的形象取信于全世界。但是，中国可以通过以国际法价值为指导对国际法进行合理解释来促进国际法的发展。在建立国际政治经济新秩序方面，中国并不缺乏相关的理论评价和认定。而且，这也是中国传统文化赋予中国政府和学界的优势所在。这是中国建设国际政治经济新秩序的一种途径。当然，这种解释在国际社会中产生的影响力还比较有限。

中国还应更加积极地参与到国际法的制定和修改活动中来。中国目前在这方面仍然居于劣势，这从中国参与国际组织的实践即可见一斑。国际组织是一种很重要的国际资源，对它的正确认识及善加利用是国家一种现实的利益。政府间国际组织则是国家间多边合作的法律形式和组织形态，是国家对外关系与对外政策的延伸与扩展。从广义上看，国家通过参与国际组织的活动，可同其他国家一道共同维护世界与地区的和平与安全，参与国际规则的制定，促进国际社会整体的发展与繁荣，有利于建立一个多极化世界和公正、合理的国际政治经济新秩序。因此，中国尤其需要借助国际组织扩大对外交往与合作，借助国际组织积极参与国际法条文的制定与修改就是其中的一项重要内容。

从历史的发展纵向比较，中国从很少加入国际组织到现在几乎加入所有的普遍性组织，应该说已经有了很大的进步。但是，以中国目前的综合国力和潜在的实力看，中国对国际组织的参与程度与西方发达国家相比较，整体上还存在较大的距离，主要表现为：我们对国际组织重视程度不够，国内机构与国际组织的联系不够；中国参加的国际组织数目有限；在多数组织中地位不高，发挥的作用有限，影响力不强。整体来看，中国在大多数国际组织中很难说已进入决策层主流，发挥核心作用。中国在国际组织中的活跃程度不强，竞争力也不大，多数情况下处于被动的次要的地位。① 这严重影响了中国在国际法条文的制定和修改中应发挥的作用，也使中国的国家利益难以在国际法律规则中得以体现。因此，通过积极参与国际组织的活动来积极参与国际法条文的制定与修改，是中国的一项紧迫任务。

三、通过遵守国际法促进国内法律制度建设

伴随着中国加入世界贸易组织的步伐，中国国内出现了关于国际法与国内法的关系的研究和讨论热潮。由于中国国内法律制度中对这个问题缺乏完整和统一的规定，于是分歧便自然地产生并存在着。如果我们把所有这些争论暂时搁置在侧，仔细地分析一下遵守国际法，尤其是因加入国际条约而带来的遵守国际法的义务所产生的积极后果，这些问题也许就不再那么难以回答了。

---

① 中国虽然参加了多数重要的协定性组织，特别是普遍性组织，但是加入的国际组织总数目远低于美、英、法。目前全球有逾五万个国际组织，其中 IGO 有 6 415 个，NGO 有 43 958 个。至 1998 年底，中国参加了 1 243 个，其中 IGO52 个，现在是 54 个。美国参加了 2 624 个，英国参加了 3 299 个，法国参加了 3 528 个。参见廖美香：《中国参与国际组织的落后状态——访国际组织法权威饶戈平教授》，载《信报：财经月刊》（港）2003 年第 1 期。

在西方文明主导之下所形成的现代国际法，无疑具有一些中国难以欣然接受的内容。但是，我们无法否认的是，在现代国际法原则与规则中存在着人类发展过程中形成的文明共识，这些文明成果并不是资本主义社会所独有的，它们同样完全可以为社会主义国家中的人们带来福祉和利益，值得社会主义中国借鉴和采用。改革开放至今，我们发现有很多人类文明成果是值得学习和借鉴的，并且在实践中确实予以认可。有评价说，中国共产党十六大报告所取得的最大成果之一，就是从强调阶级性到注重人性。十六大把党在21世纪头20年的奋斗目标确定为“全面建设小康社会”。具体而言，强调在经济建设方面，要坚持效率优先，兼顾公平，千方百计扩大就业，不断改善人民生活；在政治建设方面，要保证人民享有广泛的权利和自由，尊重和保障人权；在文化建设方面，要推动文化创新。党的奋斗目标和所有这些工作举措以人为本，反映了人性发展对推进人的全面发展的要求，更加贴近人民群众的现实需求，更加人性化。①

当前中国的国内法律制度仍处于不断完善的过程中。鉴于国际社会中各国间相互依赖性的日益增强，全人类日益成为一个单独的法律主体，中国的国内法律制度在诸多方面有了进一步与国际法接轨的迫切性。经济领域、人权领域、环境领域等方面，都已经产生了依据国际法来进行立法的需要。

与闭关锁国的时代不同，改革开放的中国越来越多地参与国际事务，与其他国家进行的交往越来越密切，于是在越来越多的场合中要适用国际法。但是，与国际法配套的国内法的缺乏却常常使我们疲于应付来自国际社会中的问题。如在海洋法领域，与世界上大多数国家相比，中国的海洋立法已显得滞后，主要体现之一就是现存的海洋法律制度还远没有将《海洋法公约》赋予沿海国的各项权利完全包括进来。一些周边国家乘中国海洋法律制度不健全之

① 参见《从注重阶级性到注重先进性、人性和人类共同文明》。http：//cn. news. yahoo. com/030609/9/1nebx. html. 2003年6月10日访问。

机，公然肆意掠夺中国海洋自然资源，而且它们的这些行为大多是以其国内立法为依据而进行的。而中国在本属自己的海域上的正常活动却得不到法律保障。① 如果我们再回顾西方国家对中国批准《经济、社会和文化权利国际公约》、中国在抗击非典型肺炎中所体现出的行政透明和高效的高度评价以及行政透明、高效带给中国民众的生命与健康方面的保障和在国际合作中的正面反映等事例，将不难看出国际法律制度对国内法的积极作用，以及确认国际法律体制所产生的国际交往中的良好合作趋向。

① 参见于泓：《大陆架的法律地位及我国建立大陆架制度的必要性》，载《吉林大学社会科学学报》2000 年第 2 期。

结语：中国的和平发展与国际法的价值①

一般认为“和平崛起”最早由郑必坚先生在2003年博鳌亚洲论坛上首次提出；同年，温家宝总理在美国演讲时，以中国国家领导人身份对外首次使用“和平崛起”一词。2004年2月，胡锦涛主席明确提出“中国要坚持走和平崛起的发展道路”；同年3月，温家宝总理在十届全国人大二次会议的记者招待会上重申了中国和平崛起的五大要义。② 这标志着“和平崛起”已从学术概念转变成为中国领导人的战略选择，标志着“中国和平崛起”正式成为一项带有根本意义的国家战略。中国和平崛起是当代中国对自身角色、未来形象的定位，也是中国对世界的庄严承诺。“和平发展”

---

① 下文是教育部重大攻关课题《中国和平发展中的重大国际法律问题研究》子课题研究成果的一部分。

② 第一，中国的崛起就是要充分利用世界和平的大好时机，努力发展和壮大自己；同时又以自己的发展，维护世界和平。第二，中国的崛起应把基点主要放在自己的力量上，独立自主，自力更生，依靠广阔的国内市场、充足的劳动力资源和雄厚的资金积累，以及改革带来的机制创新。第三，中国的崛起离不开世界。中国必须坚持对外开放的政策，在平等互利的基础上，同世界一切友好国家发展经贸关系。第四，中国的崛起需要很长的时间，恐怕要多少代人的努力奋斗。第五，中国的崛起不会妨碍任何人，也不会威胁任何人。中国现在不称霸，将来即使强大了也永远不会称霸。http: //www. chinaiiss. org/observe/iiss004/asp/display. asp? id = 95. 2005 年 11 月 7 日访问。

则是“和平崛起”的一种新表述。①

然而，中国和平发展只是中国自身的主张和谋求，能否真正实现和平发展并不完全取决于中国自身的态度，它还有赖于良好的国际社会环境，中国必须为形成有利的国际秩序而努力。为此，须以国际法为基本准则来指导对外关系的实践，约束自己也要求其他国家履行国际义务，建设和推行国际法律秩序。

我们可以以中美关系为例。冷战结束后，美国成为惟一的超级大国，拥有其他各国无法比拟的综合国力，而且这一现实在可预见的相当长时间内不可能发生改变。为确立由其“领导”的国际秩序，美国当然会尽力阻止在国际社会中出现可能对其地位构成挑战的国家或国家集团，这是几十年来美国不曾改变的战略。因此，在中国和平发展的道路上，中美之间的冲突也会不断出现，横在中美之间的台湾问题的长期存在及其现状即是最有力的证明。那么，在中美之间以法律作为两国关系的基石方不失客观和明确。

从中美关系扩展开来，当今的世界各国政府在国际关系中无不以实现本国利益的最大化为目的。在追逐各自国家利益最大化的国际交往中，以国际法律规则作为各国的行为准则无疑是解决国家之间必然的利益冲突的重要途径，因为法律具有最大的客观性和明确性。这是中国在和平发展的道路上无法回避的现实。因此，中国的和平发展在需要与之相适应的国内法律秩序予以保障之外，还需要公平、公正的国际法律秩序。反过来，建立良好的国际法律秩序也需要中国发挥重要的作用。一个公平、公正的国际法律秩序既不是现实存在的，也不会一蹴而就。一个公正、公平的国际法律秩序需要世界各国，特别是大国和具有重要影响力的国家的发展和贡献。作为一个负责任的大国，中国在和平发展进程中，必将为国际政

① 对于“和平崛起”与“和平发展”两种表述的利弊分析，可参见杨守明：《全球化、国际合作与中国和平发展》，载《安徽师范大学学报》（人文社科版）2004年第4期；张宏喜：《切莫再饮“崛起”这壶迷魂酒》，载《世界知识》2005年第24期。

治、经济和法律新秩序的建立和发展发挥应有的作用。

从理论上建构国际法的价值体系，将通过对国际法立法发挥的指引和评价等作用，为创建公平、公正的国际法律秩序并最终实现中国的和平发展产生重大影响。

中国在全球范围内具有越来越重要的地位，各国在处理国际政治、经济等各种关系和问题时，几乎都要认真考虑中国这一因素。在此情势下，中国“除了继续用行动表明中国是维护世界和平、促进共同发展的积极力量外，还应加大增信释惑的工作力度，让国际社会心悦诚服地认识到，中国是一个负责任的大国，中国发展符合世界人民的利益”。① 既然我们已经确定和平发展是未来一个较长时期内中国国家利益的具体体现，那么在建构国际法的价值体系时，当然要以中国和平发展作为理论依托，为实现中国和平发展服务。

温家宝总理指出，“中国和平发展”需要“充分利用世界和平的大好时机”，同时又“维护世界和平”，“不会妨碍任何人，也不会威胁任何人。中国现在不称霸，将来即使强大了也永远不会称霸”。这表明中国是一个热爱和平的国家，愿意在和平的环境中以和平的方式强大起来，并愿意为维持世界和平作出贡献。因此，和平是中国和平发展的最基本要求，也是中国在国际关系实践中的最基本追求。法律是最具理性的规则的体现，随着国际社会中各国越来越多地在国内实行法治和民主制度，国际法在国际实践中也发挥着越来越重要的作用。实行改革开放、各方面迅速发展的中国理应更多地参与到国际法律秩序的建构中来。但是，如何使国际法律规则更好地体现中国和平发展中对和平的这种要求和追求？

笔者认为，首先是明确中国在国际法的价值取向上应以和平秩序为基本目标。实践中中国也是这样做的。从20世纪50年代中期开始，和平共处五项原则成为中国对外交往中的重要原则。作为中

① 马振岗：《国际格局中日显重要的中国因素》，载《国际问题研究》2005年第3期。

国对外交往的基本原则，和平共处五项原则深化和发展了传统的国家主权原则，是对传统国际法的一些民主和进步的原则的坚持和发展，并全面地反映了中国对外关系中的长期诉求。而且，一直以来，中国在国际关系实践中积极奉行和平外交政策。这些都是中国长期以来从理论和实践两个方面维护和平秩序的最好例证。

在中国国内，20世纪80年代中期中国法哲学界提出了权利本位理论，旨在将发端于西方的人文精神重新引入中国现代法学，为审视、批判和重构现代法学理论和法律制度提供思想解放的武器。这种人文精神的要义就在于“一切从人出发，以人为中心，把人作为观念、行为和制度的主体；人的解放和自由，人的尊严、幸福和全面发展，应当成为个人、群体、社会和政府的终极关怀；作为主体的个人和团体，应当有公平、宽容、诚信、自主、自强、自律的自觉意识和观念。人文精神以弘扬人的主体性和价值性、对人的权利的平等尊重和关怀为特质”。① 党的十六届三中全会首次提出“坚持以人为本，树立全面、协调、可持续的发展观，促进经济社会和人的全面发展”以来，“以人为本”已经成为党和国家政府的重要理念之一。当前，中国国内的人权事业每年都取得了新的进展，人民的生存权和发展权得到了较大的改进，并且积极推进民主政治和政治文明建设，切实保障公民权利和民主权利等。在国际层面上，中国一贯支持并积极参与联合国人权领域的活动；中国政府重视国际人权文书在促进和保护人权方面发挥的重要作用，已经缔结和加入了包括《经济、社会和文化权利国际公约》在内的21项人权公约，并采取一系列措施履行公约义务，根据公约规定及时提交履行公约情况的报告，接受联合国条约机构的审议；中国积极参

① 张文显：《法哲学范畴研究》（修订版），中国政法大学出版社2001年版，第389~390页。

与国际人权文书的制定工作；同时，积极开展人权领域的国际合作。① 中国政府确认，实现充分的人权是世界各国的共同追求，也是中国全面建设小康社会、构建社会主义和谐社会的重要目标。中国将一如既往地不断作出努力，促进中国人权事业的持续进步和国际人权事业的健康发展。② 可见，促进人权的发展已经成为中国和平发展战略的根本目的，中国正以其实际行为赞同人本秩序在国际法上的价值取向地位。

中国是世界的一个组成部分，中国人民是人类的一个组成部分，中国人民生存与发展的相关利益，是全人类共同利益的一个组成部分。中国共产党十二大报告明确指出，“中国民族利益的充分实现不能离开全人类的总体利益”。当今世界上，全人类共同利益日益凸显其重要性的同时，也受到了严重的挑战。作为发展中的负责任的大国，中国对维护全人类共同利益既有需求，也有义务。在国际实践中，中国政府本着“对国际社会负责任的态度”行事。可以说，“中国是促进国际合作、应对全球挑战、捍卫全人类共同利益的积极力量。对于全人类面临的各种挑战，中国都不回避，而

---

① 2004 年底，印度洋发生了有史以来最为严重的海啸灾难，中国政府和人民对受灾国人民的不幸遭遇感同身受，为各国救灾和重建工作提供了力所能及的、真诚的帮助，体现了国际主义和人道主义精神，受到国内外广泛赞誉。中国政府在灾后第一时间向受灾国提供了紧急援助，截至 2005 年 3 月 1 日，中国政府提供援助共约 6.86 亿元，民间捐助 5.76 亿元，超过 50% 的政府捐助物资和现款已送达受灾国。与此同时，中国政府派出了两支国际救援队、四支卫生医疗队、一个 DNA 鉴定专家组和一个考察慰问团。派往灾区的三个灾后评估和重建专业考察组，在与受灾国充分沟通的前提下制定了有针对性的参与重建方案。中国政府还积极参与重大自然灾害预警机制国际和地区合作，为世界人民更好地生存和发展贡献力量。

② 参见国务院新闻办公室：《2004 年中国人权事业的进展》。http://www.law-lib.com2005-5-1 15:05:27 2006 年 1 月 3 日访问；刘振民：《在中国国际法学会 2005 年年会上的报告——当前的外交法律工作》（摘要），载《中国国际法学会通讯》2005 年第 2 期。

是主动参与国际合作，发挥积极作用”。① 中国政府的“对国际社会负责任的态度”也可以说是“全人类总体利益原则”在中国政府处理国际问题时的具体运用。

综上可见，和平秩序—人本秩序—全人类共同利益正是体现中国和平发展需要的国际法的价值体系。既然国际法的价值是校正恶法的准则和国际法进一步发展的动因，又是国家从事国际交往的行为准则，那么，这一价值体系必将为中国和平发展进程中“软实力”的增强提供巨大的帮助。而且，我们可以看到，建构这样一个良好的国际法的价值体系，将为中国的和平发展提供国际事务上的支持。

① 董漫远：《全人类共同利益与中国的和平发展》，载《国际问题研究》2005 年第 5 期。

参考文献

（一）中文著作类

1. 梁西主编:《国际法》（修订版），武汉大学出版社 2000 年版。

2. 梁西主编:《国际法》，武汉大学出版社 1993 年版。

3. 张文显主编:《法理学》，法律出版社 1997 年版。

4. 邵沙平、余敏友主编:《国际法问题专论》，武汉大学出版社 2002 年版。

5. 卓泽渊著:《法的价值总论》，人民出版社 2001 年版。

6. 赵震江、付子堂著:《现代法理学》，北京大学出版社 1999 年版。

7. 沈宗灵著:《现代西方法理学》，北京大学出版社 1992 年版。

8. 张恒山著:《义务先定论》，山东人民出版社 1999 年版。

9. 陈兴良著:《刑法的价值构造》，中国人民大学出版社 1998 年版。

10. 汪劲著:《环境法律的理念与价值追求》，法律出版社 1999 年版。

11. 李龙主编:《法理学》，武汉大学出版社 1996 年版。

12. 曾令良著:《欧洲共同体与现代国际法》，武汉大学出版社 1992 年版。

13. 王铁崖著:《国际法引论》，北京大学出版社 1998 年版。

14. 曾令良主编:《21 世纪初的国际法与中国》，武汉大学出版社 2005 年版。

15. 武汉大学法学院国际法所编:《周鲠生文集》,武汉大学出版社 1993 年版。

16. 马呈元著: 《国际犯罪与责任》,中国政法大学出版社 2001 年版。

17. 王铁崖、田如萱编: 《国际法资料选编》,法律出版社 1986 年版。

18. 王铁崖、田如萱编:《国际法资料选编》(续编),法律出版社 1995 年版。

19. 朱文奇:《国际人道主义法概论》,(香港)健宏出版社 1997 年版。

20. 杜蘅之著:《国际法之展望》,台湾"商务印书馆" 1976 年版。

21. 卓泽渊著:《法的价值论》,法律出版社 1999 年版。

22. 吕世伦著:《西方法律思潮源流论》,中国人民公安大学出版社 1993 年版。

23. 潘抱存著:《中国国际法理论新探索》,法律出版社 1999 年版。

24. 李浩培著: 《国际法的概念和渊源》,贵州人民出版社 1994 年版。

25. 李家善著:《国际法学史新论》,法律出版社 1987 年版。

26. 杨泽伟著:《宏观国际法史》,武汉大学出版社 2001 年版。

27. 邵津主编:《国际法》,北京大学出版社、高等教育出版社 2000 年版。

28. 谢韬著: 《国际法诸元混合论》,华中理工大学出版社 1998 年版。

29. 朱景文著:《比较法社会学的框架和方法——法制化、本土化和全球化》,中国人民大学出版社 2001 年版。

30. 吕世伦主编:《现代西方法学流派》(上、下卷),中国大百科全书出版社 2000 年版。

31. 王逸舟著：《当代国际政治析论》，上海人民出版社 1995 年版。

32. 王绳祖等选编：《国际关系史资料选编》（17 世纪中叶～1945），法律出版社 1988 年版。

33. 何春超等主编：《国际关系史资料选编》（1945～1980），法律出版社 1988 年版。

34. 王绳祖主编：《国际关系史》（第 1～10 卷），世界知识出版社 1995 年版。

35. 赵桥梁编著：《知识经济与国际关系》，社会科学文献出版社 1999 年版。

36. 樊勇明著：《西方国际政治经济学》，上海人民出版社 2001 年版。

37. 朱奇武著：《中国国际法的理论与实践》，法律出版社 1998 年版。

38. 林端著：《儒家伦理与法律文化：社会学观点的探索》，中国政法大学出版社 2002 年版。

39. 曹刚著：《法律的道德批判》，江西人民出版社 2001 年版。

40. 江山著：《中国法理念》，山东人民出版社 2000 年版。

41. 张根大著：《法律效力论》，法律出版社 1999 年版。

42. 付子堂著：《法律功能论》，中国政法大学出版社 1999 年版。

43. 沈涓著：《冲突法及其价值导向》，中国政法大学出版社 1993 年版。

44. 王曦主编：《国际环境法资料选编》，民主与建设出版社 1999 年版。

45. 国际人权法教程项目组编：《国际人权法教程》（第 1、2 卷），中国政法大学出版社 2002 年版。

46. 张乃根著：《国际法原理》，中国政法大学出版社 2002 年版。

（二）译著类

1. ［美］E. 霍贝尔著，严存生等译：《原始人的法》，贵州人民出版社 1992 年版。

2. ［奥］凯尔森著，沈宗灵译：《法与国家的一般理论》，中国大百科全书出版社 1996 年版。

3. ［德］赫尔穆特·施密特著，柴方国译：《全球化与道德重建》，社会科学文献出版社 2001 年版。

4. ［日］寺泽一、山本草二主编，朱奇武、刘丁等译：《国际法基础》，中国人民大学出版社 1983 年版。

5. ［英］弗里德利希·冯·哈耶克著，邓正来、张守东等译：《法律、立法与自由》（第 1 卷），中国大百科全书出版社 2000 年版。

6. ［德］拉德布鲁赫著，米健、朱林译：《法学导论》，中国大百科全书出版社 1997 年版。

7. ［意］马基雅弗利著，高煜译：《君主论》，广西师范大学出版社 2002 年版。

8. ［日］大沼保昭著，王志安译：《人权、国家与文明》，三联书店 2003 年版。

9. ［美］E·博登海默著，邓正来译：《法理学、法律哲学与法律方法》，中国政法大学出版社 1999 年版。

10. ［苏］Д. 费尔德曼、Ю. 巴斯金著，黄道秀、臧乐安等译：《国际法史》，法律出版社 1992 年版。

11. ［英］梅因著，沈景一译：《古代法》，商务印书馆 1959 年版。

12. ［英］罗宾·科恩、保罗·肯尼迪著，文军译：《全球社会学》，社会科学文献出版社 2001 年版。

13. ［英］戴维·赫尔德等著，杨雪冬等译：《全球大变革——全球化时代的政治、经济与文化》，社会科学文献出版社 2001 年版。

14. ［德］沃尔夫刚·格拉夫·魏智通主编，吴越、毛晓飞译：《国际法》，法律出版社 2002 年版。

15. ［美］玛莎·费丽莫著，袁正清译：《国际社会中的国家利益》，浙江人民出版社 2001 年版。

16. ［美］熊玠著，余逊达、张铁军译：《无政府状态与世界秩序》，浙江人民出版社 2001 年版。

17. ［美］大卫·A. 鲍德温主编，肖欢容译：《新现实主义和新自由主义》，浙江人民出版社 2001 年版。

18. ［美］斯蒂芬·D. 克莱斯勒著，李小华译：《结构冲突：第三世界对抗全球自由主义》，浙江人民出版社 2001 年版。

19. ［澳］吉米·福尔克著，李东燕译：《主权的终结？——日趋“缩小”和“碎片化”的世界政治》，浙江人民出版社 2001 年版。

20. ［英］约翰·迈克斯威特、爱德瑞恩·伍德里奇著，盛健、孙海玉译：《现在与未来——全球化的机遇与挑战》，经济日报出版社 2001 年版。

21. ［美］詹姆斯 N·罗西瑙著，张晓军、刘小林译：《没有政府的治理》，江西人民出版社 2001 年版。

22. ［美］亚历山大·温特著，秦亚青译：《国际政治的社会理论》，上海人民出版社 2001 年版。

23. ［美］理查德·N. 哈斯著，殷熊、徐静译：《新干涉主义》，新华出版社 2000 年版。

24. ［韩］柳炳华著，朴国哲、朴永姬译：《国际法》（上、下册），中国政法大学出版社 1997 年版。

25. ［美］爱蒂丝·布朗·魏伊丝著，汪劲、于方、王鑫海译：《公平地对待未来人类：国际法、共同遗产与世代间衡平》，法律出版社 2000 年版。

26. ［法］米海伊尔·戴尔玛斯—马蒂著，罗结珍、郑爱青、赵海峰译：《世界法的三个挑战》，法律出版社 2000 年版。

27. ［奥］阿·菲德罗斯等著，李浩培译：《国际法》（上、下册)，商务印书馆 1981 年版。

28. ［美］约翰·罗尔斯著，张晓辉、李仁良等译：《万民法》，吉林人民出版社 2001 年版。

29. ［英］M·阿库斯特著，汪瑄、朱奇武等译：《现代国际法概论》，中国社会科学出版社 1981 年版。

30. ［英］哈特著，张文显、郑成良等译：《法律的概念》，中国大百科全书出版社 1996 年版。

31. ［英］詹宁斯、瓦茨修订，王铁崖、陈公绰等译：《奥本海国际法》（第 1 卷第 1 分册)，中国大百科全书出版社 1995 年版。

32. Dennis Lloyd 著，张茂柏译：《法律的理念》，台湾联经出版事业公司 1984 年版。

33. ［美］戴维波普诺著，李强等译：《社会学》（第 10 版)，中国人民大学出版社、Prentice Hall 出版公司 1999 年版。

34. ［美］孔慈著，王学理译：《变动中之国际法》，台湾“商务印书馆”1971 年版。

35. ［德］阿图尔·考夫曼、温弗里德·哈斯默尔主编，郑永流译：《当代法哲学和法律理论导论》，法律出版社 2002 年版。

36. ［英］J·G·斯塔克著，赵维田译：《国际法导论》，法律出版社 1984 年版。

37. ［美］谢里夫·巴西奥尼著，王秀梅译：《国际刑法的渊源与内涵——理论体系》，法律出版社 2003 年版。

38. ［美］汉斯·凯尔森著，王铁崖译：《国际法原理》，华夏出版社 1989 年版。

39. ［日］入江昭著，李静阁等译：《20 世纪的战争与和平》，世界知识出版社 2005 年版。

40. ［美］托马斯·伯根索尔、肖恩·D. 墨菲著，黎作恒译：《国际公法》（第 3 版)，法律出版社 2005 年版。

（三）中文论文类

1. 曾令良：《论冷战后时代的国家主权》，载《中国法学》1998年第1期。

2. 曾令良、黄志雄：《论21世纪国际法与国际秩序的应有建构》，载《珞珈法学论坛》，武汉大学出版社2000年版。

3. 曾令良：《国际法发展的历史性突破——〈国际刑事法院规约〉述评》，载《中国社会科学》1999年第2期。

4. 黄惠康：《世纪之交国际法发展演变的动态与趋势》，载《国际法与比较法论丛》（第一辑），方正出版社2002年版。

5. 时殷弘：《国际安全的基本哲理模式》，载《中国社会科学》2000年第5期。

6. 李东燕：《试论联合国与主权国家关系的演变》，载《世界经济与政治》2000年第5期。

7. 刘锦：《二十一世纪法律研究的一个新课题：法律全球化》，载《中国法学》1999年第6期。

8. 陈瑞华：《程序正义的理论基础——评马修的"尊严价值理论"》，载《中国法学》2000年第3期。

9. 郭玉军：《把握21世纪国际私法的发展趋势——评〈国际民商新秩序的理论建构〉》，载《法学研究》1999年第3期。

10. 华枫：《从美好的幻想到理性的追求》，载《比较法研究》2003年第2期。

11. 周永坤：《全球化与法学思维方式的革命》，载《法学》1999年第11期。

12. 黄惠康：《禁止在国际关系中使用武力或武力威胁原则》，载《中国国际法年刊》（1997年），法律出版社1999年版。

13. 鲁品越：《产业结构变迁和世界秩序重建——历史唯物主义视野中的世界秩序》，载《中国社会科学》2002年第3期。

14. 米健：《从比较法到共同法——现今比较法学者的社会职责和历史使命》，载《比较法研究》2000年第3期。

15. 刘旺红、张智灵：《论法理学的核心范畴和基本范畴》，载《南京大学法律评论》2000 年春季卷。

16. 程晓霞：《干涉与“国际干预”：国际法的变与不变》，载《法学家》2002 年第 5 期。

17. 章百家：《改变自己 影响世界——20 世纪中国外交基本线索刍议》，载《中国社会科学》2002 年第 1 期。

18. 侯猛：《美国的国际法价值观：评述美国当代的国际法观——兼论国际法解释》，载《法学杂志》1997 年第 6 期。

19. 彭国翔：《儒学多元主义的价值观》，载《世界知识》2003 年第 9 期。

20. 潘一禾：《中国外交的“路径依赖”和思维定势反思》，载《杭州师范学院学报》2002 年第 1 期。

21. 徐显明、曲相霏：《人权主体界说》，载《中国法学》2001 年第 2 期。

（四）英文著作类

1. Louis Henkin, International Law: Politics and Values, Martinus Nihoff Publishers, 1995.

2. Ian Brownlie, Principles of Public International Law, Clarendon Press Oxford, 1998.

3. Fernando R. Teson, A Philosophy of International Law, WestviewPress, 1998.

4. Maurice Bertrand, Daniel Warner, a New Charter for a Worldwide Organization? Kluwar Law International, 1997.

5. Burns H. Weston, Richard A. Falk, Anthony D' Amato, International Law and World Order: A problem - oriented course book, West Publishing Co. , 1990.

6. Nandasiri Jasentuliyana, Perspectives on International Law, Kluwar Law International, 1995.

7. Tony Coates, International Justice, Aldershot Burlington USA: Ashgate, 2000.

8. Alan Boyle, David Freestone, International Law and Sustainable Development: Past, achievement and future challenges, Oxford University Press, 1999.

9. Jerzy Makarozyk, Theory of International Law and the Threshold of the 21st Century, Kluwar Law International, 1996.

10. Bruno Simma, The Charter of the United Nations: A commentary, Oxford University Press, 1995.

11. Richard Falk, Law in An Emerging Global Village: A post-westphalian perspective, Transnational Publishers Inc., 1998.

12. Roussear J. J., The Social Contract, Harmoudsworth, 1968.

13. O. Schachter, International Law in Theory and Practice, Martinus Nijhoff Publishers, 1991.

（五）英文论文类

1. B. Simma, From Bilateralism to Community Interest in International Law, Hague Academy of International Law, 1994 VI.

2. C. Tomuschat, International Law: Ensuring the survival of mankind on the eve of a new century, Hague Academy of International Law, 281 (1999).

3. K. Zemanek, The Legal Foundations of the International System, Hague Academy of International Law, 266 (1997) 4.

4. Gerry Simpson, Two Liberalism, EJIL (2001), Vol 12 No. 3.

5. Franz C. Mayer, The Internet and Public International Law – Worlds Apart? EJIL 12 (2001), Vol. 12 No. 3.

6. Jason A. Beckett, Behind Relative Normativity: Rules and process as prereguisites of Law, EJIL (2001) Vol. 12 No. 4.

7. Vladimir Petrovsky, "A Strategic Triad for the New Era", in The

Dumbarton Oaks Conversations and the United Nations , 1944-1994 , by Ernest R. May and Angeliki E. Laiou (eds.) , Washington: Harvard University Press, 1998.

后 记

本书是在我的博士学位论文的基础上修改完成的。2003 年的 10 月，我在风景宜人的武汉大学枫园十二舍简单的宿舍里写下了这样的一些文字，来作为我博士学位论文的后记，迄今它们仍然是我心情的真实写照：

经过两年多的努力，这篇论文暂告封笔。或许只是因为兴之所在，所以尽管历尽辛苦，对这个题目仍然“爱我所爱，无怨无悔”。在论文写作基本完成的今天，我却感到这只是一个崭新的开始。

伴随着新征程的，是我对师长们深深的敬意和感谢。感谢我的导师曾令良教授，学术研究中严谨、细致和踏实的作风，为人师表时诲人不倦、谆谆教导的长者风范，还有豪爽的性格和宽广的心胸，如此完美地集于他一身，令人由衷地敬佩，能够得到他的指导和教诲是我人生中最大的一件幸事。感谢尊敬的余敏友教授、邵沙平教授，在我的学习和论文写作过程中，都曾得到他们无私的指教。感谢给予我知识以及为人双重启迪的韩德培先生、梁西先生、王献枢先生，在他们看来也许非常平常的举止常使我的心灵受到震撼。感谢黄志雄博士，他为我的论文写作提供了热情的帮助。感谢同师门兄弟姐妹和同窗好友们，他们是我在读博生涯中的另一重要组成部分。

求学是一件辛苦的事情，它不仅意味着自身的不懈努力，还意味着家人更多的承受和分担。家人无条件的理解和支持总是令我深深感动，这种感动让我重新诠释亲情和爱情，读出其中的真意，这种感动萦绕于心中难以释怀。面对白发的娘亲、宽容的夫君，我无以言谢。

值此论文出版之际，还要特别感谢武汉大学出版社张琼老师，她为本书的出版付出了辛勤的劳动。

高岚君

2006年2月于沈阳